餐饮经营管理：
基本理论与虚拟仿真实践

余子萍 编著

CANYIN JINGYING GUANLI
JIBEN LILUN YU
XUNI FANGZHEN SHIJIAN

南京大学出版社

内容简介

本书涵盖了餐饮业广泛的主题,包括行业概况、组织机构、设施与布局、餐饮营销、营养、菜单、成本与定价、制作准备、餐饮生产、餐饮服务、卫生与安全、质量管理等,反映了餐饮行业的最新趋势和最佳做法。全书集基本理论和虚拟实践于一体,国内实际和国外经验相融合,致力于启发思考,促进创新,适合作为酒店管理和旅游管理专业学生的教科书,以及餐饮从业人士的参考资料。

图书在版编目(CIP)数据

餐饮经营管理:基本理论与虚拟仿真实践 / 余子萍编著. —南京:南京大学出版社,2023.8
ISBN 978-7-305-27202-8

Ⅰ.①餐… Ⅱ.①余… Ⅲ.①饮食业—经营管理 Ⅳ.①F719.3

中国国家版本馆 CIP 数据核字(2023)第 144918 号

出版发行	南京大学出版社
社　　址	南京市汉口路 22 号　　邮　　编　210093
出 版 人	王文军
书　　名	餐饮经营管理:基本理论与虚拟仿真实践
编　著	余子萍
责任编辑	刁晓静　　　　　　编辑热线　025-83592123
照　　排	南京开卷文化传媒有限公司
印　　刷	南京人文印务有限公司
开　　本	787 mm×1092 mm　1/16　印张 14.5　字数 360 千
版　　次	2023 年 8 月第 1 版　2023 年 8 月第 1 次印刷
ISBN	978-7-305-27202-8
定　　价	48.00 元

网　　址:http://www.njupco.com
官方微博:http://weibo.com/njupco
微信服务号:njuyuexue
销售咨询热线:025-83594756

* 版权所有,侵权必究
* 凡购买南大版图书,如有印装质量问题,请与所购
　图书销售部门联系调换

目 录

理论篇

第一章 餐饮业 … 003
　学习目标 … 003
　导入案例 … 004
　1　餐饮业概述 … 005
　2　西方餐饮业的起源与发展 … 006
　3　中国餐饮业的起源与发展 … 007
　4　智慧餐厅 … 010
　5　餐饮创业分析 … 012
　延伸阅读 … 014
　思考与练习 … 014

第二章 餐饮企业组织机构 … 015
　学习目标 … 015
　导入案例 … 016
　1　餐饮组织机构概述 … 017
　2　餐饮组织的基本形态 … 019
　3　餐饮岗位职责 … 023
　4　餐饮行业的职业途径 … 025
　延伸阅读 … 026
　思考与练习 … 027

第三章 餐饮设施与布局 … 028
　学习目标 … 028
　导入案例 … 029
　1　餐饮设施设备 … 030

  2 厨房设计与布局 ·············· 034
  3 餐厅设计与布局 ·············· 040
 延伸阅读 ························· 042
 思考与练习 ······················· 043

第四章 餐饮市场营销 ················ 044
 学习目标 ························· 044
 导入案例 ························· 045
  1 餐饮营销概述 ················ 046
  2 餐饮营销环境 ················ 047
  3 传统餐饮营销方式 ············ 049
  4 餐饮营销的新发展 ············ 053
 延伸阅读 ························· 057
 思考与练习 ······················· 057

第五章 餐饮经营中的营养问题 ········ 059
 学习目标 ························· 059
 导入案例 ························· 060
  1 何谓营养 ···················· 061
  2 营养与餐饮经营 ·············· 066
  3 当前的饮食问题 ·············· 070
  4 健康中国战略 ················ 073
 延伸阅读 ························· 074
 思考与练习 ······················· 075

第六章 菜单 ························ 076
 学习目标 ························· 076
 导入案例 ························· 077
  1 菜单简介 ···················· 078
  2 菜单的种类 ·················· 079
  3 菜单设计与制作 ·············· 081
  4 菜单分析 ···················· 085
 延伸阅读 ························· 088
 思考与练习 ······················· 089

第七章 餐饮成本与定价策略 ·········· 090
 学习目标 ························· 090
 导入案例 ························· 091

1 餐饮成本	092
2 餐饮定价	098
延伸阅读	107
思考与练习	108

第八章　制作准备　109

学习目标	109
导入案例	110
1 餐饮物料的采购	111
2 餐饮物料的验收	117
3 餐饮物料的储存	120
4 餐饮物料的发放	123
延伸阅读	125
思考与练习	125

第九章　餐饮生产管理　126

学习目标	126
导入案例	127
1 厨房简介	128
2 厨房业务组织工作	131
3 制订和使用标准食谱	134
4 冷菜、点心生产管理	136
延伸阅读	138
思考与练习	139

第十章　餐饮服务　140

学习目标	140
导入案例	141
1 什么是餐饮服务	142
2 中餐服务与管理	143
3 西餐服务与管理	150
4 酒吧服务与管理	158
延伸阅读	165
思考与练习	166

第十一章　卫生与安全　167

| 学习目标 | 167 |
| 导入案例 | 168 |

  1 食品卫生与安全 …………………………………………………… 169
  2 厨房卫生与安全 …………………………………………………… 172
  3 餐饮业卫生管理 …………………………………………………… 178
  延伸阅读 ………………………………………………………………… 186
  思考与练习 ……………………………………………………………… 186

第十二章　餐饮服务质量管理 …………………………………………… 187
  学习目标 ………………………………………………………………… 187
  导入案例 ………………………………………………………………… 188
  1 什么是餐饮服务质量 ……………………………………………… 191
  2 餐饮服务质量的特点 ……………………………………………… 191
  3 餐饮服务质量管理原则 …………………………………………… 193
  4 餐饮服务质量控制 ………………………………………………… 195
  5 餐饮服务质量分析方法 …………………………………………… 197
  延伸阅读 ………………………………………………………………… 200
  思考与练习 ……………………………………………………………… 200

实践篇

基于 KJ 酒店经营管理模拟训练平台的虚拟仿真实践 ………………… 203
  1 软件概况 …………………………………………………………… 203
  2 模拟训练内容 ……………………………………………………… 203
  3 模拟训练流程 ……………………………………………………… 206
  4 界面信息及按钮功能 ……………………………………………… 216
  5 训练记录 …………………………………………………………… 220

参考文献 …………………………………………………………………… 222

后　记 ……………………………………………………………………… 224

1 理论篇

第一章
餐饮业

学习目标

1. 掌握餐饮业的定义,了解餐饮业的分类和特点。
2. 了解餐饮业的历史和发展背景,掌握中国餐饮业的发展历程和特点。
3. 掌握餐饮业的未来趋势和发展方向,了解数字化、可持续发展等方面的应对策略。
4. 了解餐饮创业有关知识。

> **导入案例**

疫情过后的海底捞：火锅外送业务将持续增长[①]

从 2022 年冬至开始，餐饮业复苏的趋势逐渐明显，圣诞、元旦、春节、元宵、情人节等节日接踵而来，带动餐饮消费回暖。食材丰富，气氛热闹的火锅尤其受消费者喜欢，海底捞作为火锅头部企业，门店运营在短期内迅速恢复，接待人次增长显著。

与此同时，海底捞外送单量也异常火爆，据海底捞相关负责人表示，目前海底捞外送站点有 1 400 个，覆盖全国 200 多个城市，从北上广深一线城市到二线、三线和四线城市都已覆盖到。

在外送服务赛道，海底捞通过"社群、外卖、海底捞外送小程序以及线上商场'捞点好货'"等多渠道同时进行，拉动外送单量的增长。据悉，海底捞火锅外送业务在 2023 年 1 月销售额同比增长 114%，订单量同比增长 234%。据海底捞外送春节数据显示，除夕到大年初二海底捞外卖单量同比去年提升超 160%，其中大年初一单量同比去年提升近两倍。

据了解，2022 年 7 月，海底捞成立"社区营运事业部"，其目的在于堂食服务之外的多元化餐饮服务创新，通过"外卖+社群+直播+线上商城"模式，服务好社区用户。

疫情影响虽有所减弱，但消费者习惯以及家庭聚餐的温馨环境等因素推动下，火锅外送业务会持续增长。据海底捞相关负责人表示，2023 年海底捞外送将持续加强外送业务的服务能力，洞察细分顾客需求，提出有针对性的方案，满足不同顾客群体用餐要求，提升消费者体验。

问题：后疫情时代，海底捞是怎样破局的？对其他餐饮企业有什么启发？

[①] 来源：财联在线 https://www.163.com/dy/article/HU168GCJ055254GA.html。

1　餐饮业概述

1.1　餐饮业的定义

按欧美《标准行业分类法》的定义,餐饮业是指以商业赢利为目的的餐饮服务机构。

在我国,根据《国民经济行业分类注释》的定义,餐饮业是指在一定场所,对食物进行现场烹饪、调制,并出售给顾客,主要供现场消费的服务活动。

餐饮业主要提供的是食品和饮料服务,同时,也扮演着社交、文化交流、商务活动等多种角色,已成为现代城市中重要的组成部分之一,在全球范围内有很大的规模和影响力。餐饮业的发展与人们生活水平的提高、饮食文化的变迁、旅游业的发展等因素密切相关。随着消费者需求的变化,餐饮业的规模和形态不断发展,行业也不断创新,出现了各种新型餐饮业态,如外卖、共享厨房等。因此,餐饮业可以定义为:通过加工制作、商业销售和服务性劳动于一体,主要向消费者提供各种酒水、食品、消费场所和设施的食品生产经营行业。

1.2　餐饮业的类型

餐饮业的类型可以按照不同的分类标准来划分。以下是几种常见的分类方法:
按经营范围分类:包括快餐、中餐、西餐、饮品、烘焙、自助餐、火锅等。
按经营形式分类:包括连锁店、独立经营、加盟经营、特许经营等。
按服务对象分类:包括休闲娱乐餐饮、商务餐饮、学生餐饮、机场餐饮、医院餐饮、高速公路服务区餐饮等。
按菜品特色分类:包括川菜、粤菜、湘菜、东北菜、清真菜、素食、异国风味菜等。
按经营模式分类:包括自助式餐饮、快餐式餐饮、中式点菜餐饮、西式点菜餐饮、餐饮外卖等。

根据美国饭店业协会教育学院的分类,餐饮业可以划分为两大部分:商业性餐饮企业和非商业性餐饮设施。商业性餐饮企业旨在通过食品和饮料的销售实现利润最大化。商业性餐饮企业的代表有社会餐饮场所、住宿业中的餐饮设施,以及许多其他类型的企业。社会餐饮场所是独立经营的企业,包括高级正餐厅(人均消费额较高)、休闲餐厅、家庭式服务餐厅和快餐厅。住宿业中的餐饮设施包括从最小的只提供住宿和早餐的小旅店到最大型的饭店都有的餐饮服务设施。饭店常常有客房送餐服务,也有许多饭店提供宴会服务。其他商业性餐饮服务设施包括自助餐厅、酒吧、小酒馆、冰激凌和酸奶店、配餐服务公司。非商业性餐饮设施存在于不以提供餐饮服务为主要任务的机构中，通常特别关注食品营养，追求成本的最小化。提供非商业性餐饮服务设施的包括工商企业、医疗保健设施、教育设施、休闲娱乐设施、交通运输设施以及私人俱乐部等。

1.3 餐饮业的特点

1.3.1 劳动密集型

餐饮业是劳动力最密集的服务业之一，不论是厨房或卖场，都需要大量人力投入各项运作。虽然少部分有中央厨房的业主能够以自动化设备取代人力，但对绝大多数的经营者而言，厨房仍是劳动力密集区。

1.3.2 产业关联性

餐饮业的关联产业众多，但与食品加工业的关联最大。随着新业态外餐企业的加入，与其他企业的关联会更大，周边关联企业也会进一步增多。

1.3.3 差异性

餐饮服务的差异性一方面是指餐饮服务是由餐饮部门工作人员通过手工劳动来完成的，而每位工作人员由于年龄、性别、性格、素质和文化程度等方面的不同，他们为客人提供的餐饮服务也不尽相同；另一方面，同一服务员在不同的场合，不同的时间，或面对不同的客人，其服务态度和服务方式也会有一定的差异。

1.3.4 直接性

一般的工农业产品生产出来后，大都要经过多个流通环节，才能到达消费者手中。如果产品在出厂前质量检验不合格，可以返工。餐饮产品则不同。绝大多数餐饮产品的生产、销售、消费几乎是同步进行的，因而生产者与消费者之间是当面服务，当面消费。

2 西方餐饮业的起源与发展

餐饮业在西方文化中有着悠久而复杂的历史。"Catering"一词最初是指为活动和集会提供食品和饮料服务，随着时间的推移，它已经发展到包括从快餐到高级餐厅的广泛的餐饮体验。

西方餐饮业的根源可以追溯到古罗马，在那里富裕的公民会举办精心设计的宴会。这些活动通常由专业厨师和服务员承办，并被视为展示主人的财富和社会地位的一种方式。

在中世纪,随着厨师和面包师行会的出现,餐饮业的概念变得更加正规化。皇室和贵族经常举办宴会和宴席,熟练的厨师、管家和服务员的服务,确保了食物和饮料的最高质量。在文艺复兴时期,随着新原料和烹饪技术的引入,餐饮业变得更加复杂,宴会也变得更加精致和华丽。

随着19世纪工业化和城市化的兴起,餐饮服务变得更加广泛,也更容易被大众所接受。铁路和蒸汽船的出现使餐饮公司能够远距离运输食品和设备,这使得为大型活动,如婚礼、商业会议和政治集会提供膳食成为可能。中产阶级的崛起也导致了新型餐饮体验的出现,如餐馆和咖啡馆。

在20世纪,由于生活方式和消费者偏好的变化,餐饮业进一步发展。随着越来越多的人开始过上忙碌的生活和外出工作,人们对可以送餐或取餐的熟食需求越来越大。这导致了快餐连锁店和餐饮公司的出现,它们专门为大型团体提供预先包装好的膳食。酒店和度假村餐饮以及活动和会议的餐饮服务的增长,使餐饮业继续扩大和多样化。

今天,西方餐饮业是一个多样化和竞争激烈的市场,提供广泛的服务和产品。从为高档活动提供定制菜单和白手套服务的高端餐饮公司,到为节日和街头集市提供快速方便餐食的餐车,总有一种餐饮选择可以满足所需的口味和预算。

3　中国餐饮业的起源与发展

3.1　起源与融合

中国早期的旅行者或商人,通常借宿于庙宇或民家,获得简单的餐食。自秦汉以来,为方便官差传送文件,便有"驿站"的设置。驿站提供住宿与餐食,这就是中国餐饮业的雏形。

餐饮业真正形成大约在汉、唐时代。那时候交通发展迅速,许多地方设有"客舍"与"亭驿",方便往来官宦与客商解决食宿问题。大街小巷到处可看到肉庄酒店、熟食店。尤其在大唐时期,官宴每顿都很隆重,菜肴都是御厨潜心研制,极度奢华且富有创意,并由此形成中国餐饮文化的一种特色——宫廷菜。由唐至宋,餐饮的南北方差异越发明显,南食、北食逐渐形成体系。

由于战乱及民族融合,传统饮食趋于复杂,各民族饮食的特点与习性丰富了中国各地区的餐饮内容,深深影响民间烹调方式。发展到清代初期时,鲁菜、川菜、粤菜、淮扬菜,成为当时最有影响的地方菜,被称作四大菜系。

鸦片战争后,随着大批外国人侨居于通商口岸地区,西方饮食文化传入中国,广州、上海、北京等地陆续出现西餐厅。融会西餐技艺后,讲究"色""香""味"俱全烹调精髓的中华美食,在世界餐饮舞台上更显璀璨辉煌。

3.2 改革开放后的餐饮业

改革开放后,我国餐饮业发展大致分为四个阶段:改革开放起步阶段、数量型扩张阶段、规模连锁发展阶段和品牌提升战略阶段。

3.2.1 改革开放起步阶段

20世纪70年代末至80年代,我国餐饮业在政策上率先放开,政策的开放引导和各种经济成分共同投入,使餐饮行业发展取得新的突破和发展。传统计划经济模式受到冲击,社会网点迅速增加,市场不断繁荣,"吃饭难"的局面得到较大缓解。特别是社会上出现的一批个体私营的中小型网点,以价格优势、经营优势、灵活的服务方式和方便实惠的定位赢得了市场认可,受到社会大众的欢迎。1987年,中国烹饪协会正式宣告成立,一些地方餐饮行业协会也如雨后春笋般建立。

3.2.2 数量型扩张阶段

20世纪90年代初,社会需求逐步提高,社会投资餐饮业资本大幅增加,餐饮经营网点和从业人员快速增长,国际品牌也纷纷进入,外资和合资企业涌现,行业蓬勃发展。同时,餐饮业积极调整经营方向,面向家庭大众消费,满足市场需求能力提高,焕发出新的生机。

3.2.3 规模连锁发展阶段

20世纪90年代中期以来,我国餐饮企业实施连锁经营的步伐明显加快。在全国范围内,很多品牌企业跨地区经营,并抢占了当地餐饮业的制高点。市场业态更加丰富,菜品创新和融合的趋势增强,各地代表性连锁餐饮企业不断涌现,规模化、连锁化成为这一阶段的显著特点。

3.2.4 品牌提升战略阶段

进入21世纪以来,我国餐饮业发展更加成熟,增长势头不减,整体水平提升,特别是一批知名的餐饮企业在外延发展的同时,更加注重内涵文化建设,培育提升企业品牌,积极推进产业化、国际化和现代化进程,综合水平和发展质量不断提高,并开始输出品牌与经营管理,品牌创新和连锁经营力度增强,现代餐饮发展步伐加快。

3.3 经营理念

纵观餐饮业的变化,归根到底都要以市场为中心,以人为本,注重社会效益与经济效益的统一,不断创新经营,才能持续发展,立于不败之地。

3.3.1 以人为本

餐饮业是个特殊的行业,不同于一般的生产性企业,它的特殊性决定了餐饮业"以人为本"的管理具有多面性,这里的"以人为本"不仅指"以顾客为本""以员工为本",还指"以社会为本"。即餐饮企业一切工作的展开都要从客人、员工和整个社会为出发点,不仅要重视顾客的利益,而且要兼顾员工和对整个社会的利益。因此,"以顾客为本""以员工为本"和"以社会为本"三者之间是相辅相成,互相联系的关系。

3.3.2 社会效益与经济效益相统一

社会效益与经济效益的统一是餐饮业的发展与营运宗旨,餐饮企业作为"人"气性行业,不可忽视其社会形象,要对社会多做贡献,要对整个社会负责任,在企业内部打造社会效益优先的理念,树立良好的企业形象,最终实现社会效益与经济效益的共同实现。

3.3.3 创新是餐饮业可持续发展的动力

(1) 就餐环境的更新

现代酒店的餐饮,不约而同地把就餐环境的改善,作为吸引客源的一种方法和手段。改善餐厅环境的布置,突出某一地方的特色或某一历史时期的建筑风格,能收到意想不到的效果。亦有突出某一历史名胜,进行相应的点缀装饰;还可以根据不同风味的餐厅,设计出与之相匹配的氛围,使其成为客人享受的场所,感受到与众不同的特色。

(2) 服务观念的更新

当今餐饮业的服务,已从程序化、标准化、规范化跨入了个性化、细腻化、多样化、人情化的更高层面。不过分强调台面餐具摆放的具体尺寸、距离标准,而更注重实用性;关心客人所关心的问题,体现出亲切、周到、细致入微的服务;服务过程中融入艺术,甚至有的餐饮企业加入表演性的服务;摒弃站立服务,提倡走动式服务,在走动中观察客人并满足客人的需求,使餐饮的服务更突出店随客便、以客为尊。

(3) 菜肴品种及口味更新

当前餐饮的消费者,对菜品品尝有了更新的认识和要求。从 20 世纪 70 年代的"口食",80—90 年代的"目食"发展到今天"心食"的境界,从色、香、味、型、器的基础上,上升到声(听声音)、法(做法)、量(分量)、质(质量)、数(点菜量)的层面,而且更注重营养的搭配与吸收及原料的鲜活程度。

为迎合市场的需求,对菜品的开发与创新有了进一步的要求。讲究兼容并蓄,进行菜系的融合、口味的汇串,在继承传统的基础上开发新菜品。

3.4 发展格局与消费分析

3.4.1 发展格局

中国的餐饮市场中,正餐以中式正餐为主,西式正餐逐渐兴起,但规模尚小;快餐以西式快餐为主,肯德基、麦当劳、必胜客等是市场中的主力,中式快餐已经蓬勃发展,不过迄今为止无法与"洋快餐"相抗衡。

目前,中国餐饮业已经进入到投资主体多元化、经营业态多样化、经营模式连锁化和行业发展产业化的新阶段,餐饮业发展势头持续强劲,国际化进程将加快,绿色餐饮必将成为时尚。

3.4.2 消费分析

随着中国居民收入水平的增加、生活节奏的加快、消费观念的更新,中国餐饮消费者呈现三大发展趋势:

(1) 商务型消费增加

经济的发展促使商务活动增加,商务应酬活动推动了高档次餐饮的迅速发展。

(2) 替代型消费增加

随着经济发展,居民收入增加,越来越多的人选择去酒店消费来代替自己做饭,这集中表现在近些年来年夜饭的火爆。

(3) 被迫型消费增加

越来越多白领人士和进城务工的农民工,时间紧,也没有条件自己开火做饭,他们出于无奈,被迫在餐馆里就餐,促进了快餐行业的发展。

4 智慧餐厅

4.1 智慧餐厅的概念

智慧餐厅是基于物联网和云计算技术为餐饮店量身打造的智能管理系统,通过客人自助点餐系统、服务呼叫系统、后厨互动系统、前台收银系统、预定排号系统以及信息管理系统等可显著节约用工数量、降低经营成本、提升管理绩效。

与传统的由服务员人工点餐或初级点餐的设备模式不同,智慧餐厅利用网络及新型的智能设备,让顾客点餐更便捷。方式一:每张餐台配备一台触摸屏点餐机;方式二:每张餐桌上贴上该桌位的二维码,扫码即出现电子菜单,由顾客自助点餐。

智慧餐厅系统完善、功能强大,不仅可以取代传统纸质菜谱,而且排号机、收银机、无线寻呼机和管理软件全部覆盖,可减少饭店在这方面的资金投入,并且通过销量排行、进销存分析等功能,有效减少物耗,降低运营成本。

随着人工智能时代的到来,智慧餐厅模式已进入我们的生活,它所展现出来的应用场景,不仅有无人餐厅、智能化食堂、数字化后勤管理等新型团餐形式,还包括智能化软硬件设备。北京冬奥会期间,充满科技感的冬奥会主媒体中心智慧餐厅,机器人做饭、送餐,全程没有人工参与,吸引了来自世界各国的运动员、记者前来打卡留念,成为冬奥会一道靓丽的风景线,使人们真正感受到智能机器人服务所带来的快乐,并对智慧餐厅有了更深刻的了解。

4.2 智慧餐厅的优势

4.2.1 智慧餐厅的环境卫生、食品安全、服务便利、就餐速度明显优于传统餐厅

由于采用机器人和现代化流水线作业,智能餐厅号称"4无":无服务员、无采购员、无厨师、无收银员,环境更干净、优雅,服务更加便利,食品安全能够得到保障,就餐速度更是大幅提升。

用户点餐后,后厨自动接单,让食材直接进入下一步加工环节,大大缩短了顾客的等待用餐时间。在高峰期和客流量大的时间段,用户还可以在智慧餐厅的小程序上预定菜品。

餐品制作完成后,将被放到智能取餐柜中存放,当用户有空吃饭时,可自助到智能取餐柜中取出后就餐,这样既保证了菜品的新鲜度,又提升了高峰期的工作效率。

视觉结算台自动识别菜品,自助完成结算,用户刷脸支付,整个用餐过程十分简捷方便。

食安溯源技术是智慧餐厅的重要科技手段之一,也是自动化餐饮的关键环节。该技术可以绑定菜品与单号、用户账号,让管理者精准把控每一道菜、每一个环节的加工时长,每一道菜都可以追溯到相应的加工人员。

通过智慧餐厅的这一数字化管理模式,菜品从下单到加工再到出品,每一个环节都能够被系统记录。对端上餐桌的菜肴可以全程追溯,既能保障食品安全,又能使得后厨管理更加清晰透明。

4.2.2 节约成本

智慧餐厅系统实现了用餐无需餐卡,人脸自动识别,吃多少取多少,系统自动精准计量扣费,大数据营养分析,手机APP可实时查看。根据企事业单位职工食堂采用智慧餐

厅系统的实践,餐余垃圾减少了90%,食材采购成本降低了30%。

当用餐者取餐盘时,人脸识别设备会自动识别用餐者信息,并与餐盘进行绑定,只要将餐盘放置在对应的取餐位置,面前的屏幕就会显示出用餐者的姓名、菜品价格等信息。

每取一定数量的菜品,系统都会精准计算取餐重量及价格。每移动一次餐盘,系统就会自动完成一笔结算,从用餐者账户扣除相应的餐费。

4.2.3 菜品味道能够最大限度满足消费者的需求

对于餐饮服务行业来说,无论采取什么形式,菜品味道永远是摆在第一位的。中餐讲究色香味俱全,烹饪手法五花八门,然而,在科研人员的努力下,现在餐饮机器人基本上可以胜任高级厨师的工作岗位。在北京冬奥会上,餐饮机器人不仅能够做出宫保鸡丁、东坡肉、广州炒饭等传统美食,还能制作包括中、西餐在内的200多种菜品,菜品口味获得各国运动员、体育官员和记者们的称赞。

智慧餐厅代表着未来餐饮业的发展方向,是智能社会趋势下餐饮自动化的必然结果。在此情况下,传统餐饮企业应该认清形势,加快转型升级的步伐,早日加入智慧餐饮的行列,去分享科技创新所带来的成果。

5 餐饮创业分析

随着"大众创业、万众创新"时代的到来,越来越多的人选择创业或者再创业,其中作为大众化的创业项目,餐饮业创业具有一定的代表性,同时餐饮行业的创业与现在新兴产业的创业相比,具有项目运营模式成熟、前期投入小、回报周期短等优势。但是,由于餐饮行业的创业门槛低,餐饮业创业者基数大,往往很多创业者对自身创业能力缺乏准确的评估和培育,创业准备不足便急于启动创业,导致创业夭折率较高。因此,正确认识餐饮创业成功的要素至关重要。

5.1 定位明确,树立个性化品牌

纵观国内外餐饮企业的成功典型,不难发现,这些企业在一开始就已经定位明确、思路清晰、极具特色,在运营过程中不断加以改良和创新,最终得以立于不败之地。可见,我国餐饮业的良好发展,打造自己的特色和个性化品牌是关键的一步。

就我国餐饮业目前发展快、种类多、形式单调、缺乏新意的状况来看,要想盛不衰,势必要改变思路,打破传统餐饮业的经营方式,将一样的原料做出不一样的特色,在就餐氛围、附加服务等方面开拓创新,突出自身特色,做到人无我有,人有我优,力求独一无二。

5.2　专业管理，规范服务

餐饮业在管理思路和方式上不仅要求经营者自身必须精通餐饮文化、掌握专业的管理技巧，更要加强对基础服务人员的素质培养，制定严格的规章制度，一切按标准化进行，服务细致到位。

对于任何一个企业而言，优秀的经营管理人员都是能否运行良好的关键。与我国其他产业相比，餐饮业的进入门槛较低，存在职位分散、工作量大、需求多的特点，因此存在餐饮业人员素质普遍较低的现象。对于餐饮经营者来说，除了自身专业水准、文化素养和心理素质的要求高标准，其工作方式、经营理念、管理能力等方面也需要进行专业系统的学习和锻炼。

5.3　树立企业文化，注重文化营销

餐饮品牌要想拥有持久的生命力，就要有自己的文化底蕴。没有文化的支撑，品牌的形象就苍白而肤浅，就不可能与竞争对手相抗衡，也很难赢得消费者的长期忠诚。餐饮企业要想形成独具特色的营销文化，就要将企业文化贯穿于营销活动中，在日常运营中体现餐厅的特色和个性。

5.4　品牌连锁，扩大经营规模

餐饮连锁经营是指直接或间接控制和拥有两家以上的餐厅，在平等协商、共同发展的基础上以相同的店名、店标出现，实行统一经营方法、统一管理模式、统一操作程序和服务标准，集中采购，分散销售，以获取经济效益的联合餐饮经营模式。连锁经营作为一种成功的经营方式，正在国际著名餐饮企业中广泛应用，如肯德基、麦当劳等西式快餐，在全球范围内不断连锁扩张，势头迅猛，成为餐饮业连锁经营的典范。

在市场竞争日益激烈的今天，连锁经营已经成为餐饮业提高品牌知名度的重要方法之一，不仅有利于餐饮企业扩张经营规模，开拓市场，提升市场竞争力，也在一定程度上降低流通费用、减少消耗，用较低的成本获得最大的利益，提高企业经济效益。

5.5　结合互联网，建立信息化模式

互联网的高速发展注定将生活推向一个信息化时代，餐饮业在供应链、物流、品牌推广、活动宣传、企业智能管理等方面，都十分适合运用网络科技。

首先，餐饮企业应加强网络和电子支付的基础设施建设，加大餐饮行业内部的电子商务宣传力度，培养懂得电子商务和餐饮服务的复合型人才；其次，餐饮企业应多利用网络进行多渠道的推广和销售，加强网上订餐服务、利用移动终端开展移动电子商务，实现餐饮业跨区域的规模扩张。此外，在供应链和物流方面，餐饮业更可以借助电子商务，实现电子物流，充分发挥电子商务受众面广、信息交流快、下单方便快捷的优势，保证原料的新鲜和质量的稳定，降低成本，实现利润最大化。

延伸阅读

餐馆中的机器人、人工智能和服务自动化[①]

文章是对 RAISA（Robots, Artificial Intelligence, and Service Automation）在餐厅中应用的调查，系首次对餐饮业的 RAISA 技术进行的系统而深入的回顾。内容基于对专业和学术文献的回顾，行业洞察部分是根据对 Bear Robotics 首席运营官 Juan Higueros 先生的 50 分钟采访编写的。文章介绍的各种案例说明了自动化的多种可能性：从特定功能的自动化到前台（例如 Eatsa）或后台（例如 Spyce 机器人厨房）的完全自动化。研究表明，餐饮业已经使用了聊天机器人，声控和生物识别技术，机器人担任领班、跑菜员、厨师和调酒师，机器人桌边点餐，机器人传输和机器人送餐。

【思考与练习】

1. 调查当地餐饮市场的供求情况和消费者需求，分析不同类型餐饮场所的经营状况和竞争形势，并思考开设一家餐饮企业的可行性和策略。

2. 研究数字化、智能化等新兴趋势对餐饮业的影响，思考如何应对和利用这些趋势来提高餐饮企业的服务水平和盈利能力。

3. 研究国内外餐饮企业的成功案例，思考如何从这些成功案例中吸取经验和借鉴创意。

4. 探讨餐饮企业的社会责任和可持续发展，思考如何在经营过程中兼顾经济效益和社会效益，推动餐饮业的可持续发展。

---

① 来源：Berezina, K., Ciftci, O. and Cobanoglu, C.（2019）. "Robots, Artificial Intelligence, and Service Automation in Restaurants", Ivanov, S. and Webster, C.（Ed.）Robots, Artificial Intelligence, and Service Automation in Travel, Tourism and Hospitality, Emerald Publishing Limited, Bingley, pp.185–219. https://doi.org/10.1108/978-1-78756-687-320191010.

第二章
餐饮企业组织机构

学习目标

1. 了解餐饮企业组织架构、职能部门设置等。
2. 理解餐饮企业各个职能部门的职责和作用。
3. 熟悉餐饮企业各个职能部门的工作流程,能够在实际工作中运用相关知识和技能。
4. 学习餐饮企业的领导管理模式,提高自己的管理能力和团队合作能力。
5. 了解餐饮企业员工的职业发展路径。

导入案例

腐败的总经理[①]

吴某是某四星级国营酒店的老总,在其任职的 6 年期间,酒店由原来的年创利近 500 万元"发展"至年亏损近 100 万元!后因群众举报,当地检察机关对吴某立案侦查,发现吴某竟将该酒店当作自己的私有财产,并设有自己的小金库!

据了解,吴某当初走马上任时还是为酒店的发展尽心尽力的,其能力也得到了酒店各级管理人员及普通员工的认可。在其上任的第一年,酒店生意红火,并通过了国家星级酒店评定,挂牌四星级,年创利达 500 万元。据吴某交代,他发现该酒店过去的体制不健全,组织管理的监督和民主机制更是无从谈起,他在该酒店中权力可以凌驾于任何人之上且不会被发觉。私欲的膨胀逐渐把吴某推向了罪恶的深渊。他在酒店建立自己的小金库,肆意挥霍公款用于赌博和物质生活享受,先后去澳门和美国,以考察为由豪赌,导致国家财产大量流失。吴某疏于对酒店的日常管理,使得酒店人心涣散,经营状况每况愈下,从最初年创利近 500 万元到负债经营,吴某最终因贪污挪用公款被判刑。

问题:该酒店的组织设计缺陷在哪里?如何在日常经营管理中监督总经理的职权?

---

① 来源:百度文库《酒店组织管理案例》

1　餐饮组织机构概述

1.1　餐饮组织机构的定义

组织机构是为完成经营管理任务而结成集体力量，在人群分工和职能分化的基础上，运用不同职位的权力和职责来协调人们的行动，发挥集体优势的一种组织形式。组织机构的任务是协调各种关系，有效地运用每个组织成员的才智，充分发挥组织系统的力量，达成团体的目标。

餐饮组织机构是针对企业餐饮经营管理目标，为筹划和组织餐饮产品的供、产、销活动而设立的专业性业务管理机构。

1.2　餐饮部门分类

餐饮组织种类繁多，其营业性质及规模大小不同，因而内部组织系统各异，但一般说来，大型餐饮组织通常下设餐厅部、餐务部、饮务部、宴会部、厨房部、采购部、管理部七大部门。

餐厅部　负责饭店内各餐厅食物及饮料的销售，以及餐厅内的布置、管理、清洁、安全与卫生，内设有各餐厅经理、领班、领台、服务员。

餐务部　负责一切餐具管理、清洁、维护、换发等工作，以及废物处理、消毒清洁、洗刷炊具、搬运等。它在餐饮部门中属于协调工作的性质。

饮务部　负责饭店内各种饮料的管理、储存、销售与服务的单位。

宴会部　负责接洽一切订席、会议、酒会、聚会、展览等业务，以及负责场地布置现场服务等工作。

厨房部　负责食物、点心的制作及烹调，控制食品的申领，协助宴会的安排与餐厅菜单的拟订。

采购部　负责餐饮部所需要的一切食品、饮料餐具、日用品的采购。此外采购部尚有审理食品价格、市场定价的职责。

管理部　负责餐饮部一切食品、饮料的控制、管理、成本分析、核算报表、预测等工作。它不直接属于餐饮部，本身是独立的作业单位，直接向上级负责。

1.3 餐饮组织机构的设立原则

1.3.1 实现目标原则

餐饮组织的根本目的是实现餐饮服务任务和服务目标。因此,餐饮组织设计的层次、幅度、任务、责权等都要以服务任务和经营目标为基础。

1.3.2 突出特色原则

现代餐厅的管理越来越显示出专业性和精细化管理的特点,因此,应根据餐厅的级别、餐厅风味、经营特点、营业时间和餐厅的大小等设置部门和岗位,做到合理分工。如传统式餐厅与自助餐厅、贵宾厅和宴会厅等都有自己的服务特色,它们的部门与岗位分工各不相同。

1.3.3 统一指挥原则

餐饮组织必须保证餐饮服务的集中指挥,实行经理负责制,以避免多头和无人负责。餐饮组织应实行直线职能参谋制结构,直线指挥人员可向下级发出指令,一级管理一级,避免越权指挥,而参谋部门被授予一定的决策权、控制权和协调权。例如,餐厅服务员只接受领班或主管人员指挥,其他管理人员只有通过该领班或主管人员才能对服务员进行管理。

1.3.4 提高效率原则

由于工作人员的精力、业务知识、工作经验都有一定的局限,因此,餐饮组织分工必须注意服务效率,合理分工。通常,餐饮组织是按照服务的地点和时间分工的。

1.3.5 岗位责任制原则

餐饮组织应建立岗位责任制,明确餐饮工作人员的层级、岗位责任及权力,以保证餐饮服务有序。例如,为了保证餐饮服务质量,必须给予餐厅服务员一定的权力,尤其在餐厅营业时间,厨师制作菜肴的时间和味道等必须听从餐厅服务员的建议,不能自作主张。

1.3.6 弹性原则

餐厅规模有大有小,餐饮组织结构应根据自身情况来设计,要具有一定的弹性。其组织层次和岗位都应随着市场的变化而变化。例如,适应餐厅营业淡季与旺季的变化,工作日与休息日的变化,平日与节假日的变化。

1.3.7 力求精简原则

餐饮组织的设计要力求精简,以降低人力成本,提高餐厅的经营能力。通常,组织层次愈少,服务效率愈高。如无必要,不应设立多层次的管理结构。

2 餐饮组织的基本形态

2.1 餐厅组织结构

餐饮组织结构设计包括纵向结构设计和横向结构设计。纵向结构设计受下属部门管理幅度制约,管理幅度与管理层次相互联系,两者成反比例关系,即管理幅度越大,管理层次越少;管理幅度越小,管理层次越多。横向设计又称为部门之间的协作关系设计。不同类型和不同规模的餐厅,组织结构不同,设计的依据主要是餐厅档次、餐饮经营规模、餐饮经营特色和餐厅管理模式等。

在小型餐厅中,经理通常由业主担任。厨师、调酒师和领班(有时兼任收银员)直接对业主(也就是经理)负责。组织结构中的第三层级是由助理厨师和洗碗工(受厨师指挥)、酒吧服务员(受调酒师指挥)和菜品服务员(受领班或收银员指挥)构成(图2-1)。这种方式属于"锥形"式组织结构。当然,每个餐厅的组织结构不是完全相同的。一个小餐厅的业主或经理可能更偏爱"扁平"式的组织结构。在这样的组织结构中,餐厅中的每个员工,不论其职位如何,都直接接受业主或经理的领导(图2-2)。

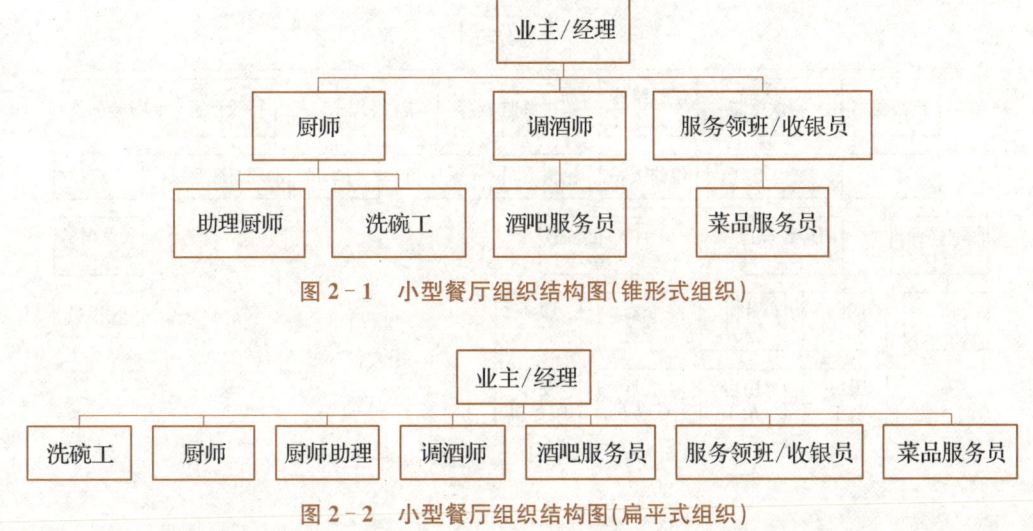

图2-1　小型餐厅组织结构图(锥形式组织)

图2-2　小型餐厅组织结构图(扁平式组织)

随着餐饮组织规模的不断壮大,势必需要更多员工。由于工作更加专业化,因此,也需要新增一些工作岗位。图2-3显示了一家大型餐饮企业可采用的组织结构图。在这一范例中,总经理直接监管两个职位:一个是财务经理,他负责管理收银员和库房收货人员;另一个是副经理,他直接管理四个部门的经理:主厨或厨师长(负责食品制作)、管事部经理(负责清洁卫生工作)、酒吧经理(负责酒水制作和酒水服务)及餐厅经理(负责食品服务)。每个部门经理都负责管理本部门的员工。比起图2-1和图2-2中的组织来说,图2-3中组织的层级有所增加,因此就需要更多的管理和沟通工作。采购、制作、餐饮服务和清洁卫生则是所有餐饮企业都必须做好的工作。大型与小型餐饮组织结构之间的区别在于员工的人数、专业化分工的程度和组织的层级。

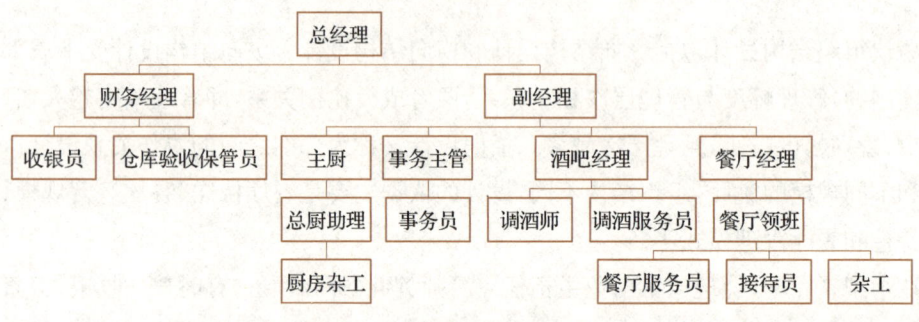

图2-3 大型餐厅组织结构图

图2-4显示了一个拥有200间客房的饭店的简要组织结构图。需要强调的是,饭店的总经理管理餐饮总监。依次,餐饮总监管理餐饮部副总监,餐饮部副总监管理酒吧经理、餐厅经理、厨师长。餐饮总监与饭店其他部门的总监处于相同的组织层级上(工程部总监、销售部总监、前厅部经理、行政管家和财务部总监)。

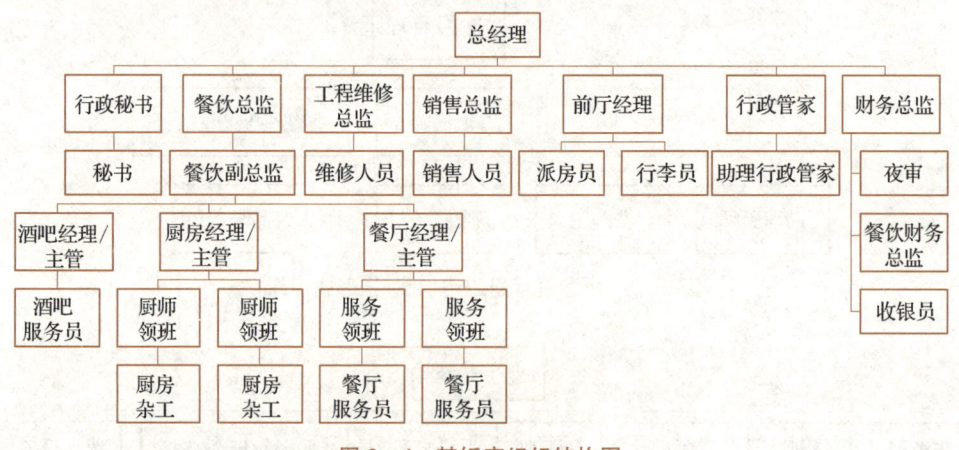

图2-4 某饭店组织结构图

2.2 厨房组织结构

2.2.1 中餐厨房组织形式

采取这种组织形式的餐厅只提供中餐服务,一般适用于1-2星级的小型饭店和大多数餐馆,其厨房的多少根据餐厅数量和接待能力确定,一般设厨师长,再分设冷菜、热菜和面点厨房(图2-5)。

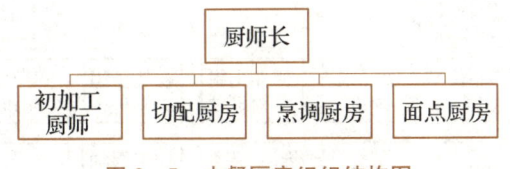

图 2-5　中餐厨房组织结构图

2.2.2　西餐厨房组织形式

图2-6主要适合于三星级以上饭店的西餐厅和西餐馆。三星级以上饭店要求必须设西餐厅和咖啡厅。其中,四星、五星级饭店的西餐厅又分设法式西餐、美式西餐、意大利餐厅、芬兰餐厅等。其厨房的组织形式一般是行政总厨下设西餐厨师长,各厨房再设不同领班。每个厨房的内部分工则大致相同。

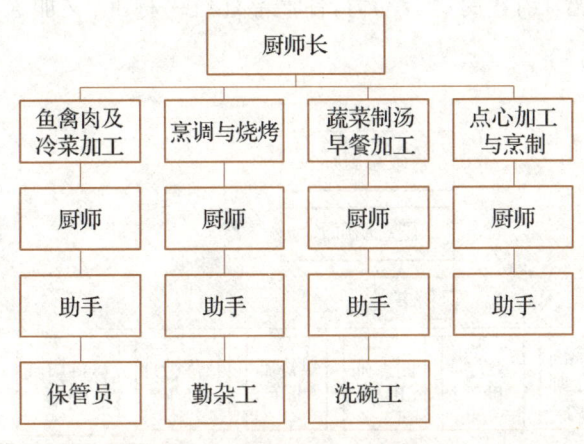

图 2-6　西餐厨房组织结构图

2.2.3　大中型饭店厨房组织形式

大中型饭店可同时提供多种风味的中餐、西餐和其他外国风味的餐饮服务。其特点是餐厅类型多,厨房种类多,餐饮产品生产管理复杂。其厨房的组织形式一般是设行政总厨,再分设1—2名副总厨负责中餐厨房和西餐厨房,中餐厨房和西餐厨房相对独立(图2-7)。各个厨房再设大厨(相当于厨师长)、主厨、后勤岗、砧板岗等不同的岗位,负责生产管理和菜点制作。餐饮部同时设管事部,负责财产保管、原料领用、清洁餐具、清洁卫生等工作。大中型饭店厨房管理的具体组织形式区别较大,没有一个统一的模式,需要根据实际情况确定。

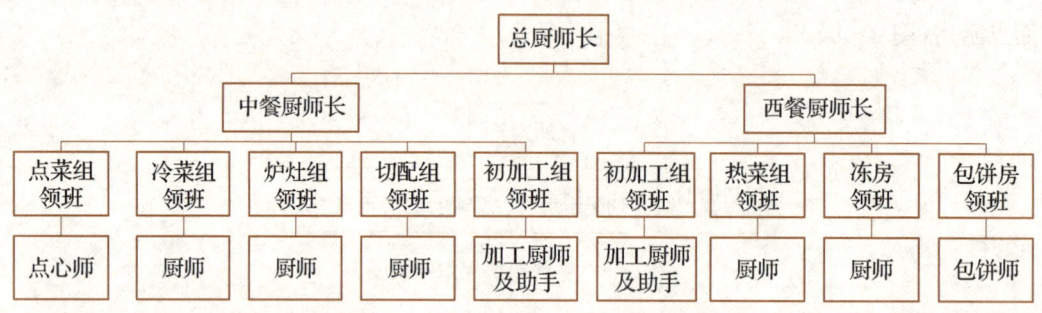

图 2-7 大中型饭店厨房组织结构图

2.2.4 中心厨房组织形式

这种形式主要适用于大型和特大型(客房 800—1 000 间以上)饭店、饭店集团、餐饮集团。它是近年来随着餐饮业集团化发展而产生的新型餐饮生产组织形式。其特点是全店或集团设中心厨房,统一负责食品原材料的加工、配菜,各个餐厅再设卫星厨房,主要负责菜点烹制。这样既节约各厨房劳动力,使产品能统一标准,又加强了原料的成本控制(图 2-8)。

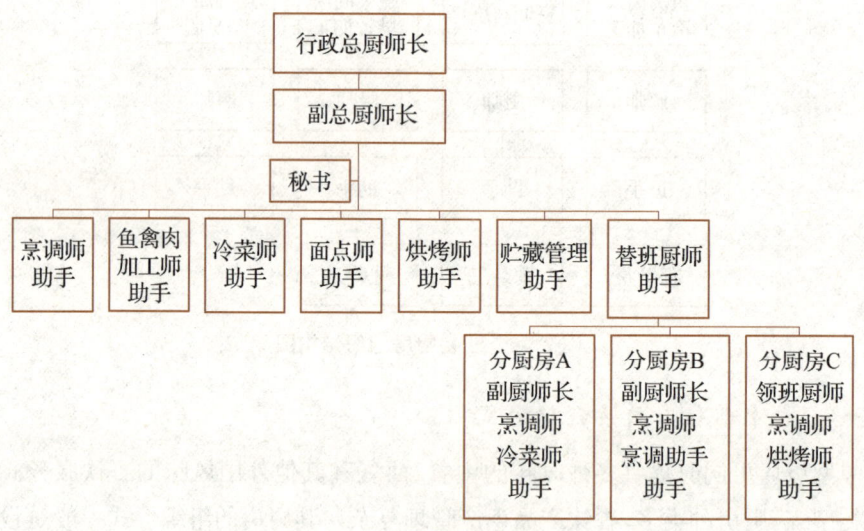

图 2-8 中心厨房组织结构图

3 餐饮岗位职责

3.1 餐厅岗位职责

3.1.1 餐厅经理

主要任务：为使餐厅最有效率，他必须与各部门保持密切联系与协调，以便提供给客人最好的服务与佳肴。

主要职责：务必使餐厅有效营运，且随时提供良好服务；负责管理所有餐厅工作人员；预测及安排员工的工作时间表；预测销售量、营运计划的制订以及安排如何进行务推广；使订席有效，使主厨便于控制安排菜单；拟订各项员工训练计划及课程安排；处理顾客抱怨事件。

3.1.2 领班

主要任务：使每位客人得到最满意的服务。督导服务既定营业方针并努力认真执行。

主要职责：熟悉每位服务生的工作并予以有效督导；营业前检查桌椅布置是否妥当、清洁；当客人坐定时，负责为客人点餐前酒或点菜、饮料的服务；负责客人账单的内容；对服务员桌面铺台、收拾的检查督导；员工上下班时间的核查及分配事前准备工作。

3.1.3 领台

主要任务：亲切地招呼每位客人，而且迅速引导入座。

主要职责：面带微笑，亲切引导客人入座；协助领班督导服务员工作；营业前须检查餐厅桌椅是否整洁且布置是否完善；熟悉餐厅的容量，了解桌椅的数量及摆设方位；了解每天订席状况，尽可能熟记客人姓名；处理顾客抱怨事件。

3.1.4 服务员

主要任务：按照上级指示，完成所布置的任务，以亲切的服务态度来接待顾客。

主要职责：负责餐厅清洁打扫、安排桌椅及桌面摆设；检查服务台东西是否齐全、整洁干净；熟悉菜单，了解菜肴烹调所需要时间及方法；了解且遵循账单的处理程序。

3.1.5 服务生

主要任务：使餐厅能顺利地运作，达到最高服务质量。

主要职责：工作时穿着干净、整洁、适合的制服，确保工作区域的整洁及卫生；不管是服务前、服务中还是服务后，都要对餐厅内必须供给品（烟灰缸、餐具、茶碟、盘、杯子、餐巾、冰块等）准备妥当；安排客人入席，拿走不必要的餐具及布置；为客人倒茶水；收拾盘碟;将服务员所订菜单送入厨房,再将所点的菜从厨房端进餐厅。

3.1.6 餐厅出纳

主要任务:隶属于餐厅经理(或公司会计部门,得受经理督导),监督餐饮出货手续是否正确,防止漏单、漏账与损及餐厅财务的事情发生。

主要职责:正确结算账单及钱钞收纳,开列统一发票;核收单据及填登各项报表;服务员(生)账单收发及保管;现金、签账单、支票的核对与交账。

3.2 厨房岗位职责

3.2.1 总厨师长

制定菜单,适时推出时令菜、特选菜。负责厨师的技术培训工作。负责菜肴的质量管理及成本控制。亲自为重要宾客宴会主厨。根据客情及库存状况提出食品原料的采购计划。建立标准菜谱。协调厨房与餐厅的关系。处理宾客对菜肴的投诉。验收食品原料,把好质量关。合理调配员工。负责对各点厨师长的考评。出席部门例会。

3.2.2 点厨师长

搞好开餐前的准备工作。指挥厨房运转。安排厨房人员的工作班次,并负责考勤。保证食品质量,控制成本消耗。组织技术交流和业务竞赛。申领物料用品。每日抽查下属的个人卫生、饮食卫生及厨房的环境卫生。对下属进行考核评估。出席部门例会。协助行政总厨不断增加菜肴的新品种和更换菜单工作。编制成本卡,控制毛利率。

3.2.3 初加工师

负责食品原料的清洗、宰杀和加工,保证对客人的正常供应。当好切配厨师的助手。按规格进行加工。注意原料的综合利用,保证出净率,避免浪费。做好收尾工作。按规定和程序涨发厨房所需的各类干货,如海参、鱼翅、鲍鱼、鱿鱼等。负责料头原料的加工,如去蒜皮、葱皮根等。

3.2.4 切配厨师

负责所有菜肴的刀工处理,使原料符合烹调要求。负责一切高级宴会、酒会的料头和干货等原料的调配。根据点菜单的要求,严格按照标准食谱及时、准确配菜。如果宾客点了菜单上没有的菜,尽可能满足要求。

3.2.5 冷盘厨师

按照厨师长工作指令,制作宴会、团队、零点所需的冷菜品种。协助拟定成本卡,控制毛利率。安全使用和保养本岗位的各种设备。对照菜牌和客情,检查冷菜原料的质量和冷盘食品的数量。经常检查工作箱的温度,防止存放的食品霉变。

3.2.6 炉头厨师

按照菜单和成本卡烹制菜肴,严格操作程序,把好质量关。了解当天宾客流量、要求、特点,备好当天使用的调料和佐料。熟悉和掌握各种原料的名称、产地、味型、特点、净料率、用途和制作方法。协调厨师长研制新菜牌和季节食品推销。正确使用和保养本岗位的各种设备。

3.2.7 点心师

制作宴会、团队、零点所需的各种点心。经常更新花色品种,提高竞争力。把好点心质量关。负责各种生熟馅料的拌制。熟悉成本核算,掌握点心售价,控制成品的成本。

4 餐饮行业的职业途径

通过对餐饮业的众多岗位和不同餐饮企业中各岗位之间的相互关系的了解,可以发现餐饮业为具有不同兴趣和技能的个人提供了广泛的职业道路,包括但不限于以下领域。

烹饪艺术。对烹饪和创造新食谱充满热情的个人可以从事厨师、副厨师、糕点师或面包师的职业。

餐饮服务。那些喜欢与人互动并提供优质客户服务的人可以从事服务员、调酒师、咖啡师或侍酒师等职业。

食品科学与技术。对食品科学和食品加工感兴趣的个人可以从事食品技术专家、食品科学家或食品化学家的职业。

酒店管理。喜欢管理人员和运营的人可以从事酒店管理的职业,如餐厅经理、总经理或餐饮总监。

销售和市场营销。具有较强的沟通和谈判能力的个人可以从事销售和市场营销,向企业和消费者推广和销售食品和饮料产品。

营养和营养治疗。对健康和保健充满热情的个人可以从事营养和营养治疗方面的职业,如营养学家、营养治疗师或健康顾问。

目前,我国已初步建立餐饮职业经理人认证体系。餐饮职业经理人资格认证分为三个层次:初级、中级、高级。主要认证对象是餐饮界从事餐饮经营的各级管理人员(营销、采购、物流、人力资源、财务管理)。认证条件如下:

初级:从事本工作5年以上,大专学历一年以上,各酒店宾馆度假村娱乐业执行层主管及酒店管理专业在职人员。

中级:区内酒店、宾馆、度假村、酒店管理公司、餐饮娱乐业部门正副经理。

高级:区内酒店、宾馆、度假村、酒店管理公司、餐饮娱乐业正副董事长、正副总经理、正副总监、总经理助理;大专学历连续从事餐饮工作8年以上或本科学历连续从事餐饮工作5年以上的部门经理。

餐饮业提供了多样化的职业道路,并提供了成长和晋升的机会。结合个人兴趣、知识和能力,每个人都可以有不同的职业追求。要想在餐饮行业实现职业发展,还需要教育、经验、职业网络和技能训练等方面的结合。

教育:接受相关的教育和培训可以帮助你拥有餐饮行业所需的知识和技能,并进一步获得烹饪艺术、酒店管理、食品科学或营养学方面的学位或证书。

经验:在餐饮业积累经验对职业发展很重要。几乎每个从业者都是从初级职位开始,通过不断学习新技能和承担新责任,逐步晋升到高级职位。

职业网络:建立一个强大的职业网络可以使人了解工作机会、行业趋势,并与业内有影响力的人建立联系。多参加行业活动,加入专业组织,与专业人士建立联系,有助于职业发展。

技能培训:发展餐饮行业高需求的技能可以让人成为更有价值的员工,并在职业生涯中取得进步,这些技能包括菜单规划、预算、食品安全、客户服务和团队管理等。

职业规划:设定职业目标并制订实现目标的计划。确定想要的职位所需的技能、经验和教育背景,并制订一个获得这些技能的计划。定期评估自己的进步,并根据需要做出调整。

持续学习:餐饮行业是不断发展的,所以跟上新的趋势、科技和技能是很重要的。参加培训项目、研讨会和工作坊有助于跟上潮流并提高工作技能。

专注于以上策略,就可以在餐饮行业开启职业生涯,实现职业发展。

延伸阅读

一支不可忽视的劳动力队伍:新兴的关键性 Z世代酒店业员工队伍[①]

尽管出现了老员工离职和年轻员工进入酒店业的"完美风暴",但在酒店业文献中还没有一项研究调查Z世代对酒店业工作的态度。了解这些未来的酒店业劳动力是至关重要的,因为对过去几代人(婴儿潮一代、X一代和Y一代)的经验研究表明,酒店业劳动力的高流动率是这个动态行业的主要人力资源问题。这项研究评估了计划行为理论(TPB)作为理论框架在提炼和解读Z世代对酒店业工作的看法方面的效用。结果表明,Z世

[①] 来源:Edmund Goh, Cindy Lee (2018). A workforce to be reckoned with: The emerging pivotal Generation Z hospitality workforce. International Journal of Hospitality Management, Volume 73, Pages 20-28. https://doi.org/10.1016/j.ijhm.2018.01.016.

代对酒店业的总体态度是积极的,比如"令人兴奋""这是一个有旅游机会的人的行业";同时也有某些挑战,比如与人打交道,长时间/奇怪的工作时间,以及潜在的工作场所健康和安全问题。

总体结果表明,人们对从事酒店业的态度是不稳定的,可能会因工作条件和其他潜在的激励因素而发生波动。家庭是最常被提及的影响Z世代职业选择的社会群体。

【思考与练习】

1. 你认为餐饮企业中哪些职能部门的作用最为重要?为什么?
2. 通过调研或实地考察,了解一家餐饮企业的组织架构和职能部门设置,并尝试分析该企业的组织结构是否合理,是否有优化的空间。
3. 选择一家餐饮企业,通过调研或实地考察,了解该企业的人力资源管理方案,并针对该方案提出改进建议。

第三章
餐饮设施与布局

学习目标

1. 了解餐饮设施的种类和功能。
2. 熟悉餐饮设施的设备和器具,以及它们的使用方法和维护保养。
3. 掌握餐饮设施的基本布局原则。
4. 学习如何通过设计和装修来营造餐厅的氛围和风格。
5. 掌握餐饮设施的经营管理技巧。

> **导入案例**

田园私房菜馆设计[①]

私房菜馆装修设计最重要的一点,就是突出自己的特色。取名为"××荷畔",意在强调一种夏日清凉荷畔的意境。这家田园私房菜馆隐藏在一处山庄景区内,环境雅致。

私房菜主打地方特色菜,空间设计上化繁为简,大面积利用简单的木质线条,使空间变得灵活流畅,把原始自然融入菜馆的主题中。

装修材料以木材为主,木桌、木椅直接在当地取材,一桌一凳都散发出原生态气息。木饰隔断面、编织木灯、木质斜顶穿梭于包间中,原始木材的采用让人重温儿时美好的回忆,不仅给客人带去舒适,更体现了一种清新雅致的格调。

在装饰上也别有用心,处处能发现小惊喜,水墨装饰画、旋涡石墙、隔断木帘、木质编织灯等装饰让田园气息扑面而来。

使用木质隔断帘来分隔空间,既能满足人们对就餐空间的多样化需求,营造的环境氛围也符合大众对于田园菜馆的想象。

柔和的暖色灯光打造出温暖而舒适的空间氛围,配合精致的小件装饰品,显得安静又富有文化底蕴。

大面积落地玻璃的设计,让客人能一边吃着美食,一边欣赏窗外的美景,充分感受大自然的魅力。无拘无束,身心自由,是人与自然关系最好的注解。

一个能引起情感共鸣的餐厅,正是私房菜馆的独特之处。

问题:木质材料在田园风格餐馆中起到什么作用?如何评价本案的设计思路?

[①] 来源:老欧说设计. https://zhuanlan.zhihu.com/p/398728319. 有删改。

1 餐饮设施设备

1.1 厨房设备

厨房设备一般包括处理加工类设备、消毒和清洗加工类设备、烹饪加热设备、常温和低温储存设备、厨房配套设备等。厨房配套设备指通风设备,如排烟系统的排烟罩、风管、风柜,处理废气废水的油烟净化器、隔油池等。

1.1.1 库房

食品和非食品(不会导致食品污染的食品容器、包装材料、工具等物品除外)库房应分开设置。食品库房应根据贮存条件的不同分别设置,必要时设冷冻(藏)库。同一库房内贮存的不同类别食品和物品应区分存放区域,分区存放,不同区域应有明显标识。

库房构造应易于维持整洁,并应有防止动物侵入的装置。

库房内应设置数量足够的存放架,其结构及位置应能使储藏的食品和物品距离墙壁、地面均在 10 cm 以上,以利空气流通及物品搬运。

除冷库外的库房应有良好的通风、防潮设施。冷冻(藏)库应设可正确指示库内温度的温度计。

1.1.2 食品原料清洗水池

粗加工场所内应至少分别设置动物性食品和植物性食品的清洗水池,水产品清洗水池宜独立设置。各类水池应以明显标识标明其用途。

1.1.3 地面与排水

粗加工、切配、餐用具清洗消毒和烹饪等需经常冲洗的场所及易潮湿的场所,其地面应易于清洗、防滑,并应有一定的排水坡度及排水系统。排水的流向应由高清洁操作区流向低清洁操作区,并有防止污水逆流的设计。清洁操作区内不得设置明沟地漏,应能防止废弃物流入及浊气逸出。

1.1.4 洗手消毒设施

位置:各食品加工区域、各专间入口处或二次更衣室内应配有相应的清洗消毒用品和干手设施。

材质和结构:不透水材料(如不锈钢或陶瓷等),以便于清洗。水龙头宜采用脚踏式、肘动式或感应式等非手动式开关,防止清洗、消毒过的手再次受到污染。冬季宜提供温水,以提高去污能力。

1.1.5 餐具、熟食品工具清洗消毒和保洁设施

有固定的场所和专用水池,不与其他水池混用。首选热力方法消毒。采用化学消毒的,至少设有3个专用水池,分别用于餐具和工具洗涤剂清洗、清水冲洗和浸泡消毒,并在水池上方标识其用途。设置存放消毒后餐具、工具的保洁场所(如餐具保洁间)或设施(如餐具保洁柜)。保洁设施结构应密闭并易于清洁。

1.1.6 容器、工具

用于原料、半成品、成品的工具和容器,应分开并有明显的区分标识;原料加工中切配动物性和植物性食品、水产食品的工具和容器,应分开并有明显的区分标识。配备足够数量的生、熟食品容器,足够最大供应量时使用、周转和清洗。清洗生、熟食品容器的水池和清洗后的存放地点应分开。

1.1.7 专间

设置独立隔间,专间内配备独立空调、专用工具清洗消毒水池、直接入口食品专用冷藏设施、净水设施、紫外线灯、温度计。

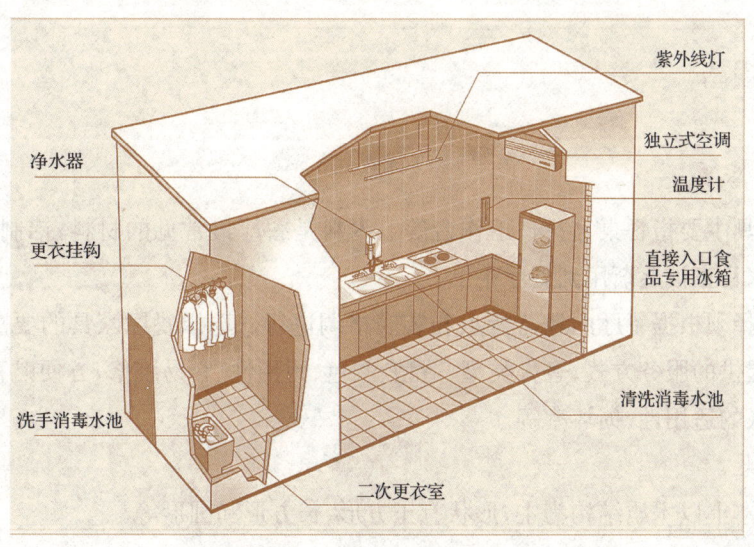

图3-1 专间示意图

专间入口处设置通过式二次更衣室,二次更衣室内应设洗手消毒水池和更衣挂钩(不具备二次更衣室的,应在专间入口处设置)。

专间应只设置一个门,宜为双向开启的自闭式,以减少操作人员手部接触污染。专间内外传送食品通过可开闭窗口。

紫外线灯按功率不小于$1.5 W/m^3$设置,强度大于$70 \mu W/cm^2$。专间内紫外线灯应分布均匀,距离地面2m以内。

1.1.8 厕所

厕所不得设在食品处理区。

厕所应采用水冲式,地面、墙壁、便槽等应采用不透水、易清洗、不易积垢的材料。

厕所内的洗手设施宜设置在出口附近。

厕所应设有效排气装置,并有适当照明,与外界相通的窗户应设置纱窗,或为封闭式。外门应能自动关闭。

厕所排污管道应与食品处理区的排水管道分设,且应有有效的防臭气水封。

1.1.9 防尘、防鼠、防虫害设施及相关药剂管理

使用灭蝇灯的,应悬挂于距地面 2 m 左右高度,且应与食品加工操作保持一定距离。

排水沟出口和排气口应有网眼孔径小于 6 mm 的金属隔栅或网罩。

应定期进行除虫灭害工作。除虫灭害工作不能在食品加工操作时进行,实施时对各种食品应有保护措施。

杀虫剂、杀鼠剂及其他有毒有害物品存放,均应有固定的场所(或橱柜)并上锁,包装上应有明显的警示标识,并有专人保管。

1.2 餐厅设备

1.2.1 家具

餐厅家具主要指餐桌、餐椅、工作台等。木料是餐厅最常见的材料,铝制品和铝合金家具、钢制家具正被逐渐用到餐厅中。

家具选择须根据餐厅的经营特点和装潢格调进行。选择餐厅家具的要点包括:使用的灵活性、提供的服务方式、客人类型、造型、颜色、耐用性、容易维修、方便贮存、成本和资金因素、长久的适用性、损坏率等。

(1) 餐桌

餐桌基本上以木质结构为主,形状有正方形、长方形和圆形等。

(2) 餐椅

选择餐椅,要考虑以下问题:

客人舒适。豪华餐厅里,让客人舒适是服务的第一宗旨;大众化餐厅里,使用硬的餐椅能加快客人就餐的速度,提高餐座的周转率。

服务方便。靠背应该上窄下宽,椅背的高度宜在 45 cm 左右。

空间合理。餐椅的腿应该垂直于地面。

(3) 工作台

工作台选用的依据:服务方式和提供的菜单、使用同一工作台的服务员人数、一个工

作台所对应的餐桌数、所要放置的餐具数量。

工作台的设计：尽可能小型、灵便；台面应该使用防热材料，易于清洗；颜色应该尽可能与其他家具色彩协调。

工作台布置：根据层架数、刀叉抽屉的数量、菜单及服务种类决定。

1.2.2 陶瓷器皿

"色、香、味、形、器、养"，器即指餐具。陶瓷器皿是最主要的餐具。一般来说，骨瓷的平均使用率占15%，强化瓷平均使用率为35%，一般瓷器平均使用率占50%。

表3-1 不同类型瓷器的特点

	一般瓷器	强化瓷	骨瓷
色彩	白中带灰	纯白	奶白而通透
厚度	最厚	中等	最薄
纯度	容易碎裂	坚固耐用	不易碎裂
价格	最低	中等	最高

选择瓷器的注意要点：所有的瓷器餐具都要有完整的釉光层，以保证其使用寿命；碗、盘的边沿应有一条服务线，既便于厨房装盘，也便于服务员操作；瓷器上的图案最好是釉下彩。

1.2.3 玻璃器皿

不同品种的玻璃，其质地有明显的差异。

表3-2 不同品种玻璃的特点

	原料成分	特点
普通玻璃	石英砂、纯碱和石灰石	价格比较便宜
派热克斯玻璃	含硼氧化物、钾硅酸盐、三氧化硅	杯体结实，耐高温
铅化杯	石英砂、红铅、钾硅酸盐	声音清脆，透明度高
钢化玻璃杯	黏土、二氧化硅和稀有金属	防震、防碎、耐高温
水晶玻璃	玻璃中加铅和矿物质	优点：晶莹剔透、可塑性强、美观耐用、声音清脆；缺点：价格昂贵，不宜盛装过热或过冷的液体。

餐厅设备还包括金属餐具、布件，以及服务用具等。

2 厨房设计与布局

为了改善厨房的劳动条件和工作效率,现代厨房都配备了相当数量的电器设备。厨房设备是厨房进行食品生产的物质基础,是制作菜肴的物质条件。因此,对厨房进行科学的设计与布局,是保障餐饮部门顺利、高效工作的前提条件。

2.1 厨房设计

2.1.1 设计要求

(1) 必须保证厨房生产流程的畅通

厨房的设计与布局必须保证厨房生产流程的畅通,避免厨房内的人流、物流的交叉和碰撞。

(2) 以主厨房为中心进行设计与布局

有主厨房的饭店应以主厨房为中心进行设计与布局,以使水、电、气等设施相对集中,便于生产管理,节省开支。

(3) 厨房要尽可能靠近餐厅

中国菜的一大特色就是热菜热吃,厨房与餐厅如间隔距离太远,一会影响出菜的速度,二会影响菜点成品的质量,三会造成人力的浪费。

(4) 厨房各作业点应安排紧凑

厨房各作业点之间有一定的联系,设计布局时应将工作联系紧密的、合用一种设备或工序交叉的作业点排放在一起。对于各作业点内部的布局也应安排紧凑得当,使各作业点的工作人员都能便利地使用各种必需的设备和工具,而不必东奔西跑去寻找。

(5) 设施、设备的布局要合理

厨房生产间噪声较大,如果机械设备布局不妥,就会加重厨房的噪声。设备的安放要便于使用,便于清洁,便于维修和保养。厨房的设施,必须根据饭店的总体规划进行设计布局,以利于饭店实施高标准的卫生、安全、防火措施。

(6) 要注重工作环境的设计与布局

厨房工作很辛苦,生产环境和生产条件的优劣会直接影响到员工的工作情绪和工作量,进而影响到产品的质量和生产效率。厨房环境因素有:温度、湿度、通风、照明、墙壁、天花板、地面强度、颜色、噪声以及工作空间的大小,等等。舒适的工作环境、现代化的设施设备可减少厨房工作人员的体能消耗,还可提高员工的工作热情。

(7) 要符合卫生和安全的要求

厨房设计不仅要选好恰当的地理位置,而且要从卫生和安全的角度来考虑。

2.1.2 厨房位置与面积

(1) 厨房位置的确定

① 厨房位置要有利于厨房生产。主厨房最好设在底楼,分厨房应靠近主厨房。

② 厨房要尽量靠近所对应的餐厅,以缩短服务员行走路程和时间。

③ 主厨房要靠近食品贮藏区(冷库、干货杂品库),方便领料,方便货物运送。

④ 厨房的地势要相对高一些,以便于通风和采光,便于污水的排放,便于货物的装卸。

(2) 厨房面积的确定

① 按餐座数计算厨房面积

表3-3 每类餐厅餐位数所对应的厨房面积对照表

餐厅类型	厨房面积 m²/餐位	后场总面积 m²/每餐位
正餐厅	0.5～0.8	1～1.2
咖啡厅	0.4～0.6	/
自助餐厅	0.5～0.7	/

② 根据就餐人数计算厨房面积

表3-4 不同就餐人数时每人所需厨房面积对照表

就餐人数	平均每位用餐者所需厨房面积 m²
100	0.697
250	0.48
500	0.46
750	0.37
1 500	0.309
2 000	0.279

③ 餐饮部各部分面积的分配比例

表3-5 餐饮企业各部分面积比例表(总面积为 **100%**)

各部门名称	百分比
餐厅	50%
客用设施	7.5%

续 表

各部门名称	百分比
厨房	25%
清洗	5.5%
仓库	7%
员工设施	3.5%
办公室	1.5%

④ 厨房各作业区总面积所占比例

表 3-6 厨房生产区域面积比例表

各作业区名称	所占百分比
炉灶区	32%
点心区	15%
加工区	23%
配菜区	10%
冷菜区	8%
烧烤区	10%
厨师长办公室	2%

2.1.3 厨房内部环境的设计

厨房内部环境的设计主要包括厨房的高度、墙壁、地面、门窗以及通风、排水系统等。尤其排水系统是厨房的关键设施之一。可在下水道内安装废料粉碎机，将下水道内的物料粉碎后排出；在各下水道口，安置隔渣网，及时处理堵塞的杂物；当下水管道被堵塞后，还可采用化学品来分解杂物，再用水冲去，达到疏通的目的。厨房的能源主要有电、煤气、煤、油料或液化气等。能源的选择应取决于厨房生产的需求和菜单的设计。

2.2 厨房布局

2.2.1 布局应考虑的因素

厨房各作业区面积的大小、场地的形状、高度、门窗的位置。

厨房能源管道的形状。厨房的能源关系到设备的选择和安装的位置，厨房管道现状也关系到设备和格局的合理性和安全性。

厨房的投资费用。对厨房的投资多少直接影响到布局的标准和设备的选用。

厨房的生产功能。厨房的生产形式,是加工厨房还是烹调厨房,是中餐厨房还是西餐厨房,是宴会厨房还是快餐厨房,是制作广东菜还是四川菜的厨房,不同的生产功能应有不同的布局要求。

厨房所需的生产设备。厨房需要哪些设备、设备的种类、型号、功能、所需能源、占地面积、颜色等情况,决定着摆放的位置,影响着布局的基本格局。

应遵循有关法令和法规。比如,《食品卫生法》对饮食部门提出的有关规定,如卫生防疫、消防安全、环境卫生等要求。

2.2.2 实施布局的要求

保障生产流程的顺畅合理。在厨房的生产中,各道加工程序都应按顺序流向下一道工序,应避免回流和交叉。

保证厨房的生产人员能便利地使用各种必需的设备和用具,简化操作程序,缩短员工在生产中行走的路线。

加强环境布置。要能为职工提供一个卫生、安全、舒适的工作场所,符合卫生法规,符合劳动保护和安全的要求。

设备和设备的布局,要便于清洁、维修和保养。

保证生产不受特殊情况的影响。在能源的选择上,要尽可能使用两种或两种以上的能源。当煤气管道检修停气时,仍然有其他能源代替生产。在这一条线路停电后,另一条线路能保证照明的正常等。

从长远的生产考虑,在整体布局时,对厨房的面积、厨房内部的格局、设备的选择等要根据发展规划,留有一定的余地。

2.2.3 厨房具体布局

(1) 厨房的整体布局

厨房的整体布局是对厨房整个生产系统的规划。中小型饭店的厨房,通常是一个多功能的综合厨房;而大型饭店的厨房则是由若干个分厨房组成,每一个分厨房既相互联系又相互独立。由于大型饭店分工较细,厨房的布局也大不一样。

① 直线型布局

这种布局形式适用于高度分工合作、场地面积较大、相对集中的大中型餐饮企业的厨房,所有的炉灶、炸锅、烤箱等加热设备统统做成直线型的设计。工作台通常是依墙排列,置于一个长方形的通风排气罩下,集中布局加热设备,集中吸排油烟,每位厨师按分工相对固定地负责某些菜肴的烹调,所需设备工具均分布在左右和附近。如果设备数量较多,如在食堂、职工餐厅等后厨场地中,可以在直线型布局的基础上采取相对或相背的方式布局,将两组设备面对面或背靠背排列。

② L型布局

通常将设备沿墙设置成一个直角型,把煤气灶、烤箱、炸锅、炒锅等常用设备组合在一边,把其他较大的设备组合在另一边,两边相连成一个直角,集中加热排烟。当厨房面积和厨房建筑结构不利于做相背型或直线型布局时,往往采用L型布局。这种布局方式对空间的利用比较集中,在中小型餐厅厨房广泛应用。

③U型布局

将工作台、冰柜、加热设备等沿四周摆放,留一出口供人员、物料进出,出品可开窗从窗口接递。U型厨房布局可以充分利用现有的工作空间,提高工作效率。当厨房面积较小、设备较多、人员较少、产品较集中时,如面点间、冷菜间、火锅原料准备间等厨房部门可采用此种布局。

以上三种类型是对后厨区域的整体划分,但是后厨是由加工、烹调等多个工作区组成的,对于每一个工作区也有不同的布局要求。

(2) 功能性作业区的布局

①加工区

加工区是指根据厨房生产计划和加工标准的要求,负责原料的申领、宰杀、洗涤、涨发等加工,及进行一定的半成品加工,以供其他厨房用料的区域。

布局要求:

应将加工区设计在离原料进入厨房距离较近的地方,并且便于垃圾清运;在设计中留出足够的货运通道,以保证加工区为厨房其他工作区输送原料的便利;应留出足够的空间,摆放加工厨房必需的基本设备、用具,方便相关员工的操作;将不同性质的加工区域合理分隔,以保证原料在加工中不会互相污染;如有加热设备,应注意加热源的安全和所产生烟气的脱排问题,以保证加工区安全、舒适的工作环境。

②烹调区

烹调区,指根据厨房生产计划的要求和配料、烹调、出品的标准,负责热菜制作出品的生产区域,是餐厅的核心生产区域。

布局要求:

应留出足够的菜肴出品通道,保证出品快捷、方便、安全地上桌;应留出足够的空间,摆放烹调区的基本设备、用具,以方便相关员工的工作;合理规划烹调区的通风排烟系统;将不同性质的工作区域合理分割开,以保证烹调区生产流程的连贯和通畅;规模较大的餐饮企业,应尽量将烹调区与餐厅设置在同一楼层上。

③冷菜间

冷菜的制作加工一般在单独的区域进行,通常根据菜品的特性分为两个部分操作:加热烹制和加工出品。

布局要求:

规模较小的餐饮企业,可将冷菜间与烹调区设置在相邻的位置,并将加热设备设置在两区域之间,以便共用加热设备。规模较大的餐饮企业,因为生产量大的关系,两个区域必须有各自独立的加热设备;应将冷菜间设计在比较靠近餐厅出菜的位置上,最好紧靠备餐间,提供出菜的便捷条件;将冷菜员工的更衣室规划在冷菜间内比较好;应留出足够的菜肴出品通道,保证出品快捷、方便、安全上桌;考虑冷菜出品的密封性,设计成低温、消毒的环境,杜绝菜品受污染的侵扰。

④ 面点间

布局要求:

应将面点间与烹调区分开,独立设计;留出面点小吃出品通道,保证出品快捷方便;合理摆放基本设备、用具,方便厨房员工的工作;对面点间通风排烟系统进行合理规划;将不同性质的工作区域合理分割开,保证面点间生产流程的连贯和畅通。

2.2.4 厨房其他方面的布局

厨房布局合理,厨师的工作效率就高。但是,厨房布局不仅要注意整体和局部的布局,还要考虑照明、室内温度、噪声和设备的摆放等具体环境布局。

(1) 照明要求

① 照度

整个厨房为 100 英尺烛光,主要工作区为 200 英尺烛光。

② 光线分布

灯的安装必须注意避免产生阴影,特别是要注意当某些设备的顶盖掀起或打开柜门时,不会遮住光线。灯光的颜色要自然,看物品时不失真。光线要稳定、柔和。

③ 防止炫光

厨房设备光洁的表面在灯光下常常会产生耀眼的光线。使用间接照明和漫射灯光,可有效地防止炫光。

④ 安全、易清洁、易维修

厨房的照明,大多要安装保护罩,特别是炉灶区,灯管或灯泡瞬间受热易发生爆裂。因此,要经常仔细检查和维修照明。在选择灯具时还应该考虑到便于清洁和维修的因素。

(2) 温度控制

厨房的温度控制,是布局中必须考虑到的一个因素。闷热的环境会导致厨房人员的工作耐力下降,容易疲劳,且体力消耗大,还会使得员工容易暴怒。一些饭店管理者对此已经予以关注,并采取相应措施。比如,将中央空调通进厨房(一些小厨房则分别安装空调器),厨房的温度得到控制,员工的生产效率自然会有很大的提高。

降低厨房温度还可在厨房设备上、布局上下功夫:一是在厨房内安装抽风机或排油烟机、排风扇等。将厨房内的热空气、油烟气体及时排出。二是将烧烤间、蒸煮间与炉灶间相隔开,分散厨房热量的挥发。但是,厨房内的温度过低也是不利的,厨师手脚受冻麻木,工作速度下降。因此,厨房的适宜温度应为20℃左右。

(3) 噪声控制

厨房是一个比较嘈杂的地方。噪声的主要来源一是炉灶上方排风扇的声响,二是炉灶内的鼓风声响,三是餐具的碰撞声,四是各种敲打声,五是冷藏设备的机器工作声,等等。噪声分散人的注意力,会使人血压增高,心情烦躁,听力下降,容易疲劳,从而使得工作效率降低,严重的会影响到人的身体健康。消除噪声的措施是在墙壁或天花板上砌上消音砖,或涂上消音漆,也可改进厨房内的设备,以降低噪声。降低噪声可有效地提高生产率,降低事故的发生率,提高产品质量。

(4) 设备的摆放距离

厨房各作业点的布局和设备的摆放既要考虑到生产流程的畅通,也要考虑到厨房人员身体的伸展幅度,以保证每位厨师拥有足够的工作空间和便利地使用设备。一般来说,厨师在操作时双手左右正常伸展幅度为1.15米,最大伸展幅度为1.75米左右。因此,工作台的大小,工具、用具的摆放位置都不应超出人体正常伸展的范围。

厨房设备的摆放除要照顾到使用方便、清洁和保养外,还要考虑到厨房通道的位置和距离。厨房内的主要通道需要有1.6至1.8米宽,一般的通道不得窄于0.75米;如果要蹲下从柜台底下取东西,其通道不得窄于0.9至1米;如果通道的两侧都有人站在固定的位置上干活,其通道不得窄于1.6至2米。

3 餐厅设计与布局

3.1 餐厅布局的基本要求

门口和通道避免发生拥挤;洗手间设备应齐全;采用反差大的颜色或材料;保证通道有足够的宽度,方便服务人员上菜和饮料;地板、墙壁和家具应该选择易清洗的材料;根据承办的宴会的规模,调整餐桌的大小及其位置;安装内部通信联络系统,方便餐厅和服务人员的信息传递;消防通道以及其他的安全设施应置于显眼的位置;从餐厅各主要地点都应轻易看见洗手间标志;可以用墙、盆栽以及装饰面板将较大的空间分隔为较小的、隐蔽的空间;合理安排食物和饮料的拾取点,尽可能少打搅顾客;当天气较冷时,应准备足够的设备以存放顾客的衣物。

3.2 餐厅总体布局

餐厅的总体布局是通过交通空间、使用空间、工作空间等要素的完美组织所共同创造的一个整体。作为一个整体,餐厅的空间设计首先必须合乎接待顾客和使顾客方便用餐这一基本要求,同时还要追求更高的审美和艺术价值。原则上说,餐厅的总体平面布局是不可能有一种放诸四海而皆准的真理的,但是它确实也有不少规律可循,并能根据这些规律,创造相当可靠的平面布局效果。

餐厅内部设计首先由其面积决定。由于现代都市人口密集,寸土寸金,因此须对空间作有效的利用。从生意上着眼,第一件应考虑的事就是每一位顾客可以利用的空间。厅内场地太挤与太宽均不好,应以顾客来餐厅的数量决定其面积大小。秩序是餐厅平面设计的一个重要因素。

由于餐厅空间有限,所以许多建材与设备,均应做经济有序的组合,以显示出形式之美。所谓形式美,就是全体与部分的和谐。简单的平面配置显示统一的理念,但容易因单调而失败;复杂的平面配置具有变化的趣味,但却容易松散。配置得当时,添一分则多,减一分嫌少,移去一部分则有失去和谐之感。因此,设计时还是要运用适度的规律把握秩序的精华,这样才能求取完整而又灵活的平面效果。在设计餐厅空间时,由于各用途所需空间大小各异,其组合运用亦各不相同,必须考虑各种空间的适度性及各空间组织的合理性。

餐厅的主要空间有如下几种:

顾客用空间:如通路、电话、停车处、座位等,是服务大众、便利其用餐的空间;

管理用空间:如入口处服务台、办公室、服务人员休息室、仓库等;

调理用空间:如配餐间、主厨房、辅厨房、冷藏间等;

公共用空间:如接待室、走廊、洗手间等。

在运用时要注意各空间面积的特殊性,并考察顾客与工作人员流动路线的简捷性,同时也要注意消防等安全性的安排,以求得各空间面积与建筑物的合理组合,高效率利用空间。

3.3 用餐设备的空间配置

餐厅内设计除了包括对空间做最经济有效的利用外,用餐设备的合理配置也很重要。诸如餐桌、椅以及橱、柜、架等,它们的大小或形状虽各不相同,但应有一定的比例标准,以求得均衡与相称,同时各种设备应各有相当的关系空间,以求能提供有水准的服务。

具体来说,用餐设备的空间配置主要包括餐桌、餐椅的尺寸大小设计及根据餐厅面积大小对餐桌的合理安排。

餐桌可分西餐桌和中餐桌。西餐桌有长条形的、长方形的;中餐桌一般为圆形和正方形,以圆形居多,西欧较高级的餐厅都采用圆形餐桌。如空间面积许可,宜采用圆形桌,因为圆形桌比方形桌更富亲切感。现在,一些餐厅也开始用长方形桌作普通的中餐桌。餐桌是方形或圆形的并不限定,以能随营业内容与客人的人数增减机动应用为佳;一般采用统一的方形桌或长方形桌。方形桌的好处是可在供餐的时间内随时合并成大餐桌,以接待没有订座的大群客人。餐桌的就餐人数依餐桌面积的不同有所不同,圆形的中餐桌最多能围坐12人,但是快餐厅里更喜欢一人一个的小方桌。餐桌的大小要和就餐形式相适应。

对于一般餐厅来说,应以小型桌为主,供二人至四人用餐的桌子,符合现代中餐厅的要求。而快餐厅可以多设置一些单人餐桌,这样,就餐人不必经历那种和不相识的人面对而坐、互看进餐的尴尬局面。而且,快餐厅的营业利润依赖于进餐人数。能让顾客快吃快走,才是最理想的餐桌形式。

对于中餐馆来说,营业利润并不是依靠就餐人数,而是依靠消费水平。为了能使餐馆的利润提高,包厢或包间就是一种好的形式。首先,包间为就餐人提供了一个相对隐秘的空间环境;其次,在一个小空间里,服务水平和服务设施可以有很大的提高;再者,顾客可以延长就餐时间,用餐消费的开支可以随之提高;另外,由于是品尝性质的慢慢就餐,服务人员可以从容向顾客介绍菜品,也可以充分体现饮食文化。

餐桌的大小会影响到餐厅的容量,也会影响餐具的摆设,所以决定桌子的大小时,除了符合餐厅面积能最有效使用的尺寸外,也应考虑客人的舒适度以及服务人员工作方便与否。桌面不宜过宽,以免占用餐厅过多的空间。

座位的空间配置上,在有柱子或角落处,可单方靠墙作三人座,可也变成面对面或并列的双人座。餐桌椅的配置应考虑餐厅面积的大小与客人餐饮性质的需要,随时能做迅速适当的调整。

延伸阅读

可重复使用的餐具是最佳选择吗?
用生命周期方法分析航空餐饮行业[①]

每年约有77亿乘客乘坐飞机出行。不同航空公司在飞行中提供的餐非常相似,由食物本身、包装(纸袋、薄膜等)和餐具(主要是托盘、盘子、玻璃杯、茶杯和刀叉勺)组成。2016年,降落在西班牙马德里巴拉哈斯机场的伊比利亚航空公司飞机提供了1 522吨的经济舱餐食。其中51%的重量是包装和餐具,剩下的49%是食物。由于食物的变化几乎没有回旋余地,因为无论如何供应,都是相同数量,因此本研究将重点放在包装和餐具

---

① 来源:Gonzalo Blanca-Alcubilla, Alba Bala, Nieves de Castro et al.(2020). Is the reusable tableware the best option? Analysis of the aviation catering sector with a life cycle approach. Science of the Total Environment, Volume 708, 135121.

减少温室气体排放的可能性上。采用生命周期评估方法(LCA)，以确定包装和餐具物品整个生命周期的热点。选择的案例是西班牙国家航空公司伊比利亚航空的餐饮服务。研究对象是"2016年降落在马德里的伊比利亚航班上的1 000份经济舱餐食服务"。

结果表明，可重复使用物品和一次性使用物品的影响发生在其生命周期的不同阶段。对于可重复使用的物品，76%的影响是在飞行阶段产生的，而对于一次性使用的物品，53%的影响来自生产阶段。

材料、重量和重复使用次数等变量可以极大地影响温室气体排放。根据分析结果，我们提出并分析了一些生态设计策略。本文显示，从生命周期的角度来看，航空餐饮中较轻的一次性包装和餐具的危害较小。

【思考与练习】

1. 餐厅的设计布局应该考虑哪些方面？如何设计才能营造出好的氛围和体验？
2. 厨房的设计布局应该考虑哪些方面？如何设计才能保障餐饮生产的质量和效率？
3. 请描述一家你曾经去过的餐厅的布局，包括它的氛围、空间利用、动线规划等方面。
4. 如果你要设计一家餐厅，你会采取哪些设计手段来提高顾客的用餐体验和满意度？

第四章
餐饮市场营销

学习目标

1. 了解餐饮市场营销的基本概念,掌握餐饮企业的营销策略和方法。
2. 熟悉餐饮市场的市场环境,了解市场需求、消费者行为和市场分析的基本知识。
3. 掌握餐饮广告营销、人员推销、整体营销等基本概念和方法。
4. 熟悉餐饮绿色营销、体验营销和网络营销等基本方法和技巧。
5. 学习餐饮数字营销和社交媒体营销的应用,掌握在线营销、移动营销等新兴营销方式。

> **导入案例**

雕爷牛腩

　　雕爷牛腩餐厅,是中国第一家"轻奢餐"餐饮品牌,2013年开业。雕爷牛腩餐厅花费500万向香港食神戴龙购买了牛腩的秘制配方,并聘请其担任名誉大厨、技术指导及菜品研发顾问。戴龙经常为港澳名流提供家宴料理,还是1997年香港回归当晚的国宴行政总厨。他的代表作——"咖喱牛腩饭"和"金汤牛腩面",成为无数人梦寐以求之舌尖上的巅峰享受。雕爷牛腩餐厅在开业前进行了半年的"封测期",京城各界数百位美食达人、影视明星前来试菜,乃至圈内人皆以获得雕爷牛腩"封测邀请码"为荣。餐厅利用当时火热的微博开展引流,利用微信进行客户管理,培养了大批忠实粉丝,吸引了大量关注,运作仅3个月便成为当时商圈中最热门的餐厅。

问题:雕爷牛腩餐厅成功运用了哪些营销策略?

1 餐饮营销概述

1.1 餐饮营销的概念

餐饮营销指餐饮企业在激烈竞争和不断变化的市场环境中如何识别、分析、评价、选择和利用市场机会,如何开发适销对路的产品,探求餐饮企业生产和销售的最佳形式和最合理途径。

1.2 餐饮营销理念

在餐饮行业发展过程中,由于供需关系的变化,餐饮营销基本上经历了以下五种营销观念的转变。

1.2.1 生产导向的营销理念

餐厅能提供什么,就营销什么。其理念植根于供需严重失衡,餐饮产品的供给和市场需求不对等,产品供不应求。

1.2.2 产品导向的营销理念

客人喜欢良好的设施和优质的服务,餐饮企业的核心就是提供良好的设施和优质的服务。该理念比生产导向理念有较大进步,因为其注重餐饮产品的质量,但是其出发点仍然站在卖方立场,餐饮产品较少考虑到顾客的真实需求,忽略了餐饮产品市场需求消费群体的差别。

1.2.3 营销导向的营销理念

顾客对购买餐饮产品存在抗衡心理,企业必须采取有效的推销技巧和强有力的推销手段刺激消费,所以餐厅既要增加设施、改进服务,同时要外出推销,使顾客了解产品。虽然企业开始重视与消费者沟通,通过诱导方式推销,以增加餐饮产品的营销量,但其注重的是将现有产品推销出去,而不是生产消费者所需要的潜在产品。

1.2.4 需求导向的营销理念

要实现餐饮企业的目标,关键在于真正了解顾客的需求和欲望。满足顾客的需要是餐厅应优先考虑的。餐饮企业要以市场需求为出发点,以满足市场需求作为企业经营的中心。企业生产和营销取决于市场顾客需要什么。

1.2.5 社会营销导向的营销理念

置身于社会这个整体的餐饮企业,不能孤立地追求自身的利益,而必须使自身的行为符合整个社会与经济发展的需要,力求在创造餐饮企业经济效益的同时,能为整个社会的发展做出贡献,创造社会效益。

2 餐饮营销环境

2.1 餐饮市场营销环境的概念

餐饮市场营销环境是指与餐饮企业市场营销活动有关的一切内外部因素和力量的总和。一个企业的营销环境是由企业营销管理机能外部的行动者和力量所组成的,这些行动者和力量冲击着企业管理者发展和维持同目标顾客进行成功交易的能力。市场营销环境是一个开放性、多变性、多因素的复杂系统。市场营销环境对餐饮营销的影响,包括企业内部和外部环境形式的影响。

2.2 餐饮市场营销环境的构成

一个企业的营销环境是由一整套相互影响、相互作用的重要参加者、市场和其他相关力量构成的,通常可分成宏观环境和微观环境两个部分。微观环境包括企业自身的经营条件、自身所处的市场的外部营销渠道、目标顾客与顾客群、同行业的竞争者和社会公众的影响;宏观环境包括社会的政治因素、经济因素、文化因素、自然因素、科技因素、人口因素等方面的影响。

2.2.1 餐饮市场营销微观环境

餐饮市场营销的微观环境是指与餐饮企业直接紧密相连、直接影响餐饮企业市场营销能力的各种因素和力量的综合,主要包括餐饮企业本身、供应商、中介机构、顾客、竞争者以及社会公众等因素。

(1) 餐饮企业

餐饮企业的经营理念、管理体制和方法、所规定的宗旨与使命、组织机构、营销部门与其他部门的协调、资源等,都将对其市场营销活动的成效产生直接影响。

(2) 供应商

餐饮企业的供应商是向餐饮企业及其竞争对手供应为生产特定的餐饮实物产品和无形服务产品所需的各种资源的工商企业或其他组织与个人。

(3) 市场营销中介机构

市场营销中介机构主要包括中间商(批发商、零售商)、中转商、物流公司、市场营销服务机构和金融服务机构等。

(4) 顾客

顾客就是企业的目标市场,是企业服务的对象,也是市场营销活动的出发点和归宿点。企业的一切市场营销活动都应以满足顾客的需要为中心。因此,顾客是企业最重要的环境因素。

(5) 竞争者

竞争者主要包括以下四类:差异愿望竞争者,是指提供不同产品以满足不同需要的竞争者,这个市场可以根据潜在的目标市场进行细化;愿望竞争者,是指提供不同类产品以满足同一种需要的竞争者;产品形式竞争者,是指满足同一需要的产品的各种形式间的竞争;产品品牌竞争者,是指满足同一需要的同种形式的产品不同品牌之间的竞争,品牌效应是激发市场消费最明显的方式。

(6) 社会公众

社会公众是指对一个组织实现其目标的能力具有实际或潜在利害关系和影响力的一切团体和个人。企业面临七类公众:金融界、媒体、政府、群众团体、地方(社团)公众、一般公众和内部公众。从餐饮企业的角度来看,公众是指对餐饮企业实现市场营销目标的能力有实际或潜在利害关系和影响力的团体或个人。

2.2.2 餐饮市场营销宏观环境

餐饮市场营销宏观环境是指餐饮企业运行的外部大环境。市场营销人员必须根据外部环境中的各种因素及其变化趋势制定自己的营销策略,以达到市场经营的目的。在餐饮营销中,宏观环境主要包括政治法律因素、社会文化因素、经济因素、技术水平因素及人口地理因素等方面。

(1) 政治法律环境

政治法律环境是强制和约束企业市场营销活动的各种社会力量的总和,包括一个国家的政治形势、经济政策、贸易立法和消费者利益保护组织等。政治环境是企业市场营销的外部政治形式;法律环境是指国家或地方政府颁布的各项法规、法令和条例,其直接规范和制约人们的社会生活。

(2) 社会文化环境

社会文化环境是指一个国家、地区的民族特征、价值观念、生活方式、风俗习惯、宗教信仰、伦理道德、教育水平、语言文字等方面的总和。文化对企业营销的影响是多层次、全方位、渗透性的,支配着人们的生活方式、消费结构、主导需求以及消费方式。

(3) 人口环境

从市场营销的角度来看,市场是由具有购买兴趣和购买力的人所组成的,人口的数量直接决定市场的规模,而有关人口的一系列因素,如人口数量和增长速度、人口的地区分布和流动、人口的年龄结构、人口的性别结构、人口的家庭规模、人口的预期寿命等都将对市场需求的变化产生深刻的影响。

（4）经济环境

经济环境是影响和制约社会购买力形成的主要环境力量。

（5）自然环境

自然环境是指自然资源、地形地貌和气候条件等因素，餐饮业的原料、燃料来源都与自然资源有密不可分的关系。餐饮业是高能耗和高污染的行业，在环境保护日益受到重视的今天，要求餐饮营销者必须顺应保护环境、节约能源的世界潮流，大力推行"绿色营销"，使经济效益和环境效益相结合，保持人与自然环境的和谐。

3 传统餐饮营销方式

餐饮营销不仅指单纯的餐饮推销、广告、宣传、公关等，还包含有餐饮经营者为使宾客满意并为实现餐饮经营目标而展开的一系列有计划、有组织的广泛的餐饮产品以及服务活动。它不仅仅是一些零碎的餐饮推销活动，更是一个完整的过程。

餐饮营销是在一个不断发展着的营销环境中进行的，为适应营销环境的变化，抓住时机，营销人员应该制订相应的营销计划。首先，进行市场调查以确定餐饮企业的经营方向；然后深入进行市场细分，对竞争对手及形势进行分析，确定营销目标；随即研究决定产品服务、销售渠道、价格及市场营销策略；再具体实施计划的财务预算，并通过一段时期的实施，根据信息反馈的情况，及时调整经营方向和营销策略，最后达到宾客（people）、价格（price）、实绩（performance）、产品（product）、包装（package）、促销（promotion）等诸多因素的最佳组合。

一般来说，餐饮企业可以从以下几个方面采取相应的营销手段，如广告营销、宣传营销、菜单营销、人员营销、餐厅形象营销、电话营销、公关营销以及特殊营销活动。

3.1 广告营销

广告营销是通过购买某种宣传媒介的空间或时间，来向餐饮公众或特定的餐饮市场中的潜在的宾客进行推销或者宣传的营销工具，它是餐饮业常用的营销手段。"酒香不怕巷子深"这句古语所存在的局限性，已经被越来越多的人所认识。所以在餐饮营销中，广告是必不可少的重要手段。

餐饮广告一般可分为以下几种。

3.1.1 电视广告

其特点是传播速度快,覆盖面广,表现手段丰富多彩,可声像、文字、色彩、动感并用,感染力很强。但成本昂贵,制作起来费工费时,同时还受时间、播放频道、储存等因素的限制和影响,信息只能被动地单向沟通。

3.1.2 电台广告

它是适用于面向本地或者周边地区消费群体的一种广告形式。其特点是:成本较低、效率较高、大众性强。一般可以通过热线点播、邀请嘉宾对话、点歌台等形式,来刺激听众参与,从而增强广告效果。但是这种方式同样也存在不少缺陷,如:传播手段受技术的限制;不具备资料性、可视性;表现手法单一;被动接受等。

3.1.3 报纸杂志广告

这类广告适用于做食品节、特别活动、小包价等餐饮广告,也可以登载一些优惠券,让读者剪下来凭券享受餐饮优惠服务。此种方法具有资料性的优点,成本也较低,但是形象性差、传播速度慢、广告范围也较小。

3.1.4 餐厅内部宣传品

可以印制一些精美的定期餐饮活动目录单,介绍本周或本月的各种餐饮娱乐活动;以及印有餐厅的种类、级别、位置、电话号码、餐位数、服务方式、开餐时间、各式特色菜点的介绍等内容的精美宣传册,可让宾客带走以作留念的"迷你菜单",各种图文并茂、小巧玲珑的"周末香槟午餐""儿童套餐"介绍等,将它们放置于餐厅的电梯旁、餐厅的门口,或者饭店前厅服务台等处,供宾客取阅。

3.1.5 邮寄广告

将餐厅商业性的信件、宣传小册子、餐厅新闻稿件、明信片等直接邮寄给消费者的一种广告形式。这种形式比较适合于一些特殊餐饮活动、新产品的推出、新餐厅的开张,以及吸引本地的一些大公司、企事业单位、常驻饭店机构以及老客户等活动。特点是较为灵活,竞争较少,给人感觉亲切,也便于衡量工作绩效;但是费用较高,且费时费工。

3.1.6 其他印刷品、出版物上的广告

商家在电话号码本、旅游指南、市区地图、旅游景点门票等处所登载的餐饮广告。

3.1.7 户外广告

通过户外的道路指示牌、建筑物、交通工具、灯箱等所作的餐饮广告。如在商业中心区、主要交通路线两旁、车站、码头、机场、广场等行人聚集较多的地带所做的各种霓虹灯牌、灯箱广告、屋顶标牌、墙体广告、布告栏等;汽车、火车等交通工具内外车身上的广告;设置在餐饮设施现场的广告等。其特点是:费用低、广告持续时间长。这种方式很适合为餐饮设施做形象广告,只是应注意其广告的侧重点应突出餐饮产品的特色。

3.1.8　其他广告

如由信用卡公司为客户提供的免费广告;饭店或餐厅门口的告示牌;店内电梯也可成为三面的广告墙;餐厅各种有关食品节、甜品、酒水、最新菜品等信息的帐篷式台卡等。

3.2　宣传营销

宣传营销是以付费或非付费新闻报道、消息等形式出现的,一般通过电台广播、电视、报刊文章、口碑、标志牌或其他媒介,为人们提供有关饮食产品以及服务的信息。与广告相比,它更容易赢得消费者的信任。

餐饮营销人员应善于把握时机,捕捉一些餐饮业举办的具有新闻价值的活动,向媒体提供信息资料。一般应由本部门有关人员负责稿件的撰写、新闻照片的拍摄等事宜。还可以与电视台、电台、报纸、杂志等媒介联合举办"饮食与健康"等小栏目,既可以扩大社会影响,提高声誉,又可以为自己的经营特色、各种销售活动进行宣传。

3.3　人员推销

在餐厅中的每一个人都是潜在的推销员,包括餐厅经理、服务人员、厨师以及顾客,他们和专职推销员一起,同样能给餐厅带来利润。

3.3.1　专人推销

一般餐饮企业可设专门的推销人员进行餐饮产品的营销工作。推销员必须精通餐饮业务,了解市场行情,熟悉饭店各餐饮设施设备的运转情况,宾客可以从他们那里得到肯定的预订和许诺。

3.3.2　全员推销

饭店所有员工均为现实的或潜在的推销人员。

第一层次由专职人员如营销总监、餐饮销售代理、销售部经理、销售人员等组成。

第二层次由兼职的推销人员构成,如餐饮总监(或餐饮部经理)、宴会部经理、餐厅经理、预订员、迎宾员以及各服务人员等。

第三层次由各厨师长以及其他人员组成。利用厨师的名气进行宣传推销,也会吸引一批客人。对重要客人,厨师可以亲自端送自己的特色菜肴,并对原料及烹制过程做简短介绍。

3.3.3　顾客推销

餐厅赢得顾客的一句好话,胜过餐厅任何人的十句好话,这对潜在顾客的影响尤其大。

对餐厅来说，客人抱怨是不容忽视的。对有抱怨的客人应给予一个补救机会，即通过免费服务或折扣优惠等方法，改变顾客对本产品和服务的看法，使他们愿意再度光临，并乐于向别人推荐餐厅。

3.4 菜单营销

通过各种形式的菜单向前来就餐消费的宾客进行餐饮推销。可通过形式各异、风格独特的固定式菜单、循环式菜单、特选菜单、今日特选、厨师特选、每周特选、本月新菜、儿童菜单、中老年人菜单、情侣菜单、双休日菜单、美食节菜单等进行宣传和营销。

3.5 餐厅形象营销

对餐厅的形象进行设计策划，营造独特的情调和气氛，比如在店徽的设计、餐厅主题的选择、餐厅的装饰格调、家具、布局、色彩灯饰等方面下功夫，使之起到促销的功用。

选用某一国的特色设计布置，突出异域色彩的异国情调餐厅；张贴各种宠物的照片，布置成动物园似的宠物餐厅；附设小型运动场所，或者配备运动设施的运动餐厅；以新型太空材料装潢，将未来世界的知识性、超现代感作为推销手段的未来世界餐厅；张贴各种明星照片，陈列明星们用过的东西，播放有关明星的视频或歌曲的明星餐厅等，都具有独特的形象，可以定向吸引一批消费者。

3.6 电话营销

餐饮营销人员与宾客通过电话进行双向沟通。这种营销方式要在很短的时间内对宾客的要求、意图、情绪等方面作出大致了解和判断，推销自己的餐饮产品和服务时力求精确，突出重点，同时准确做好电话记录。对话时语音语调应委婉、悦耳、礼貌，同时不要忘记商定面谈，以及进一步确认的时间、地点等细节，最后向宾客致谢。这种方式局限性较大，一般细节性的内容不易敲定。

3.7 特色营销

餐饮特色营销的实质就是创造出风格独特的服务产品，也就是平时所说的"特色经营"。形成餐饮服务产品的特色有许多途径，如独特的Logo、新奇的服务内容等。特色营销策略的前提是所服务的受众客源基础牢固。

3.8 整体营销

客源组织与产品营销是整体营销的两个方面,客源组织的过程就是产品推销的过程。

3.8.1 营业推广方式

以餐饮菜品的风味特点、产品质量和服务质量为基础,树立企业形象和声誉,给每位前来就餐的客人提供上乘的"个性"服务,让他们留下美好印象,使其成为企业的义务宣传员,长此以往,达到口碑传播的效果。

3.8.2 客情报表方式

以报表形式记录光顾客人的资料,以便对不同类别的客人提供个性化的服务。如客人的生日、结婚纪念、小朋友满月之喜、客人对某一菜品的喜好、忌讳等,均作详尽的记录,适逢喜庆之日企业将会寄出贺卡、问候、短信、祝福语等。以此为依托,组织相关人员进行系统归类,经常与客人保持沟通,以达到从"客"到"友"的情谊关系,缔造忠诚的支持群体。

3.8.3 内部促销方式

与内部宣传广告相结合,由员工进行的特别推销方式。员工可利用内部广告、告示牌、POP(Point of Purchase)画报等,广泛宣传菜点,促进顾客消费,提高顾客满意度。

3.8.4 媒体推广方式

媒体介面很多,餐饮企业根据自身的市场推广需要确定媒介的载体,比较常用的有报纸、电视、电台、DM(Direct Mail)等传播媒介。在选择媒介时,一要选好传播媒介;二要选好广告内容"卖点",不能跟风;三要连续一段时间反复出现,才能引起客人重视;四要注意"性价比",注意节省费用开支,以最少的钱,取得最大的效果。

4 餐饮营销的新发展

4.1 绿色营销

餐饮绿色营销的核心是建立在绿色技术、绿色市场和绿色经济的基础上,按照环保与生态原则来选择和确定营销组合的策略,其最终目的是在化解环境危机的过程中为餐厅获得商业机会,在实现餐厅利润和让消费者满意的同时,达到餐厅与自然、社会的和谐相处、共存共荣。

4.1.1 开发绿色产品

餐厅绿色产品的开发是餐厅绿色营销的关键。真正意义上的绿色产品要求质量合格,而且从生产、使用到处理、处置均符合特定的环境保护要求,对生态环境无害或危害极小,具有节约资源等环境优势,并有利于资源再生。

餐厅开发绿色产品要做好以下几点:在产品设计时,考虑到产品、资源与能源的保护和利用;在生产与服务过程中,要采用无废、少废技术和清洁生产工艺,以有益于公众健康;在产品使用后,应考虑产品的易于回收和处理。

4.1.2 利用绿色资源

利用绿色资源,对餐饮设施进行绿化,即要高效利用水、电等能源,节约用水、积极引入新型节水设备,采取多种节水措施,加强水资源的回收利用;积极采用节能新技术,有条件的餐饮企业可以使用可再利用的能源(太阳能供热装置、地热等)系统;餐厅污水排污、锅炉烟尘排放、废热气排放、厨房大气污染物排放、噪声控制达到国家有关标准;洗浴与洗涤用品不能含磷,使用正确和用量适中,把对环境的影响降到最低;冰箱、空调、冷水机组等积极采用环保型设备用品;餐厅采用垃圾分类收集设备以便回收利用,员工能将垃圾按照细化的标准分类;无装饰装修污染,空气质量符合国家标准。

4.1.3 采用绿色标志

采用绿色标志是绿色营销的重要特点。我国现行的绿色标志,是由国家指定的机构或民间组织依据环境标志产品的技术要求及有关规定,对产品或服务的环境性能及生产过程进行确认,并以标志图形的形式告知消费者哪些产品和服务符合环境保护的要求,对生态环境更为有利,如绿色酒店标志、绿色食品标志等。绿色标志可以引导消费者参与环境保护活动,帮助他们选购产品,是酒店市场重要的竞争因素,是衡量酒店环保生产的标准,是酒店通向市场的通行证。

4.1.4 培育绿色文化

绿色营销以绿色文化观念作为价值导向,绿色文化是绿色营销的支撑。

在绿色文化的建设中,酒店目标开始与环境目标融合;酒店管理理念、营销理念开始与绿色生态理念融合。培育绿色文化,营造绿色环境,需要全体员工的共同努力。餐饮企业最高管理者应任命专人(绿色代表)负责本企业的创绿任务。餐厅有绿色工作计划,餐饮企业管理者要定期检查目标的实现情况及规章制度的执行情况;餐厅有关公共安全、食品安全、环境保护的培训计划要全员参与;分管创建绿色饭店工作的负责人必须参加有关安全、环境问题的培训和教育。只有全体员工齐心协力,才能培育发展餐饮企业绿色文化,打造名副其实的绿色环境。

4.1.5 采用绿色营销组合

酒店绿色营销组合包括四大策略。一是绿色产品策略:包括产品的绿色设计、绿色包装、绿色标志。二是绿色定价策略:酒店进行定价时要考虑到环境成本和社会责任定价。

三是绿色分销策略：改进分销环境，确保产品和营销的绿色化；减少分销过程中的浪费，增加营销的绿色程度；改进运输工具，减少营销过程中的资源消耗；缩短供应渠道，减少资源使用量；开辟新的销售渠道。四是绿色传播策略：确定绿色营销传播目标；确定绿色营销传播资金；识别和确认目标受众；收集和整理营销信息；选择营销信息传播方法；选择营销信息传播渠道等。

4.2 体验营销

美国哥伦比亚大学商学院教授施密特率先提出了体验营销（experiential marketing）的观念。施密特博士在《体验式营销》一书中指出，体验式营销是从顾客的情感、感官、思考、行动、关联五个方面，重新定义、设计营销的方式。体验营销主要有以下三种形式。

4.2.1 感官体验

感官体验是通过视觉、听觉、触觉与嗅觉建立感官上的体验。感官体验可区分为公司和产品的识别、引发消费者购买的动机和增加产品的附加价值等。以星巴克为例，它通过准确的选址定位，辅以高级设计团队的精心打造，将星巴克咖啡店与周围环境恰当地融合在一起，既凸显了自己独有的咖啡文化，又和谐地融入了周边环境。在触觉体验上，星巴克选择符合品牌特征的装饰，比如在桌椅、柜子甚至地板的选择上都倾向使用木质材料，让消费者体验到高雅、稳重及温馨的感觉。

4.2.2 情感体验

情感体验，是要触动消费者的内心情感，创造一种情感上的体验，其范围可以是一个温和、柔情的正面心情，如欢乐、自豪，甚至是强烈的激动情绪。它需要真正了解什么刺激可以引起某种情绪，以及能使消费者自然地受到感染，并融入这种情景中来。如星巴克致力推动所谓的第三好去处，让忙于工作的现代人有个可以喘息的场所——家庭与办公室之外的"第三好去处"。

4.2.3 思维体验

思维体验即以创意的方式引起消费者的惊奇、兴趣以及对问题进行集中或分散的思考，为消费者创造认知和解决问题的体验。如星巴克为了引导中国的消费者饮用咖啡，采取的引导方式相当新颖和轻松，它常通过自己的店面以及到一些公司去开"咖啡教室"来激发消费者对咖啡的兴趣。

4.3 网络营销

餐饮网络营销是指餐厅以互联网为传播手段，通过市场的循环营销传播，达到满足消费者需求和商家需求的过程。它可以使从生产者到消费者之间的价值交换更便利、更充分、更有效率。

4.3.1 网站营销

对餐饮企业来说，建立直接联络顾客的渠道，是电子商务的关键点。餐饮企业官网可以根据顾客的特殊喜好进行设计，作为提供高质量个性服务的方式，把上网的人吸引到日常的餐饮活动中来。可在网站上创建目标市场感兴趣的栏目，帮助餐馆对准自己的市场目标进行促销活动。类似特别新闻报道、促销信息以及有关的开发活动等，都可以通过官网报道出去，招揽"电脑顾客"。

除餐饮企业官网外，亦可将横幅广告，即电子公告和内容放到相关组织的网页上。如，将一个餐馆广告登在一个公共剧院的网页上，这样就可以比较容易地、有目标地将较多的广告发送到合适的购买者手中。几乎所有的横幅广告，都允许上网者点击后直接进入发广告者的网站。特别值得一提的是，这种"点击"还自动地为发广告者进行了记录，为餐饮服务场所衡量广告效益提供了简单的衡量方法。

4.3.2 论坛推广

互联网上的社区论坛也是一种推广和营销的方式。社区论坛是人们交流信息的场所，一些社区论坛上的讨论总数很大。如果在社区论坛上推广某个餐饮品牌的信息内容，人们在这个话题上的交流热度会加速这个餐饮品牌的传播。因此，可以通过社区论坛为自有餐饮品牌传播一些有效的信息内容，帮助品牌推广，提高品牌知名度和美誉度。

4.3.3 自媒体推广

互联网上自媒体平台很多，自媒体品牌的优势是访问量大，很多用户会在自媒体平台上搜索相关咨询。如果一家餐饮品牌信息或者分享的餐饮知识可以在自媒体平台上搜索到，那么就会带来曝光和流量。

4.3.4 微信营销

微信营销是一个新的获客渠道。通过微信朋友圈，可以宣传餐厅的特色、环境、企业文化和菜品，增加餐厅的知名度。利用微信公众号，可以向消费者全方位宣传餐厅，同时为消费者普及餐饮知识，可谓双向网络营销平台。

4.3.5 问答平台

当消费者想了解一个餐饮品牌时，他们可能会去问答平台查询，问答平台则提供解决方案。因为问答平台是站在第三方的角度，所以通过问答平台，消费者会更加信任、了解餐饮品牌。

4.3.6 搜索推广

竞价：如果资金条件允许，可以考虑做竞价排名，快速将餐饮产品信息排在最前面。高浏览率自然会增加成交的机会。

软文营销：每天手动向各种网站发布数百条消息。利用关键词优化，让消费者通过关键词在搜索平台上找到你。

4.3.7 短视频营销

短视频营销已成为当今移动互联网的新蓝海，为餐饮运营商带来前所未有的机遇。餐饮企业将品牌或者产品融入视频中，通过剧情和段子的形式将其演绎出来，在看的过程中不知不觉将产品推荐给用户，使用户产生共鸣并主动下单和传播分享，从而达到裂变引流的目的。短视频在餐饮行业的网络推广，可以快速提升餐饮行业的品牌曝光度和知名度。

此外，还有微博热搜、小红书热搜、信息流广告等，都是一些适合餐饮行业网络营销的渠道。

延伸阅读

用社会网络分析改善海鲜系统：加泰罗尼亚墨鱼营销案例[①]

海鲜营销方面的创新成倍增加，渔业部门和海鲜分销商为应对资源稀缺、不确定性和气候变化而推出了一系列新兴营销举措。批发商和零售商利用社交网站传播与鱼类产品相关的价值观。本研究分析了西班牙加泰罗尼亚墨鱼市场的分销网络渠道和社交媒体用户。该方法结合了社会网络分析、数字民族志和基于结构化、半结构化、深入访谈和图像的定性分析。结果表明，在与"邻近性""本地性"和"季节性产品"相关的海鲜产品的价值与适应当代"便利"和可及性生活方式的市场价值之间存在悖论。美食文化的传播普及了对墨鱼的需求，增加了市场的多样化，并加剧了买卖网络参与者之间的竞争。虽然经销商可以从不同的来源获得资源，但渔民必须应对自然资源的限制。我们的结论是，管理计划应考虑将渔民纳入营销渠道和媒体话语，以改善海鲜产品的营销，追求可持续性。

【思考与练习】

1. 餐饮企业在进行市场营销时，需要考虑哪些因素？请列举出来。

---

① 来源：Silvia Gómez, Beatriz Patraca, José Luis Molina（2023）. Improving seafood systems with social network analysis: The case of cuttlefish marketing in Catalonia. Marine Policy, Volume 150, 105517. https://doi.org/10.1016/j.marpol.2023.105517.

2. 通过分析一家餐饮企业的市场环境,为该企业设计一份针对目标市场的营销策略。

3. 餐饮企业在进行数字营销和社交媒体营销时,需要注意哪些事项?请结合实际案例进行分析。

4. 选择一家餐饮企业,在社交媒体上进行一次在线营销活动,比如推出一个优惠方案或活动,然后观察营销效果并进行分析。

第五章
餐饮经营中的营养问题

学习目标

1. 了解营养学的基本知识和饮食健康的原则,了解不同营养素的作用。
2. 掌握餐饮服务中的饮食营养知识和管理方法,学习如何根据消费者的饮食需求和喜好,设计出符合营养平衡的菜品。
3. 学习餐饮服务中的标准化、精细化管理方法,了解如何确保食品的营养价值。
4. 了解当前的饮食问题,学习在餐饮服务经营中提供平衡营养的方法。
5. 了解如何向消费者传达营养知识和饮食健康的理念,提高消费者的营养素养。

> 导入案例

各种蛋白粉啥区别[①]

根据来源不同,常见的蛋白粉大致可分为乳清蛋白、酪蛋白和大豆蛋白等。乳清蛋白是牛奶提取物,其口感好,氨基酸种类丰富,能迅速被人体吸收利用,是增长肌肉的较好选择,适合健身爱好者;酪蛋白和乳清蛋白一样,也是牛奶提取物。不同的是,酪蛋白被人体吸收的速率明显要低,但它可以稳定持续地释放氨基酸长达数小时,适合在睡前服用;大豆蛋白是从大豆中提取分离出来的,其吸收利用率低于乳清蛋白和酪蛋白,但富含大豆异黄酮等活性物质,适合中老年女性。

蛋白粉多用于纠正机体蛋白质营养不良,主要适用于三类人,且最好在相关专业人员的指导下服用:① 体内的蛋白质处于重度亏损状态者,如创伤、烧伤患者。② 蛋白质的摄入或吸收存在不足者,如神经性厌食患者。③ 处于某些特定阶段者,如孕妇、乳母和胃肠道功能较弱又进食少的老年人。如果身体健康,膳食结构合理,就不需要补充蛋白粉,否则可能给身体带来危害。

问题:蛋白粉的主要营养价值是什么?你知道人体需要哪些营养素吗?

---

① 来源:人民网—生命时报 http://health.people.com.cn/n1/2016/0920/c21471-28726299.html.

1 何谓营养

1.1 营养的概念

营养,即生物所摄取的养料,亦指人体消化、吸收、利用食物或营养物质的过程,也是人类从外界获取食物满足自身生理需要的过程,包括摄取、消化、吸收和体内利用等。

1.2 营养素

营养素是维持正常生命活动所必需摄入生物体的食物成分。营养素分蛋白质、脂质、糖类(碳水化合物)、维生素、矿物质(无机盐)、水、纤维素七大类。

1.2.1 蛋白质

机体组织细胞成分主要为蛋白质。蛋白质的营养作用在于它的各种氨基酸。组成食物蛋白质的氨基酸有 20 余种,其中有数种不能在人体与动物体内合成,而必须获自食物,这些氨基酸被称为"必需氨基酸"。评价一种食物蛋白质的营养价值,主要视其所含的各种必需氨基酸量是否能满足机体的需要。

含蛋白质的食物有畜肉、禽鱼肉、乳制品、蛋类、小麦、黑麦、玉米、燕麦、大麦、小米、食用菌、豆类和坚果等。现代营养学家认为含有动物蛋白的食品更有益于健康。主要的动物蛋白来自禽鱼肉。

1.2.2 脂质

脂质包括中性脂肪和类脂。前者主要是供给能量,后者多具有重要的生理功能。脂质的基本组成为脂肪酸,有必需脂肪酸和非必需脂肪酸之分。

饱和脂肪存在于牛肉、猪肉、鸡肉、鱼肉、乳制品、蛋类和热带可可油等食品中,不饱和脂肪可以从纯橄榄油、植物油、花生和鳄梨中摄取。

1.2.3 糖类

糖类也称碳水化合物,是供给生物热能的一种主要营养素。食物中的碳水化合物是多糖(淀粉)和纤维素。在膳食热量摄入不足时,机体的脂肪组织和蛋白质将被分解以补充热量的不足。表现为生长停滞,体重下降。严重时可致死亡。人类的饮食习惯不同,膳食碳水化合物供给的热量一般占总热能消耗的 45%~80%。在经济不发达地区可高达 90% 以上,这是因为碳水化合物是最廉价的热能来源。

碳水化合物存在于水果、蔬菜、糖、面粉、奶、小麦、玉米、燕麦和大米等粮食以及坚果和谷物中。

蛋白质、脂质和碳水化合物都属于产生热能的营养素。在进行一切生物反应时必须要有足够的热能。热量的摄入与消耗，在正常情况下，应处于平衡状态，即摄入量与消耗量相等，是为能量平衡。生物在生长阶段，机体的物质在增加，尤其是蛋白质和脂质，因而有能量的储存。但摄入量超过需要时，即以脂质的形式存于体内。与此相反，在摄入量低于需要时，将消耗自身的物质导致消瘦。

1.2.4 矿物质

人体内有数十种矿物元素，广泛分布于全身。其中少部分元素具有生理功能的，被称为必需元素。按其在体内的含量又分为大量营养元素和微量营养元素。前者有钙、磷、镁、钾、钠、氯、硫，后者有铁、铜、锌、锰、钼、铬、钴、镍、钒、锡、碘、硒、硅、氟等。

钙、磷、镁是骨骼和牙齿的主要成分。镁又是植物叶绿素的重要成分。磷与能量代谢有关。镁、钾、钠、氯都是维持体液酸碱平衡和适宜渗透压的重要电解质。

在微量营养元素中，铁是血红蛋白的重要成分。碘是甲状腺素的主要成分。氟具有防龋齿作用。

所有的食物中都含有少量的矿物质，但水果和蔬菜的含量最高。对人体最重要的矿物质是铁、钙、磷、铜、碘和钾。矿物质主要存在于奶、乳酪、奶油、鱼肉、西红柿、菠菜和黄油中。

1.2.5 水

水约占成年人体重的65%，在调节体温、输送营养、排除废物等方面有重要作用。成人一般每天的摄入量为1 500—1 700 ml，这里面包括食物与日常饮水两方面。

1.2.6 维生素

维生素是人体必不可少的营养素，具有重要的生理功能。

维生素足量则可，并非多多益善。脂溶性维生素如维生素A、维生素D等摄入过多时，不能直接排出体外，易在体内大量蓄积，引起中毒。水溶性维生素如维生素C，多吃后虽可以从尿中排出，毒性较小，但大量服用仍可损伤人体器官。正常人服用的剂量，应连同食物中的维生素在内，达到我国膳食标准规定的数量即可。

所有的食品都含有一定成分的维生素，但水果和蔬菜的含量最高。维生素不提供热量，但在新陈代谢过程中起着重要作用。以下食物中可获取维生素：胡萝卜、菠菜、蘑菇、蛋、奶、酵母、麦芽、柠檬、橙子、菠萝、甜瓜、番石榴、鱼肝油和蛋黄。

1.2.7 纤维素

通常人们认为纤维就是"粗草料"，但是事实并非如此。纤维可以促进消化，特别是在清除体内垃圾方面有着神奇的功效。最新研究表明，纤维有助于降低血液中的胆固醇含量。

纤维有很多种类,其中一些是蛋白质而不是碳水化合物。有些种类的纤维,如燕麦中含有的那一类被称为"可溶性纤维",它们可以帮助保持血糖浓度的稳定。高吸水性纤维可以帮助控制食欲,有助于保持适当的体重。

纤维不能为人和多数动物所消化利用。膳食纤维包括纤维素、半纤维素、果胶、藻多糖和木质素。膳食纤维经胃肠道中细菌的纤维素酶发酵,可有大部分被酶解为短链脂肪酸。草食动物即以此为能量来源。

纤维理想的摄入量是每天不少于35克。如果食物选择得恰当,很容易就可以达到这个标准而不需要进行额外的补充。能获得纤维的食物来源包括燕麦、麦麸、全麦面包、小扁豆、蚕豆、植物种子、水果以及生食或轻微烹制的蔬菜。蔬菜中大部分的纤维在烹制过程中被破坏了,因此蔬菜最好还是生食。

1.3 营养需求

一个人每天对必需营养素的需要量是由年龄、性别、身高、体重、新陈代谢和活动量决定的。合理营养就是指运动者一日三餐所吃食物提供的热量和多种营养素与其完成每日运动量所需能量和各种营养素之间保持平衡。从营养素来讲,要有充足的热能,而且蛋白质、脂肪、碳水化合物的含量和比例要适当,有充足的无机盐、维生素、微量元素和水分,也就是说膳食要合理,每日各种食物的种类和数量的选择要得当、充足。

2022年4月26日,中国营养学会发布《中国居民膳食指南(2022)》。《指南》提炼出了平衡膳食八准则:

准则一　食物多样,合理搭配
准则二　吃动平衡,健康体重
准则三　多吃蔬果、奶类、全谷、大豆
准则四　适量吃鱼、禽、蛋、瘦肉
准则五　少盐少油,控糖限酒
准则六　规律进餐,足量饮水
准则七　会烹会选,会看标签
准则八　公筷分餐,杜绝浪费

《指南》还修订完成了中国居民平衡膳食宝塔(2022)(图5-1)、中国居民平衡膳食餐盘(2022)(图5-2)和儿童平衡膳食算盘(2022)(图5-3)等可视化图形,指导大众在日常生活中进行具体实践。

"中国居民平衡膳食宝塔"通过形象化的组合,体现了在营养上比较理想的基本食物构成。宝塔共分5层,塔基(最底层)为谷类、薯类及杂豆和水;第四层为蔬菜类、水果类;

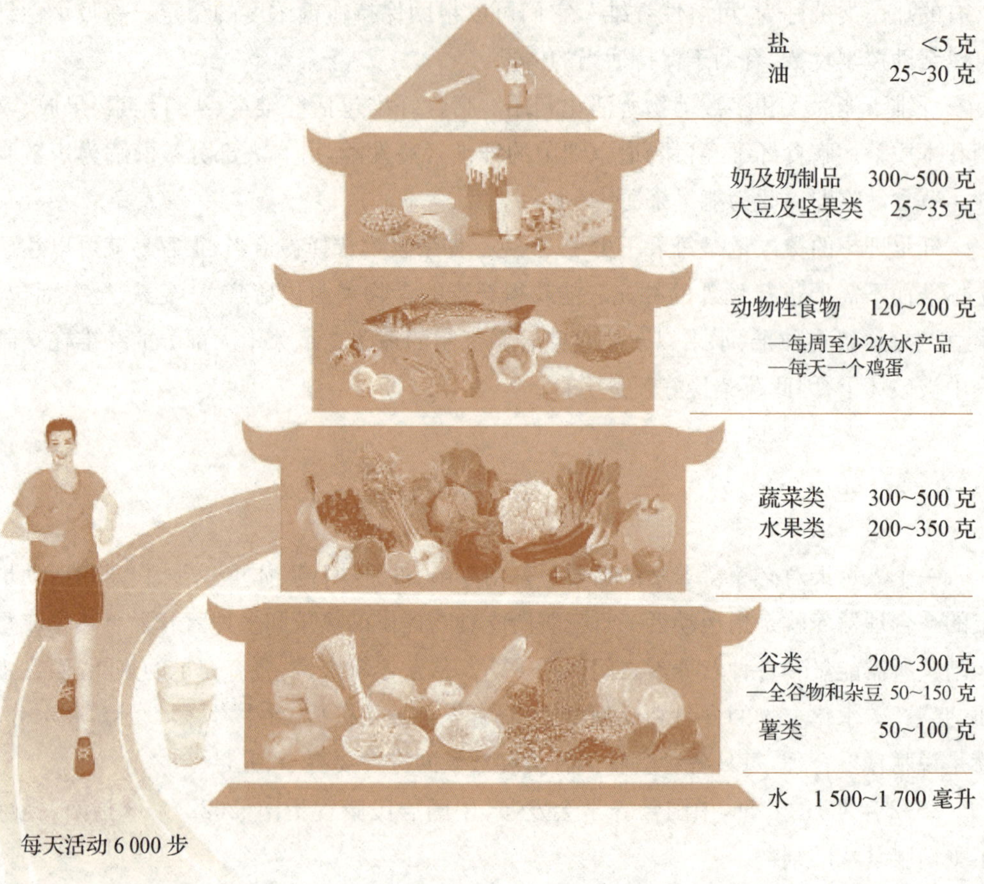

图 5-1 中国居民平衡膳食宝塔

图 5-2 中国居民平衡膳食餐盘(2022)

第五章 餐饮经营中的营养问题

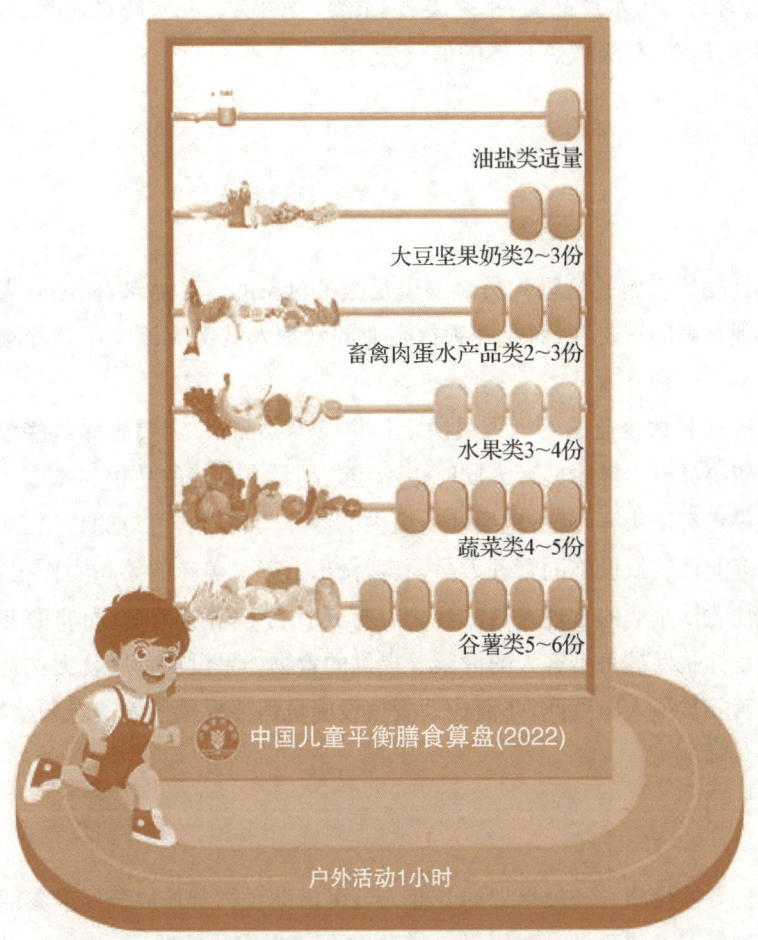

图 5-3　儿童平衡膳食算盘(2022)

第三层为动物性食物,包括畜禽肉类、鱼虾类、蛋类;第二层为奶及奶制品、大豆及坚果类;塔尖(最高层)为油、盐,分量逐层减少。宝塔旁边的文字注释,标明了在 1 600—2 400 千卡能量需要量水平时,一段时间内成年人每人每天各类食物摄入量的建议值范围。

中国居民平衡膳食餐盘描述了一个人一餐中膳食的食物组成和大致比例。餐盘分成四部分,分别是谷薯类、动物性食物和富含蛋白质的大豆及其制品、蔬菜和水果,餐盘旁的一杯牛奶提示其重要性。

与平衡膳食宝塔相比,平衡膳食餐盘更加简明。它用传统文化中的基本符号,表达阴阳形态和万物演变过程中的最基本平衡,预示着一生中天天饮食,错综交变,此消彼长,相辅相成的健康生成自然之理。2 岁以上人群都可参照此结构计划膳食,即便是对素食者而言,也很容易将肉类替换为豆类,以获得充足的蛋白质。

"中国儿童平衡膳食算盘"适用于中等身体活动水平下 8—11 岁儿童。算盘用色彩区分食物类别,用算珠个数示意膳食中食物分量。算盘分 6 层,从上往下依次为油盐类、大

[065]

豆坚果奶类、畜禽肉蛋水产品类、水果类、蔬菜类、谷薯类。儿童跨水壶跑步，表达了鼓励喝白开水，天天运动，积极锻炼身体的倡议。

2　营养与餐饮经营

非商业性餐饮设施的管理人员必须满足服务对象的营养需求，而随着大多数顾客开始意识到合理营养的重要性，商业性餐饮企业的管理人员也应该关注营养菜品带来的竞争优势。

如果商业性餐饮企业的管理人员决定提供营养菜品，一定要确保这些菜品具有吸引力。多数希望菜品营养健康的客人同时也希望菜品具有良好的品相和味道。商业性餐饮管理人员如果想有回头客，就一定要使所提供的营养菜品具有可口的味道。

对于非商业性餐饮设施的管理人员而言，做出营养又美味的菜品同样很重要，但意义不同。商业性餐饮企业的管理人员的经营目标是保持和增加销量；而非商业性餐饮管理人员的经营目标是保护每个客人的健康。提供的食物如果没被食用就无法达到膳食平衡或确保某些营养被摄入。因此，非商业性餐饮设施也需要提供营养美味的菜品。

2.1　菜单制订

非商业性餐饮设施中经过培训的专业人员可借助食物营养成分标准参照资料计算出每道菜品各种营养素的含量。在假设一道菜被全部吃完的情况下，他们还可以安排定期的营养成分抽查（菜品营养价值评估）。

商业性餐饮企业的管理人员设计菜单时要考虑很多因素。对于有营养意识的管理人员，营养仅是其中需要考虑的一个因素。"中国居民平衡膳食宝塔"提供了很好的指导，膳食策划者可以定制一个套餐，并确保包括来自每一类的食物各一份。设计零点菜单时也可以将所有食物种类列出，以便于关注营养的顾客选择适当的菜品。而在自助餐上，每一类食物都应包含几道菜品。

当设计菜单时，有一些解决营养健康问题的技巧可以采用。例如：

减少菜品中的脂肪和胆固醇：提供少脂的鱼、鸡类和素食，以及胆固醇很低的鱼和贝类海鲜。

减少盐的使用：减少配料表中盐的用量，或提供低盐的各种酱料和腌料。

采取减少菜品卡路里的策略：减少菜单上菜品中的脂肪和糖的含量，提供更多低糖、低脂的水果和蔬菜。

采取减少菜肴含糖量的策略：减少烘焙产品中糖的用量，用水果甜品代替点心甜品，提供无糖饮品,提供无糖的谷物麦片。

非商业性餐饮的菜单设计中可以包含一些非传统菜品。学校菜单设计者在考虑满足学生营养需求的同时也要注重学生偏爱的食物和口味。

商业性餐饮企业的管理人员在设计菜单时,应该考虑如何满足特殊的膳食需求,比如使用炭烤而非煎炸的烹制方法。管理人员应该积极地搜集客人和服务人员的反馈,并在设计菜单时用上这些信息。

餐饮的发展趋势是商业性餐饮企业的管理人员在设计菜单时需要考虑的另一个因素,目前的种种餐饮趋势都反映了人们对营养和健康饮食的日益关注。例如,在美国已经有远离红肉多吃海产品、减少酒精饮料的消费、新鲜的食材才是最好的等餐饮趋势。聪明的餐饮管理人员会追随这些餐饮趋势,并把它们与菜单相结合。

2.2 采购中的营养问题

在策划菜单时对营养的关注也应当体现在食品采购环节,新鲜的食品才是最好的营养素来源。

当购买低脂、无脂奶制品时,餐饮管理人员应确保它们强化了维生素 A、D。适当的时候可购买一些全麦的谷物麦片和面包。

餐饮管理人员还应知道鸡的腿肉是红肉,尽管价格比鸡胸肉低一些,但是脂肪含量会更高。无皮的禽制品要比有皮的脂肪含量低。

当购买牛肉时,管理人员应该知道低级牛肉要比高级牛肉所含的脂肪少(然而,也应该知道高级牛肉要更嫩、更香)。

选购芥花油或橄榄油制作菜品。

要了解方便食品的原料,因为它们经常含有较高的盐和饱和脂肪酸。

应该向信誉良好的供货商采购食品。可能的情况下,应该向关注营养健康的供货商采购。餐饮管理人员应该与供货商保持沟通。很多供货商可以提供他们所卖食品营养成分的重要资料。

2.3 储藏中的营养问题

食物如果储藏不当,即使采购的质量再好,再有营养价值也是徒劳,食物中含有的营养素在不当的储藏条件下会受到破坏。例如,即使是被很好地存放在冰箱中,食物中的维生素也会在几个小时后出现损失。而新鲜的农产品中的营养素会在一天或两天后严重流失。

为了减少储藏中营养素的流失,管理人员要按步骤培训员工:

使物品从运送交付到使用之间的时间降到最低,例如:新鲜的水果和蔬菜,最好每天运送,并进行严格的验收以确保收到的水果和蔬菜确实是新鲜的,那些负责定期验收的人应经过培训以知道各种货品的质量要求。

在加工新鲜的农产品时要细心,避免这些农产品碰伤、擦伤。

入库的物品要注明日期,以确保最早收到的物品最先使用,严格遵循"先进先出"的原则。

对于大部分物品来说,用原有的包装箱来储存是最好的。

将新鲜的食材覆盖或包裹起来,避免暴露于空气中、潮湿的环境里和光照下。

要尽可能缩短已加工水果和蔬菜的储藏时间,因为加工后营养素更容易流失。

确保储藏室温度、湿度、空气流动性等条件适当且持续稳定。理想情况下,不同的食物应该在不同的温度下储存。

干货应该放在阴凉、干燥和通风的地方,储藏温度应该保持在10 ℃—21 ℃之间。

新鲜水果和其他物品应该在冷藏的温度下储存,并且摆放得松散些,相对较高的湿度会更好,最理想的储存温度大约是5 ℃,也是微生物生长最慢的食品储存推荐温度。

正确的冷冻温度应该是0 ℃或者更低,即使在冷冻的温度下,水果和蔬菜也会丢失营养素,冷冻、解冻和再冻都会使食物中的营养素受到破坏,因此为了最大限度保留食品的营养价值,这些操作应该只在必要时才小心执行。

2.4　菜品制作过程中的营养素保留

菜品制作时的不恰当操作也会导致营养素减少。以下是为保留营养素而制订的一些菜品制作基本原则。

清洗和剪除:食物不应该被过分地清洗和剪除,为蔬菜削皮时不应过重,因为很多营养素就存在皮下,如果把某些蔬菜的皮和部分皮下组织都切除,很多营养素都会丢失。

氧化:有些营养素与氧气接触后会被破坏。将食物切成小块,碾磨或者将大部分暴露在空气中都会引起维生素的丢失。食物储藏过长的时间也会引起氧化。

光:阳光能够破坏一些色素和营养素,核黄素和色素等在阳光下尤其容易遭到破坏。

热:热会转化和破坏一些维生素,如维生素C和硫胺素,因此,食物煮的时间越长,营养素被破坏得越严重,热还会破坏蛋白质。

水:很多维生素和矿物质溶于水,因此如果可能的话,食物不该被浸泡,为了最大限度地保留营养素,应该用浸泡过的水煮食物,煮过食物的水可以倒入汤锅中,或被用来做汤、酱汁、肉汁等类似的菜品,用最少的水和最短的时间煮食物也有助于保留营养素。

原料的滥用:碱会破坏某些维生素,因此,在烘焙时不应用过量的碱,在烹制蔬菜时也不应该放碱。

2.5　标准配料表和营养

在食品烹制的过程中,标准配料表是质量控制过程的关键。餐饮管理人员在制订配料表时应该考虑下面的营养问题:

尽量使用低卡路里的食材,比如新鲜的水果和蔬菜。

配料表中的烹制方法提倡使用清炒和用不粘锅进行煎炸,以便减少用油或不用油,厨师们烤制食物时可使用烤架使脂肪从食物中流走。

用菜肉汤做酱汁前,先将它冷却后去除上面脂肪,用肉前也应去除肉中的脂肪。

重新考虑配料表中内脏的使用,因为内脏胆固醇的含量高。

当烘烤食物时,尽量将油脂的用量减少三分之一或一半。

在配料表中尽可能少用盐,可以用香草和香料替代。

2.6　营养与餐饮服务

餐饮服务人员在客人点菜时必须知道怎样应对客人的一些营养问题,下面的这些是进行服务人员基本培训时要解决的基本问题:

当客人对菜品的卡路里、盐分和脂肪含量有异议时,能够给他们提供其他替换菜品。

餐厅可提供的不同的烹制方法("如果您喜欢的话,海鲜可以给您做清蒸的或煎炸的")。

如何看出客人的需求和期望,例如,超重的客人可能不会太注意饮食健康,所以除非他们问起来,否则不该主动给他们提供菜品的营养信息。其他客人可能喜欢营养丰富的主菜,然后用高卡路里的甜品来犒劳自己。

怎样准确而富有吸引力地介绍菜品,并知道什么时候该从菜肴制作人员那里获取更多菜品的信息("今晚的特色煎鱼用的是什么油")。

不要忘记服务员通常是了解客人饮食喜好和饮食问题等信息的最好渠道。聪明的管理人员会询问服务员这些问题:"你的客人看到我们的菜单通常都说些什么?""他们都怎么评价他们所选或不选的菜品?"这些信息对于菜单策划很有用。

2.7　营养与法规

肥胖的增长率伴随着快餐店食物分量的增加和人们对大多数快餐店食物不健康的担忧催生了美国《菜单标签条例》。不过各管辖区提出和通过的法律差别很大。有些立法机构要求标注卡路里值的信息,还指定标在菜单上的这些信息必须和菜品名称的印刷字体大小一致。其他的立法机构则没有指定这些信息标注的位置、字体大小和印刷字体。还有一些立法机构注意到了标注食物中反式脂肪酸、味精、饱和脂肪酸和碳水化合物的含量等信息的需要。

一些快餐厅已经把每道菜品的营养信息发到网上和贴在店里的传单或海报上。然而,前面提到有些立法机构还要求把营养信息写到菜单上,但由于菜单上菜品的多样性而导致这些营养信息阅读困难。随着越来越多的餐厅使用电子菜单,他们可以通过编程来显示菜品的幻灯片,把菜品和价格放在一页,某个菜品及其相应的营养成分放在另一页。在餐厅公共区域或桌面上放置的电子广告板也可以展示必要的数据。

3 当前的饮食问题

3.1 营养平衡与热量平衡

随着人们对健康和健康饮食的关注增加,营养平衡成为饮食中的一个重要问题。营养平衡指的是摄入各种营养素的量和比例适宜,能够满足人体生理和代谢的需要,从而保持身体健康和正常功能。一个营养平衡的饮食应该包括适量的碳水化合物、蛋白质、脂肪、维生素、矿物质和水。

过多或过少的食物摄入,或者偏食,可能导致营养不足或过剩,从而引起营养不平衡。营养不足可能导致人体缺乏必需的营养素,如蛋白质、维生素和矿物质,从而导致身体机能受损;营养过剩可能导致肥胖和慢性疾病,如心脏病和糖尿病。营养不平衡还可能导致儿童发育不良和智力低下,从而影响其生长和发展;也可能导致精神和心理问题,如抑郁和焦虑。

热量平衡指的是人体所消耗的热量和所摄入的热量相等,从而维持身体体重稳定。如果人体所摄入的热量超过了所消耗的热量,那么就会导致体重增加。如果人体所摄入的热量少于所消耗的热量,那么就会导致体重减少。卡路里(Calorie)是食物热量的计量单位。人们通过食物摄入卡路里,这些卡路里提供了身体所需的能量,包括维持基本代谢、运动和其他身体功能的能量。

许多人希望减肥,减肥的关键是消耗比摄入更多的卡路里。当消耗的卡路里比摄入的卡路里多时,身体就会开始燃烧脂肪,从而减轻体重。因此,如果想要减肥,需要确保消耗的卡路里比摄入的卡路里多。这可以通过控制饮食,例如减少高热量的食物摄入和增加低热量的食物摄入,同时进行更多的体育锻炼来实现。

人们应该摄入多少卡路里呢?这随人们的年龄、性别、体形和其他变量的不同而变化。随着人们年龄的增长,人体所需的卡路里会减少。女性所需的卡路里要比男性少,因为女性身体的脂肪含量所占体重的比例一般比男性高,而且女性在能量利用率方面效率更高。体力活动是决定人体能量需求的另一个重要因素。职业足球运动员的卡路里需求远比大部分在办公室工作的高管们多。其他因素还包括体温,即人发烧时消耗更多的卡路里;环境,人在寒冷的环境下需要消耗更多的卡路里来保暖;健康,人们在手术、创伤和生病康复时需要的卡路里更多。

餐饮管理人员可提供新鲜水果和蔬菜、低卡路里饮料、糖类替代品、低脂牛奶和低卡路里沙拉酱等一些低卡路里的菜品来满足那些关心食物卡路里的客人。

虽然营养平衡和热量平衡是不同的概念,但是它们之间有一定的关系。营养平衡的饮食可以帮助人们维持健康体重,并且保持身体健康和正常功能。一个热量平衡的饮食应该包括适量的各种营养素,以确保身体摄取足够的营养,从而保持身体健康和正常功能。

3.2 脂肪与胆固醇

脂类分为饱和脂肪酸和不饱和脂肪酸。饱和脂肪酸主要来源于动物性食品,如肉类、猪油、黄油、全脂牛奶和鸡蛋。此外,棕榈油和椰子油也是高度饱和的。不饱和的脂肪酸大部分来源于植物性食品——橄榄油、干果、玉米和黄豆——以及用这些食品还有其他类似食品制造的油。

想减肥的人应该避免食用脂肪,因为每克脂肪比其他营养素含有的卡路里(每克9千卡)更多。专家推荐人体每日必需卡路里中来自脂肪的应该不高于30%,其中由饱和脂肪酸提供的卡路里不超过人体所需卡路里的10%。饱和脂肪酸易引起多种癌症和高胆固醇,而高胆固醇会引起心脑血管疾病。不饱和脂肪酸更健康,对于某些个体甚至可以降低胆固醇水平。

胆固醇是所有动物性食品中存在的一种脂类物质。人类的生存需要一定量的胆固醇。人体利用胆固醇生成维生素D、胆汁和多种激素。它也是大脑和神经系统的重要组成成分。事实上,人体自身可以生产少量的胆固醇。然而,当人们摄入大量的动物性食物时,尤其是饱和脂肪酸,人体的胆固醇水平就会很高。此时,胆固醇会聚集在动脉壁上,阻断血液流向心脏和其他重要脏器,从而导致心血管疾病和心脏病。

尽管胆固醇能导致心脏病和高血压、痴呆症等其他疾病的原因还没完全弄清楚,但专家们一致认为膳食中最好尽可能减少胆固醇的摄入。餐饮管理人员也要提供高胆固醇食物的替换品,如脱脂牛奶而不是全脂牛奶,或者蛋清而不是整个鸡蛋;有些食谱还可以去掉蛋黄;把沙拉酱或肉汁单独盛装,和食物分开,这样属于低胆固醇膳食人群的客人就可以控制它们的食用量了。含有低胆固醇或所谓好胆固醇的各种各样的涂抹酱可以作为黄油和人造黄油的替代品。

3.3 钠

钠是食盐的一种矿物成分,用于调味或储存食物。膳食中含有太多的盐会导致高血压、心律不齐或肾脏疾病。

有些客人关注降低钠的摄入量,餐饮管理人员可以提供低钠的菜品来满足客人的需求。零点餐厅可在桌子上的盐瓶和胡椒瓶旁边放一个食盐的替代品。

很多医生建议需要低钠膳食的人群采用无添加盐膳食。在这种膳食中,虽然菜品制作时要加少量盐,但就餐时不应该再加盐。此外,必须避免含钠量高的食物和调味品,如泡菜、橄榄、德国酸白菜、火腿、培根、热狗、咸饼干、番茄酱、酱油和蒜盐等。只要稍做准备,大多数餐饮管理人员就能满足客人无添加盐的饮食要求。

3.4 食物过敏

有些客人由于有食物过敏反应或食物不耐受症而需要避免某些食物。食物过敏涉及人体免疫系统对食物的反应(和人们对蚊虫叮咬的反应大致相同)。食物不耐受症不涉及人体免疫系统。

大多数食物过敏的症状涉及皮肤(麻疹或瘙痒)和消化道(呕吐或腹痛)。很多食物过敏是由牛奶、鸡蛋、豆类、坚果、贝类和小麦等引起的。客人通常知道哪些食物会导致他们过敏,会在点菜前询问菜品中的原料。

过敏性反应(一种威胁生命的过敏反应)会发生在有严重食物过敏的人身上。因此,在客人询问食物原料时提供准确的信息实际上是一种救生的预防措施。过敏性休克可以在食物摄入后的5分钟内发生。因此,重视食物过敏以及意识到对待食物过敏客人不能马虎是很重要的。应对食物过敏的管理办法包括以下几个方面:

指派一个人(如管理人员)来负责和有食物过敏的人沟通;

指定的人通过和客人交流确定客人的特别要求,然后与厨师长商议;

厨师长检查使用的原材料,并提醒负责制作这位顾客的菜品的厨房员工要格外小心;

管理人员、服务员或厨师长为顾客上菜,并确认菜品符合顾客的需求;

服务该顾客的服务员应该与他再核实过敏源,以确保客人用餐满意。

3.5 素食

有很多客人喜欢素食。有些人是出于膳食原因而想要减少肉食的摄入,另一些人是出于道德原因:他们不想吃那些需要虐杀动物的食品。虽然各类素食者都会避开肉类,不过还是可以根据膳食结构进行分类。分类的标准是除了基本的蔬菜、水果、谷物和蛋白质（豆制品、豆科蔬菜和坚果）素食外，他们的膳食还包括什么：

严格的素食主义者，绝对不吃任何动物性食品，包括蛋类、奶制品和蜂蜜；

奶素主义者，除基本素食外会食用一些奶制品；

蛋素主义者，除基本素食外会食用一些蛋类；

奶蛋素主义者，除基本素食外会食用一些奶制品和蛋类。

如果一个顾客需要素食，明确他到底能吃什么，不能吃什么，这很重要。服务员也可以提供只有蔬菜、水果、谷物和非动物性蛋白的菜品。一旦了解到素食者的具体类型，厨师长就可以提供特制的美味、营养而诱人的菜品来满足顾客的需要。

3.6 有机食品

越来越多的人在吃有机食品，包括许多每周数次食用有机食品的人。有机通常是指没使用化学添加剂种养的动植物，或者用种植过程中未使用化学剂的有机粮食加工而成的、不带防腐剂、人造香精和色素的食品。有机食品的消费之所以增加是因为大家相信它们对环境和人体健康更有益，而且能更好地扶持小农户或当地农户。另一个原因是人们认为有机产品质量和口味更好。

据美国梅约诊所报告，没有确切的证据说明有机食物比用常规方法种植的食物更有营养。因此，即使很多餐饮管理人员购买有机食品是因为客人的偏好，但是声称它们更有营养恐怕就不合适了。

农产品是有机食品的一大类。其他食品还有面包、烘焙食品、无乳饮料、鸡蛋、奶制品。有机的包装食品有汤类、意大利面、肉、冷冻食品和其他加工食品，甚至还有婴儿食品。

4 健康中国战略

基于人民对美好生活的需求，2016年10月，中共中央、国务院印发了《"健康中国2030"规划纲要》，提出推进健康中国建设，全面提升中华民族健康素质。

为贯彻落实《"健康中国2030"规划纲要》，提高国民营养健康水平，2017年7月，国务院办公厅印发《国民营养计划（2017—2030年）》（以下简称《计划》）。

《计划》指出，营养是人类维持生命、生长发育和健康的重要物质基础，国民营养事关国民素质提高和经济社会发展。要以人民健康为中心，以普及营养健康知识、优化营养健康服务、完善营养健康制度、建设营养健康环境、发展营养健康产业为重点，关注国民生命全周期、健康全过程的营养健康,将营养融入所有健康政策,提高国民营养健康水平。

《计划》提出,要坚持政府引导、科学发展、创新融合、共建共享的原则,立足现状、着眼长远,到 2030 年,营养法规标准体系更加健全,营养工作体系更加完善,在降低人群贫血率、5 岁以下儿童生长迟缓率、控制学生超重肥胖率、提高居民营养健康知识知晓率等具体指标方面,取得明显进步和改善。

2017 年 10 月,党的十九大报告提出"实施健康中国战略",为新时代建设健康中国明确了具体落实方案。

2019 年 7 月,国家卫生健康委"健康中国行动推进委员会"印发《健康中国行动(2019—2030 年)》(以下简称《行动》)。《行动》以"大卫生、大健康"为理念,坚持预防为主、防治结合的原则,以基层为重点,以改革创新为动力,中西医并重,把健康融入所有政策,针对重大疾病和一些突出问题,聚焦重点人群,实施 15 个重大行动,包括:健康知识普及、控烟、心理健康促进、心脑血管疾病防治、癌症防治等,政府、社会、个人协同推进,建立健全健康教育体系,促进以治病为中心向以健康为中心转变,提高人民健康水平。

《行动》的目标是:到 2030 年,全民健康素养水平大幅提升,健康生活方式基本普及,居民主要健康影响因素得到有效控制,因重大慢性病导致的过早死亡率明显降低,人均健康预期寿命得到较大提高,居民主要健康指标水平进入高收入国家行列,健康公平基本实现。

延伸阅读

素食主义饮食:地球健康及其与人类健康的一致性[1]

为了维持地球的健康,人类活动必须将地球资源的使用限制在有限的范围内,并避免环境退化。目前,食品系统占用了大量自然资源,并在很大程度上加剧了气候变化、土地退化、水资源利用和其他影响,而这些影响又通过粮食不安全威胁到人类健康。此外,目前富含动物产品和过多卡路里的饮食模式对人类和地球健康都是有害的。为了解决饮食——环境——健康的三难困境,人口层面的饮食改变至关重要。据报道,素食是健康的选择。与生产动物性食品,特别是反刍动物的肉类和奶类相比,大多数植物性食品的资源密集度和对环境的影响较小。这篇综述文章同时探讨了素食饮食的环境可持续性,以及它与人们健康的一致性。总的来说,从杂食性饮食到蛋奶素食和纯素食的发展与环境可持续性的提高有关。纯素和蛋奶素饮食产生的温室气体排放量分别比目前大多数杂食饮食低 50%

---

[1] 来源:Ujué Fresán, Joan Sabaté(2019). Vegetarian Diets: Planetary Health and Its Alignment with Human Health. Advances in Nutrition, Volume 10, Supplement 4, Pages S380 – S388.

和35%,并相应减少了自然资源的使用。从目前的饮食模式转变为可持续的素食饮食,可以获得相应的健康益处。因此,素食对健康和环境的影响似乎是一致的。尽管这显示了高收入国家素食对人类健康和环境可持续性的好处,但在其他背景下的挑战以及推动无肉饮食成为社会规范的政治意愿方面仍然存在问题。

【思考与练习】

1. 餐饮服务中的营养问题对于消费者和企业分别有什么重要性?
2. 餐饮企业如何保证食品的营养价值?
3. 选取一道常见的菜品,分析其中含有的营养成分和含量,提出如何根据消费者的饮食需求和喜好,对该菜品进行改良的建议。
4. 设计一份针对某一特定人群(如孕妇、老年人、儿童等)的餐饮营养方案,并结合实际情况进行调整和完善。
5. 餐饮服务中的营养宣传和教育方法对于提高消费者的营养素养有什么重要性?

第六章
菜 单

> 学习目标

1. 理解菜单的基本概念和分类,以及菜单在餐饮服务中的作用和重要性。
2. 掌握菜单设计的依据和步骤,包括定位、内容、排版、字体、颜色、图案等方面。
3. 学习如何根据菜品种类、口味、季节等因素制定菜单,以满足不同消费者的需求和偏好。
4. 理解菜单与营销的关系,掌握如何利用菜单来推广餐厅品牌,增加营业额。

> **导入案例**

喜结良缘婚宴菜单

满面春风——玲珑八美蝶

红红火火——上汤基围虾

大展宏图——雪蛤烩鱼翅

红光满面——金秋大闸蟹

一团和气——迷踪烤肋排

瑞气吉祥——豉汁贵妃贝

富贵有余——清蒸桂花鱼

良辰美景——竹笙烩时蔬

早生贵子——桂圆莲子羹

幸福美满——点心大拼盘

万紫千红——时令水果盘

问题：从菜肴结构和菜品选择等方面看，这份菜单质量如何？

1 菜单简介

菜单是餐饮企业提供商品的目录,是餐厅餐饮产品的品种、说明和价格的一览表。

1.1 菜单的来源

最初菜单的作用并不是向客人说明菜肴内容和价格,而是提醒厨师不要忘了菜肴。据说在 16 世纪初期,法国宫廷菜肴质量一般。1533 年,法国国王昂里二世的王妃卡得里努从佛罗伦萨带来了厨师作为陪嫁,从此法国宫廷菜肴才逐步得到改善。法国的厨师为了记住这些意大利菜肴的烹制方法及原材料,将它们记录下来,这就是菜单的雏形。

现在的菜单各式各样,有纸质的,也有皮质的,还有更具个性的竹子菜单、"圣旨"菜单、电子菜单等。在电脑、手机、平板上查阅电子菜单,直接下单点菜,方便快捷又环保。

1.2 菜单的作用

菜单反映了餐厅的经营方针。餐厅工作包括原料的采购、食品的烹调制作,以及餐厅服务,这些都是以菜单为依据的。一份合适的菜单,是菜单制作人根据餐厅的经营方针,经过认真分析客源和市场需求,方能制定出来的。菜单一旦制定成功,餐厅的经营目标也就确定了。

菜单标志着餐厅菜肴特色和水准。餐厅有各自的特色、等级和水准。菜单上的食品、饮料的品种、价格和质量反映出餐厅的经营风格、菜品特色。有的菜单上甚至详细地写上菜肴的原材料、烹饪技艺和服务方式等,以此来表现餐厅的特色。

菜单是联结消费者与服务员之间的工具。消费者根据菜单选购他们所需要的食品和饮料,服务员利用菜单进行推荐。消费者和服务员通过菜单开始交谈,信息得到沟通。

菜单是菜肴研究的资料。菜肴研究人员根据客人订菜的情况,了解客人的口味、爱好,以及客人对本餐厅菜肴的欢迎程度等,从而不断改进菜肴和服务质量,及时地调整餐厅的经营和管理行为。

菜单既是艺术品又是宣传品。菜单的装帧艺术、风格以及它透露出的文化气息可以起到宣传餐厅的作用,可以使客人对所列的美味佳肴留下深刻印象,并可作为一种艺术品予以欣赏。

菜单是餐厅一切业务活动的总纲。菜单是餐厅服务设施的基础,菜单决定了餐饮设备的选购、餐饮原料采购与库存的方式、餐厅的主题与风格,以及所需员工的数量与质量要求。菜单是餐饮企业成本控制的依据，是餐厅服务生产和销售活动的依据，它在很多方面以多种形式影响和支配着餐厅的服务系统。

2 菜单的种类

菜单的类型多种多样，分类方法也有很多。

2.1 按定价方式分类

2.1.1 套餐菜单

所谓套餐，是指由餐饮企业按一般的进餐习惯为客人提供规定的菜点。其特点是只有一餐的统一价格，而没有每道菜点的单独价格。

有时一份套餐菜单上提供两套或更多的套菜，各套价格不同。有些套餐菜单供客人选择的范围很小，例如，客人只能在汤与色拉中任选一项，或者只可选择甜点。不过大多数情况下，套餐中的菜肴都是安排好的，客人即使挑选，也不会选择过多。

2.1.2 零点菜单

零点菜单是按一定程序排列的餐饮企业供应的各式菜点，每种菜点都有单独的价格。就餐客人可以根据自己的口味、爱好和消费能力自由选择所需的菜点，一餐的费用等于所选菜品价格的总和。零点菜单的使用最为广泛。

2.1.3 组合菜单

许多餐饮经营场所使用套餐和零点相结合的组合菜单。西餐厅的套餐菜单常提供独立标价的甜点供选择，零点菜单则提供沙拉、蔬菜、土豆或米饭等选项。中餐厅和许多风味餐厅则提供数量众多的全套系列菜肴，以及丰富多样的零点菜肴。

2.2 按使用周期分类

菜单还可以按照其使用周期来分类。有些餐饮经营场所使用固定菜单，即每天使用同一种菜单，也有些餐饮经营场所循环使用不同的菜单。

2.2.1 固定菜单

就像饭店餐厅和连锁餐厅一样，很多餐馆常常在数月甚至更长时间内一直使用某种单一菜单，而后再换一款新的固定菜单。可使用每日推荐菜单为常客提供更多选择，但是基本菜单的菜品是不变的。固定菜单比较适合常客不多的餐馆和餐饮服务机构,或者有足够多的可供选择的不同档次的菜肴。

2.2.2 循环菜单

循环菜单在一段时期内每天有所改变,然后重新开始循环。

设计循环菜单是为了给那些常客,甚至每天都光顾的客人提供多样化的菜肴。学校、疗养院、企业内部的非商业性餐饮机构经常使用循环菜单。地处偏远的景区或者闹市的自助餐馆,它们的客人每天都需前来就餐,因此,也可以使用循环菜单。

循环周期一般为1—4周,也可更长些,确定周期的长短非常重要。周期太短,菜单频繁重复,会造成客人不满;周期太长,采购、储存、加工环节的工作量及成本增加。最合适的循环周期以经营的方式不同而定,即根据客人回头用餐的概率多少来定。在有些娱乐酒店,使用7日循环菜单,因为多数客人停留时间不长,不足以发现菜单是否重复。在度假区,一般客人要停留两周,那么设计两周、三周或者四周的循环菜单就很有必要。在大学里,菜单4周循环一次就比较合适。

循环周期内每天使用的菜单可以是零点菜单,也可以是套餐菜单。学校、医院、监狱和其他机构可以使用套餐菜单进行循环,即在一段时间内每天提供一个套餐(含早餐、午餐和晚餐)。不过,现在许多非商业性餐饮机构也趋向于向顾客提供选择。在商业性的餐饮经营场所,循环菜单可以使用零点菜单,例如,做7份零点菜单循环使用,即7天一循环。

2.3 按用餐时间分类

2.3.1 早餐菜单

早晨是一天的开始,无论是何种类型的客人,都希望尽快享用早餐,因此,早餐应简单、快速,但要求高质量。星级饭店的早餐菜单一般分为中、西式两种。

2.3.2 午、晚餐菜单

午、晚餐是一天中的主要两餐,所有客人都希望吃得舒服。一般说来,客人对午餐的要求相对简单一些,对晚餐的要求高一些。客人对午、晚餐菜单的要求是品种繁多,选择余地较大,并富有特色。在一部分西餐厅,午、晚餐菜单是分设的,但绝大多数中餐厅的午、晚餐菜单是一样的。

2.3.3 周末早午餐菜单

随着人们休闲观念的增强,相当一部分人会在周末早晨睡懒觉,待这部分客人赶到餐厅时,可能已经错过了早餐时间。一些餐饮企业为适应这些客人的生活特点和饮食需求,便在周末推出早午餐(也称晚早餐,brunch)菜单。早午餐菜单介于早餐和午餐菜单之间,既有早餐菜点,又有午餐菜点。

2.4　其他常见的菜单形式

2.4.1　客房送餐菜单

在星级饭店的餐厅,还有客房送餐菜单。住在客房中的客人由于某种原因不能或不愿去餐厅用餐,因而要求在客房中就餐。为满足这些客人的要求,星级饭店大都提供客房送餐服务,并制定了专门的客房送餐菜单。该菜单的特点是:品种较少,质量较高,价格较高。

2.4.2　团队用餐菜单

餐饮企业一般都会接待旅游团队、会议团体等,这些团队客人的用餐一般由餐饮企业根据其用餐标准安排,一般应注意:根据客人的口味特点安排菜点;中西菜点结合,高中低档菜点搭配;注意菜点的花色品种,争取做到天天不一样、餐餐不重复。

2.4.3　宴会菜单

宴会菜单是根据客人的饮食习惯、口味特点、消费标准和宴请单位或个人的要求而特别制定的菜单。餐饮企业一般会根据季节、标准等制定几套宴会菜单,当客人前来预定时再根据客人的要求作适当的调整。

2.4.4　自助餐菜单

自助餐菜单与套餐菜单相似,两者的主要区别是菜点的种类和数量。自助餐菜单的定价方式一般也有两种:一种是与套餐菜单相同的包价方式,即价格固定,然后客人任意选择餐厅所提供的所有菜点;另一种是每种菜点单独定价,客人选择某种菜点就支付该菜点的价格。

除上述菜单外,餐饮企业根据其类型及客源对象不同,还有一些其他菜单,如快餐菜单、今日特菜菜单、儿童菜单等。需要说明的是,酒水单和菜单同等重要。相当一部分餐饮企业的菜单与酒水单合二为一,但最好还是单独设计酒水单。酒单应清楚、整洁和精美,不宜太复杂,而且应根据客人的需求经常更新。

3　菜单设计与制作

菜单设计与制作的好坏将直接影响餐饮经营的成败。

3.1 设计依据

3.1.1 目标市场需求

任何餐饮企业,不论其规模、类型、等级,都不可能具备同时满足所有客人饮食需求的条件与能力。因此,餐饮企业必须选择一群或数群具有相同或类似餐饮消费特点的客人作为自己的目标市场,以便更有效地满足这些特定消费群体的餐饮需求。

3.1.2 菜肴的销售量与获利能力

决定某一菜肴是否列入菜单应考虑三个因素:一是该菜肴的盈利能力,二是该菜肴可能的销售量,三是该菜肴的销售对其他菜肴销售的影响。

3.1.3 原料的供应情况

餐饮原料供应的影响因素较多,如地理位置、市场供求关系、采购和运输方式、季节、原料的产地等。

3.1.4 菜肴的花色品种

花色品种的增加主要应通过原料的不同搭配、颜色的变化等方法实现。但花色品种过多也并非好事,因为会给餐饮企业的原料准备带来困难,很有可能造成单上有名、厨中无物的现状。

3.1.5 菜肴的营养结构

选择适合自己的餐饮产品是就餐客人自己的责任,但向客人提供种类繁多又营养丰富的饮食却是餐饮企业义不容辞的职责。因此,菜单设计者必须充分考虑各种食物的营养成分,了解各类客人每天的营养和摄入需求,还应了解如何搭配才能生产出符合营养原理的餐饮产品。

3.1.6 餐饮生产条件

在菜单设计时应充分考虑到企业生产条件的局限性。厨师的技术水平和烹调技能无疑是首先必须考虑的问题。否则设计出来的菜肴没有厨师会制作,岂不如同空中楼阁?其次,菜单设计者还必须考虑厨房设施设备的限制,如设施设备的生产能力、适用性等。总之,应避免某些厨师或设备忙不过来,而其他厨师或设备空闲的现象。

3.2 设计程序

3.2.1 准备所需材料

(1) 各种旧菜单,包括餐饮企业目前在用菜单;

(2) 标准菜谱档案；
(3) 库存原料信息；
(4) 菜肴销售结构分析；
(5) 菜肴的成本；
(6) 客史档案；
(7) 烹饪技术书籍；
(8) 菜单词典等。

3.2.2 制定标准菜谱

标准菜谱一般由餐饮部和财务部共同制定,其内容有:
(1) 菜肴名称(一菜一谱);
(2) 该菜肴所需原料(主料、配料和调料)的名称、数量和成本;
(3) 该菜肴的制作方法及步骤;
(4) 每盘分量;
(5) 该菜肴的盛器、造型及装饰(装盘图示);
(6) 其他必要信息,如服务要求、烹制注意事项等。

3.2.3 菜单总体构思

(1) 根据菜单设计依据确定菜肴种类;
(2) 根据进餐先后顺序决定菜单程式;
(3) 进行菜单定价;
(4) 着手菜单的装潢设计;
(5) 印刷和装帧。

3.3 菜单制作

3.3.1 菜单的内容

(1) 餐厅名称和标识,位于封面或首页
(2) 菜品类别及描述性说明

菜品类别,即将所有销售的品种按一定标准、规律分类陈列,以便客人选择点菜。
菜品序号、名称、分量和价格。
菜肴特点、风格和制作等描述性说明。
(3) 地址等告知性说明

包括餐厅的地址、电话、营业时间、服务内容、预订方法、联系人、接受的信用卡类别、饭店简史、所处地段的简图等。一般位于封底。

(4) 荣誉性说明(如果有)

3.3.2 菜肴顺序的编排

菜肴顺序的编排可按照上菜的先后顺序。菜单中给予特殊对待的菜肴基本上分为两大类：一类是餐厅的特色名肴，另一类是经营者希望在同类菜品中销售量超出一般的菜肴。

3.3.3 制作材料

制作菜单的材料一般有：皮质封面(封面又可以烫金烫银、不锈钢LOGO、凹凸印等)，纸张可以是相纸、铜版纸、羊皮纸、特种纸等，有些菜单用到竹简、布料，有些写在黑板上。材料的手感质地很重要，因为菜单通常是拿在手里的。

菜单的制作材料应根据餐厅使用菜单的方式而定。一般说来，菜单有"一次性"和"耐用"两种使用方式。"一次性"是指使用一次即处理掉的菜单，如咖啡厅的纸垫式菜单、客房送餐服务的门把手菜单、宴会菜单等；"耐用"是指能长期使用的菜单，如零点菜单等。

一次性菜单应当印在比较轻巧、便宜的纸上，不必考虑纸张的耐污、耐磨等性能。长期使用的菜单，应当选用质地精良、厚实的纸张，同时还必须考虑纸张的防水、防污、去渍、防折和耐磨等性能。

3.3.4 菜单的规格

(1) 式样

菜单的尺寸大小应根据餐厅规模、菜点品种而定，并与餐厅面积、餐桌大小和座位空间相协调。

菜单的形状最常见的是长方形，也可以根据餐厅的具体情况设计成圆形、正方形、梯形、菱形等，但必须与餐厅风格相协调。

(2) 字体

字体选择要考虑餐馆的风格。稀奇古怪、异乎寻常的字体往往有碍于辨读，少用为宜。分类标题和菜点名称可用不同的字体。

菜单上的字体不宜太小，要以客人在餐厅的光线下能阅读清楚为准。分类标题的字体要大于菜点名称。

通常情况下，底纸采用白色或淡色(奶白、象牙白、棕黄或灰色)，文字用黑色印刷，少量文字印成彩色。慎用"翻白"，即黑底白字印刷。

菜单上的文字图案均应印刷清楚、清晰可读。涉外餐厅菜点名称应有中英文对照，风味餐厅的菜名还应配有相应国家或地区的文字。

(3) 图片

常见的插图有：菜品的创意图片、餐厅外貌图片、中国名胜古迹、菜系所在地的山水画/风土人情等、重要人物在餐厅就餐的图片和题名等。

菜单中的菜应该有主有次,有大有小。通过文字或图片设计突出招牌菜,以方便食客选择。

菜单的外观设计和风格都需要不落俗套,富有独创性,以树立餐厅的品牌形象,增强客户的精神享受。

4 菜单分析

4.1 菜肴畅销度分析

菜单中的每一种菜点,其基本销售获利情况可归入以下四类构成中:(A) 畅销,毛利较高;(B) 畅销,毛利较低;(C) 不畅销,毛利较高;(D) 不畅销,毛利较低。

A类菜肴是餐厅最希望出售,因为这类菜既受顾客欢迎,又能给餐厅带来较高的利润。所以,在设计新菜单时,这类菜品应绝对保留。D类菜品既不畅销,又不能带来较高的利润,在新菜单中,应舍去这些菜。

值得注意的是,不应该将餐厅提供的所有菜品、饮料放在一起进行分析和比较,而是按类或按菜单程式分别进行。只有在同一类中进行比较分析,分析才有意义。

中餐菜品可分为四类:冷盘、热菜、汤类、面点。

西餐菜品可分为六类:开胃品、汤类、色拉、主菜、甜食、饮料。

菜肴的畅销程度是用顾客的欢迎程度来衡量的。

顾客欢迎指数=以销售份数计算的销售份额%/平均销售份额%

平均销售份额%=100%/所分析的菜肴品种数

顾客欢迎指数大于1的菜肴,属于畅销菜肴,反之属于滞销菜肴。A和B两种菜肴顾客欢迎指数大于1,属于畅销菜肴。C和D两种菜肴顾客欢迎度指数小于1,属于滞销菜肴。

现实中,顾客欢迎指数的分界点应根据餐饮企业实际的经营情况确定,不一定是1,国外一些餐厅将畅销程度即顾客欢迎指数的分界点定为0.7。

4.2 菜肴盈利分析

菜肴盈利能力用销售额指数衡量。销售额指数大于1的菜肴,属于盈利性强的菜肴;销售额指数小于1的菜肴,属于盈利差的菜肴。

销售额指数=以销售额计算的销售份额%/平均销售份额%

上述ABCD分类中,A和C两种菜肴的销售额指数大于1,菜肴盈利能力强;B和D

两种菜肴销售额指数小于1,菜肴盈利能力差。

4.3 菜单分析方法

4.3.1 菜单工程法

菜单工程,也称为 ME 分析法,是英文 Menu Engineering 的缩写。它通过对餐厅菜品的畅销程度和毛利额高低的分析,确定哪些菜品既畅销毛利又高,哪些菜品既不畅销毛利又低,哪些菜品虽然畅销但毛利很低,而哪些菜品虽不畅销但毛利较高。

以某西餐厅菜单上的汤类为例,进行 ME 分析。该西餐厅汤类有五种,各种汤的销售份数、顾客欢迎指数、价格以及销售额指数如表 4-1 所示。

表 4-1 菜单分析表

菜名	销售份数	销售数百分比	顾客欢迎指数	价格(元)	销售额(元)	销售额百分比	销售额指数	分析结果
法式洋葱汤	60	26%	1.3	5	300	16%	0.8	畅销、低利润
新鲜蔬菜汤	30	13%	0.65	4	120	6%	0.3	不畅销、低利润
牛尾清汤	20	9%	0.45	8	160	9%	0.45	不畅销、低利润
奶油鸡汤	80	35%	1.75	10	800	43%	2.15	畅销、高利润
酸辣牛肉汤	40	17%	0.85	12	480	26%	1.3	不畅销、高利润
总计/平均值	230	20%	1		1 860	20%	1	

在此例中,汤类共有 5 个品种,各菜品应售百分比为 20%。

根据表 4-1,法式洋葱汤的销售百分比为 26%,法式洋葱汤的顾客欢迎指数的计算如下:

$$26\%/20\%=1.3$$

不管分析的菜品项目有多少,任何一类菜的平均欢迎指数为 1,超过 1 的欢迎指数说明是顾客喜欢的菜,超过得越多,越受欢迎。

菜品的盈利分析用销售额指数体现,销售额指数的计算法如同顾客欢迎指数。

顾客欢迎指数高的菜为畅销菜,销售额指数高的菜为盈利菜。利用波士顿矩阵法,可以把分析的菜品分为四类,并对各类菜品分别制定不同的产品策略。

A 类菜——畅销、高利润菜品

畅销、高利润菜既受顾客欢迎又有盈利,是餐厅的盈利项目,在计划菜品时应该保留。

B 类菜——畅销、低利润菜品

畅销、低利润菜一般可用于薄利多销的低档餐厅中,如果价格不是太低又较受顾客欢迎,可以保留,使之起到引流作用。但如果这些菜明显地影响盈利高的菜品的销售,应果断地取消这些菜。

C 类菜——不畅销、高利润菜品

不畅销、高利润菜可用来迎合一些愿意支付高价的顾客。高价菜毛利额大,如果不是太不畅销的话可以保留,并在点菜时适当进行推销。但是如果销售量太小,会使菜单失去吸引力。连续在较长时间内销售量一直很小的菜应该取消。

D 类菜——不畅销、低利润菜品

不畅销、低利润菜一般应取消。但有的菜品如果顾客欢迎度和销售额指数都不算太低,接近 0.8 左右,又在营养平衡、原料平衡和价格平衡上有需要的仍可保留。

4.3.2 ABC 分析法

(一) 单纯 ABC 分析法

ABC 分析法又称帕累托分析法、主次因分析法。菜单管理中的 ABC 分析是将产品基于某个指标分为 A、B、C 三类,并分别进行分析。一般把销售额作为 ABC 分析的指标,收集数据资料的周期以"近 3 个月"为基础。这种分析方法利用 ABC 分析法的原理,分类的百分比标准略有不同。

A 类:占总销售额 70% 的产品

B 类:除了 A 类以外的,占销售额排名前 20% 的产品

C 类:剩下的 10% 的产品

通常来说,C 类是滞销产品,理论上应该整组剔除掉。但是,C 类中有可能存在"销售额低,但毛利润高"的产品,如果剔除掉,可能会淘汰不应该淘汰的产品。

(二) 交叉 ABC 分析法

交叉 ABC 分析法,是以销售额和毛利润为双重指标,从两个维度分别对产品进行 ABC 分类,即可分为销售额 ABC 三类和毛利润 ABC 三类。通过销售额和毛利润的组合,两个维度的三个分类,形成了图 4-1 的 9 个组合,即 AA、AB、AC、BA、BB、BC、CA、CB、CC。

		营业额少 → → 营业额多		
		营业额C级	营业额B级	营业额A级
毛利润多	毛利A级	AC	AB	AA
↓	毛利B级	BC	BB	BA
毛利润少	毛利C级	CC	CB	CA

图 4-1 交叉 ABC 分析法

最具代表性的 4 个组合

AA 级产品:销售额高,毛利润多。

AC 级产品:销售额低,毛利润多。

CA 级产品:销售额高,毛利润低。

CC 级产品:销售额低,毛利润低。

不同组合对应的策略:

AA 级产品:也就是平时所说的明星菜品,销售额、毛利润双高,商家应该力推,保证其销售增长率。

AC 级产品:有较高的利润点,但销售额较低。提高销量的方法一般是"广而告之并加以强化",打造成明星产品,配以不同营销活动,向顾客极力推荐,并加深顾客对菜品的好印象,逐步把销量提高。

CA 级产品:有稳定的销量但利润少,属于薄利多销的产品。如果这个级别中涵盖的菜品过多,可以考虑以下两种处理方法:剔除掉"没有意义"的菜品;"有意义"的菜品(具有引流价值或者其他象征意义等),或者留下,或者提价。

CC 级产品:双低的菜品,理论上应全部剔除。但有些菜品是"有意义"的,就需要留下。

同样,利用波士顿矩阵法,以毛利润为横轴,以销售额为纵轴,可划分出四个象限,分别对应 AA 级产品、AC 级产品、CA 级产品、CC 级产品。

交叉 ABC 分析法的指标可以用销售额和毛利润,也可以使用畅销度等其他维度。

延伸阅读

美国餐厅菜单添加糖警告标签设计的感知效果:一项在线随机对照试验[①]

美国的加糖消费超过了建议的限度。政策制定者正在考虑要求餐馆在菜单上使用警告标签,标明高添加糖的食物。我们试图确定仅有图标和图标加文字的加糖菜单标签是否(1) 被认为在潜在减少高添加糖食品的消费方面更有效;(2) 相对于对照标签,增加了对菜单项目加糖含量的了解,以及标签设计是否有不同的效果。全美成年人样本($n=1\,327$)参加了一项在线随机实验。参与者查看了菜单项目,要么是对照标签,要么是 6 个仅有图标的标签中的一个,要么是 18 个有 3 种文字变化的图标加文字标签中的一个。对于他们所查看的标签,参与者提供了对信息有效性的评价(一个经过验证的衡量信息改变行为的潜力的标准)。参与者还被要求

[①] 来源:Desiree M. Sigala, Marissa G. Hall, Aviva A. Musicus, et al. (2022). Perceived effectiveness of added-sugar warning label designs for U.S. restaurant menus: An online randomized controlled trial. Preventive Medicine, Volume 160, 107090.

根据添加糖的含量对菜单上的食物进行分类。仅有图标和图标加文字的标签被认为比对照标签更有效（平均值分别为 3.7,3.7∶3.1,5 分制；$P<0.001$）。仅有图标组和图标加文字组各按添加糖的含量对 71% 的菜单项目进行了正确分类,而对照组为 56%（$P<0.001$）。所有图标和文字的变化都被认为同样有效。总之,相对于对照标签,仅有图标和图标加文字的添加糖的菜单标签被认为是有效的,有助于消费者识别高添加糖的食物。菜单上的警告标签可能是减少餐厅添加糖的消费的一种有前途的策略,但还需要对现实环境中的行为效果进行研究。

【思考与练习】

1. 菜单设计的重点是什么？在菜单设计中,内容与排版哪一个更为重要？
2. 设计一份符合餐厅定位和客户需求的菜单,并解释你的设计理念和步骤。
3. 菜单对餐厅的盈利能力有何影响？如果想提高菜单的盈利能力,应该采取哪些措施？
4. 如何在菜单设计中突出餐厅的品牌特色？请谈谈你的看法。
5. 分析某一家餐厅的菜单设计和内容,并提出该餐厅在菜单设计和运用方面的改进建议。
6. 用 ABC 分析法的分类结果与 ME 分类法有何不同？试用这两种方法分别对某餐馆的菜品进行分析。

第七章
餐饮成本与定价策略

学习目标

1. 理解餐饮成本的构成及计算方法。
2. 掌握餐饮成本核算的方法,了解其在餐饮经营管理中的作用。
3. 理解餐饮定价的原则及影响因素,学习如何确定餐饮定价目标。
4. 掌握常用的餐饮定价策略和定价方法。
5. 学会如何通过调整餐饮成本和定价策略,提高餐厅的盈利能力。

导入案例

呷哺呷哺要"降价"了![1]

呷哺呷哺当年靠高性价比出圈,但后来客单逐年上涨,频频被顾客吐槽贵,今年(2021)更是深陷亏损、关店、核心高管频繁变动的"泥潭"之中。下半年,创始人贺光启重新掌舵,并进行了一系列大刀阔斧的改革,其中最重要的举措就是重走大众消费路线。

贺光启表示,与其说降价,不如说是高性价比的回归。"同样的客单价,新菜单包含更多的食材和茶饮,一般一份套餐里至少包含20余款食材和一杯茶饮。"点开大众点评可以发现,呷哺呷哺新菜单里除了安格斯肥牛、安格斯牛眼肉、呷哺内蒙古羔羊排等常规牛羊肉套餐以外,还新增了金钻梅花猪肉、黑金乌鸡卷、毛血旺拼盘套餐等,其中单人套餐价格从50余元至70余元不等,双人套餐145元。从新菜单所包含的菜品来看,在同等价格下,食材确实比以往要丰富。以单人安格斯精选肥牛套餐为例,套餐包含一份锅底+一份拉面+一杯奶茶+一份什锦鲜蔬大拼盘+一份安格斯精选肥牛+一份呷哺调料。里面吃的喝的都有,荤素也都很齐全。

问题:在食材上涨的大环境下,头部餐饮企业主动实施降价策略的背后逻辑是什么?

---

[1] 来源:职业餐饮网 刘妍. http://www.canyin168.com/Article/qy/80105.html. 有删减。

1 餐饮成本

1.1 构成

餐饮业的成本可根据其业务阶段划分为生产、销售、服务三方面的成本。由于生产、销售、服务统一在售价里实现,除了原料(主料、配料、调料)成本和燃料成本之外,其他费用,如职工工资、租金、税金、水电费用、经营管理费用等,很难在售价里将其逐一划分清楚。因此,餐饮业传统的习惯是产品成本只算主料、配料、调料、燃料费用,即餐饮产品成本构成的四要素。经营管理费用则另用百分比来表示,例如,用销售毛利率30%、40%、50%、60%等来实现。

1.1.1 主料

主料是制成各种饮食产品的主要原料。在主食点心中以米、面、糖、油为主;在菜肴中以鸡、鸭、鱼、肉、蛋、山珍、海鲜等动物性原料为主。水果、蔬菜、豆制品等也有用作菜肴主料的,但为数较少。一般来说,主料的单位价值较高,耗用量较多,故所占成本的比重也较大(7成以上),主料成本是构成饮食产品成本的主体。

1.1.2 配料

配料也称辅料,是制成各种饮食产品的辅助材料。在各式菜肴、羹汤中充作配料的以各种根、茎、叶、花、果、蔬菜等为主,耗用量少于主料,配料的价值也大都低于主料价值。但也有少数菜肴品种是以鸡、鸭、鱼、肉、蛋等动物性原料当作配料的,所以具有相当的价值量。

1.1.3 调料

调料也称调味品,是制成各种饮食产品的调味用料,如油、盐、酱、醋、胡椒、味精等,主要在菜肴制品中起味的综合或调节作用。它在各种饮食单位产品里耗用量不多,但却是必不可少的。这也就是说,调料成本是构成产品成本不可缺少的部分。

1.1.4 燃料

燃料是烹制各种饮食品所必须耗用的物质,如薪柴、煤炭、燃油、燃气,以及电炉、电烤箱、电炸锅耗用的电量等。燃料消耗开支在餐饮成本中占一定比率,越是主食制品和大众化菜肴,燃料耗用所占成本比率越大。而山珍海味高价值菜肴,燃料耗用所占成本比率则相对较小。普通餐饮企业的燃料成本率均高于豪华饮食企业所占比率。

有些地区和系统曾将餐饮产品成本限定为主、配、调料成本,即所谓餐饮产品成本三要素之说;将燃料开支作为费用而不列入成本。结果既造成燃料耗用无法保障,又造成虚假的过高毛利率,给餐饮生产经营带来许多困难和混乱。

1.2 分类

餐饮成本与其他成本一样,可以按多种标准进行分类。餐饮成本分类的目的在于根据不同成本采取不同的控制策略。餐饮产品成本根据其考虑问题的角度不同,分类方法也不同。其主要有以下几种不同的方法。

1.2.1 按是否与业务量有关,划分为固定成本和变动成本

（1）固定成本

不随业务量(产量、销售量或销售额)的变动而变化的那些成本。如,固定资产折旧费,在一定时期内按财务制度规定所提取的折旧费的大小,是不随业务量的变动而变化的。

（2）变动成本

在一定时期和一定经营条件下,随着业务量的变动而变化的那些成本。例如,原料成本、水电能源等,会随着餐饮菜点的生产和销售的增加而增加。因此,原材料成本和水电能源支出是属于变动成本。

此类划分主要是为损益分析和成本控制提供理论论据。高层管理以固定成本控制为主;中低层管理以变动成本控制为主,尽量降低成本费用。在划分固定成本和变动成本后,就可利用数学方法分析业务量、成本及利润(简称量本利)三者之间的盈亏平衡关系,对成本费用进行分析,加强对成本的控制和管理,提高企业的经济效益。

1.2.2 按成本可控程度,划分为可控成本和不可控成本

（1）可控成本

可控成本指在餐饮管理中基层和部门通过自身的努力所能控制的成本,即在短期内可以改变其数额大小的那些成本。一般而言,变动成本属于可控成本。管理人员若变换每份菜的份额,或在原料油的采购、验收、贮存、生产等环节加强控制,则餐饮产品成本也会发生变化。某些固定成本也是可控成本。如,广告和推销费用、大修理费、管理费等。又如,有关操作人员通过个人精湛的技艺和工作责任心,可节约原料、物料消耗品和水电能源等耗费,使其降低或控制在一定的成本水平上。对可控成本的管理是餐饮成本控制的重要方面。

（2）不可控成本

不可控成本指基层和部门人员通过努力也难以控制,只有高层管理才能掌握的那些成本。固定成本一般是不可控成本。例如,租金、维修费、保险费、固定资产折旧费及按规

定提取的福利费等。这些均是按有关制度规定支出的,都是经营管理人员无法通过努力来改变其数额大小的,因此,属于不可控成本。

以上两类成本主要是为成本控制的分工和重点掌握提供论据。基层部门以可控成本控制为主,中高层则以不可控成本控制为主。

1.2.3 按与产品形成的关系,划分为直接成本和间接成本

(1) 直接成本

直接成本指在产品生产过程中直接耗用而加入成本中去的那些成本,主要包括原料成本、酒水成本和商品成本三部分。如,餐厅烹制菜肴和制作点心所需的各种原材料费,包括主料、配料、调料等就属于直接成本。

(2) 间接成本

间接成本指那些不属于产品成本的直接支出,而必须用其他方法分摊的各项耗费。如工资、水电费、燃料费、修理费、固定资产折旧费、销售费用等。

此类划分的作用,在于为部门和全企业成本核算提供理论依据。部门以直接成本核算为主,全企业以间接成本核算为主。

1.2.4 按成本计算的对象,划分为总成本和单位成本

(1) 总成本

总成本指一定时期某种、某类、某批或全部菜点成品的成本总额。

(2) 单位成本

单位成本指单个产品的生产耗费,也称单位产品成本。例如,制作色拉,批量为10份,10份色拉的总成本为50元,则每份色拉的成本为5元。通常所说餐饮业的产品成本,即指餐饮单位产品的成本。

精确计算餐饮产品的单位成本和总成本是成本核算的核心。

1.3 特点

1.3.1 变动成本比重大

餐饮部门的成本费用中,除餐饮食品饮料外,在营业费用中还有物料消耗等一部分变动成本。这些成本和费用随销售数量的增加而成正比增加。

1.3.2 可控制成本比重大

除营业成本中的折旧费、大修理费、维修费等不可控制的费用外,其他大部分费用成本以及餐饮原料成本,都是餐饮管理人员能够控制的费用。这些成本发生额的多少直接与管理人员对成本控制的好坏有关,并且这些成本和费用占营业收入的很大比例。

1.3.3 成本泄漏点多

成本泄漏点，是指餐饮经营活动过程中可能造成成本流失的环节。餐饮成本的大小受经营管理的影响很大。在菜单计划—采购—验收—贮存—发料—加工切配—烹调—餐饮服务—餐饮推销—销售控制—成本核算等各环节中，都存在成本泄漏的机会，即都可能成为成本泄漏点。其具体表现为：

（1）菜单计划和菜品的定价，影响顾客对菜品的选择，决定菜品的成本率。

（2）对餐饮食品饮料的采购、验收控制不严，或采购价格过高、数量过多，会造成浪费，数量不足则影响销售。

（3）采购原料不能如数入库，采购原材料质量不好都会导致成本提高。

（4）贮存和发料控制不佳，会引起原料变质或被盗造成损失。

（5）对加工和烹调控制不好会影响餐饮产品的质量，还会加大餐饮产品饮料的折损和流失量，对加工和烹调的数量计划不好也会造成浪费。

（6）餐饮服务不仅关系顾客的满意程度，也会影响顾客对高价菜的挑选从而影响成本率。餐饮推销的好坏不仅影响收入，也影响成本率，例如加强宴会上饮料的推销会降低成本率。

（7）销售控制不严，销售餐饮产品的数量与标准收入不符，使成本比例增大。

（8）企业若不加强成本的核算和分析，就会放松对各个环节的成本控制。

对上述任何一个环节控制不严，都会产生成本泄漏，导致成本率增高。

1.4 成本核算

成本核算是指把一定时期内企业生产经营过程中所发生的费用，按其性质和发生地点，分类归集、汇总、核算，计算出该时期内生产经营费用发生总额，分别计算出每种产品的实际成本和单位成本的管理活动。其基本任务是正确、及时地核算产品实际总成本和单位成本，提供正确的成本数据，为企业经营决策提供科学依据，并借以考核成本计划执行情况，综合反映企业的生产经营管理水平。

餐饮业成本核算是餐饮成本管理的重要组成部分，对于餐饮企业的成本预测和企业的经营决策等存在直接影响。进行成本核算，首先审核生产经营管理费用，看其发生与否，是否应当发生，已发生的是否应当计入产品成本，从而实现对生产经营管理费用和产品成本直接的管理和控制。其次对已发生的费用按照用途进行分配和归集，计算各种产品的总成本和单位成本，为成本管理提供真实的成本资料。

食品成本是决定菜肴价格的依据，食品成本核算的准确与否直接影响餐饮企业的经济效益。

1.4.1 主、配料成本的核算

餐饮企业使用的各种原材料,有不少鲜活品种在烹制前要进行初步加工。在初步加工之前的食品原材料一般称为毛料,而经过屠宰、切割、拆卸、拣洗、涨发、初制等初步加工处理,使其成为可直接切配烹调原料则称为净料。原料经初步加工后,净料与毛料不仅在重量上有很大区别,而且在价格、等级上的差异也较大。

为了便于计量,确定菜肴或点心的原料定额并定价,目前许多星级饭店和餐饮企业都采用净料成本来计算食品成本。

(1) 净料率的概念

净料率是指食品原材料在初步加工后的可用部分的重量占加工前原材料总重量的比率,它是表明原材料利用程度的指标,其计算公式为:

$$净料率 = 加工后可用原材料重量 \div 加工前原材料总重量 \times 100\%$$

实际上,在原材料品质一定,同时在加工方法和技术水平一定的条件下,食品原材料在加工前后的重量变化,是有一定的规律可循的。因此,净料率对成本的核算、食品原材料利用状况分析及其采购、库存数量等方面,都有很大的实际作用。

(2) 净料成本的核算

净料成本的核算根据原料的具体情况有一料一档及一料多档之分。

① 一料一档的净料成本核算

一料一档是指毛料经初步加工处理后,只得到一种净料,没有可供作价利用的下脚料。一料一档的净料成本核算公式为:

$$净料成本 = 毛料进价总值 \div 净料总重量$$

如果毛料经初步加工处理后,除得到净料外,尚有可以利用的下脚料,则在计算净料成本时,应先在毛料总值中减去下脚料的价值,其计算公式为:

$$净料成本 = (毛料进价总值 - 下脚料价值) \div 净料总重量$$

② 一料多档的净料成本核算

一料多档是指毛料经初步加工处理后得到一种以上的净料。为了正确计算各档净料的成本,应分别计算各档净料的单位价格。各档净料的单价可根据各自的质量,以及使用该净料的菜肴的规格首先决定其净料总值应占毛料总值的比例,然后进行计算。其计算公式为:

$$该档净料成本 = (毛料进价总值 - 其他各档净料占毛料总值之和) \div 该档净料总重量$$

(3) 成本系数

由于食品原材料中大部分是农副产品,其地区性、季节性、时间性很强,因此,原材料的价格变化很大。每次进货的原材料价格不同,其净料成本也就会发生变化。为避免进货价格的不同而需要逐项计算净料成本,餐饮企业可利用"成本系数"进行净料成本的调整。成本系数是指某种食品原材料经初步加工或切割、烹烧实验后所得净料的单位成本与毛料单位成本之比,用公式表示为:

$$成本系数＝净料单位成本÷毛料单位成本$$

成本系数的单位不是金额,而是一个计算系数,适用于某些食品原材料的市场价格上涨或下跌时重新计算净料成本,以调整菜肴定价。计算方法为:

$$净料成本＝成本系数×原材料的新进货价格$$

1.4.2 调味品成本的核算

(1) 单件产品调味品成本的核算

单件制作的产品的调味品成本也称个别成本,餐饮企业中大多数单件烹制的热菜的调味品成本均属这一类。在核算此类调味品成本时,首先应将各种不同的调味品的用量估算出来;然后根据其进货价格分别计算其金额;最后逐一相加即可。其计算公式为:

$$单件产品调味品成本＝单件产品耗用的调味品(A)的成本＋$$
$$单件产品耗用的调味品(B)的成本＋……＋$$
$$单件产品耗用的调味品(Z)的成本$$

(2) 批量产品平均调味品成本的核算

平均调味品成本也称综合成本,是指批量生产的菜或点心的单位调味品成本,餐饮企业中的点心类产品、卤制品等的调味品成本都属于这一类。在核算此类调味品成本时,首先应像单件产品调味品成本核算那样计算出整批产品中各种调味品的用量及其成本,由于批量产品的调味品使用量较大,因此调味品用量的统计应尽可能全面,以准确核算调味品成本,同时也更能保证产品质量;然后用批量产品的总重量来除调味品总成本,即可计算出每一单位产品的调味品成本,用公式表示为:

$$批量产品的平均调味品成本＝批量产品耗用的调味品总成本÷批量产品总量$$

1.5 餐饮成本核算的作用

餐饮成品成本是餐饮企业在生产产品中的原材料和燃料支出,餐饮企业在保证产品的产量和质量的情况下,产品成本越低就表示企业工作质量越好,生产经营管理水平越高。正确计算餐饮产品成本对于不断改进成本管理工作,贯彻执行党的物价政策,切实维护消费者的利益,争取以尽可能少的投入,取得尽可能多的产出,以提高经济效益,增加资金积累等,具有极为重要的意义。

1.5.1 正确执行国家的物价政策

贯彻执行国家的物价政策,在餐饮企业是通过执行一定的价格水平(毛利率)来实现的,同时也取决于成本核算的精确与否。如果成本核算不准而忽高忽低,即使按规定的毛利率核定饮食产品的售价,也不会得出合理的价格,更不可能正确体现国家的物价政策。其结果损害消费者的利益,影响企业经营。因此,搞好成本核算工作是正确执行国家物价政策的重要一环。

1.5.2 维护消费者的利益

餐饮企业是为广大人民群众服务的。要服务得好,不但要改善服务态度,提高服务效率,重视产品质量,而且要切实维护消费者的利益,实行合理负担,做到买卖公平,价廉物美。否则即使其他方面工作做得很好,群众也不会满意。而要做到买卖公平,首先要精确的核算产品成本。因此,认真搞好成本核算乃是维护消费者利益的必要前提。

1.5.3 为国家提供合理积累

餐饮企业在为人民生活服务的同时,还担负着为国家提供合理积累的任务。成本核算不准,如果偏高,就会损害群众的利益,而如果偏低,则将影响到企业经营的成果,使企业减少赢利甚至造成不应有的亏损,进而影响到国家利益的积累。因此,必须正确把好成本核算这道关,保证企业盈利和为国家提供合理积累。

1.5.4 促进企业改善经营管理

成本核算是企业经营管理的重要内容之一。只有在严格的核查制度并认真实施之后,才能全面考察企业的经营是否有利,管理水平是否先进。因此,做好成本核算工作,对于促进餐饮企业管理的改善工作有着深刻的意义。

2 餐饮定价

2.1 餐饮定价的含义

定价是指确定价格的具体数值。

餐饮定价是销售和成本控制的一个重要环节,价格将会直接影响企业的经济效益,体现一个餐厅的产品定位。价格还是企业营销的重要手段,在餐饮企业营销组合的诸多因素中,价格是作用最直接、见效最快的一个。在扩大市场占有率和推广新产品时,价格是一个常用的营销战略。

2.2 餐饮定价的特点

2.2.1 复杂性

由于影响餐饮定价的因素很多,而像市场需求、竞争环境、市场发展等经营者无法控制的因素,给餐饮定价带来了很多困难,使其变得极其复杂。

2.2.2 季节性

餐饮产品对于人们的日常生活来说,虽然是必不可少的,但人们是否选择到饭店、酒楼进餐,对经营者来说却是一个难以把握的问题。不过,对于大多数的城市餐饮市场来说,由于受到旅游市场的影响,而使餐饮市场呈现明显的季节性变化,餐饮经营的淡、旺季是比较突出的。因此,餐饮定价也应随着季节的不同而有所调整,这是餐饮定价决策不可忽视的特点之一。

2.2.3 时段性

时段性是指比季节性变化更为小的时间因素。现在的人们到饭店或是酒楼进餐,主要是社交活动的需要或是单纯为了享受美食佳肴,因而即使在同一季节内,甚至是同一月份、同一周内,餐饮的需求量也是不完全相同的。餐饮的需求往往会随着各种节日的到来出现高潮,有的地方周末也往往是餐饮需求的高峰等,例如在广州市的餐饮市场上,大多数的饭店和酒楼在节假日或周末食品价格要比平时略高一些,或是适当增加服务费等无形产品部分的价格,以此来调整餐饮市场的供求关系。在一些大的城市一天中也会出现不同的价格。

2.2.4 灵活性

餐饮产品既包括有形部分,又包括无形部分,所以它的定价较其他有形产品的定价要灵活得多,这既给餐饮定价带来了优点,但同时又是它的弱点。因为餐饮定价的空间相当宽广,如果运用得好,可以给企业创造很好的经济效益,这就要求经营者能及时根据餐饮经营环境的变化而作出相适应的调整或变更价格的决策。而正是因为它的多变与灵活,使价格决策者在具体操作时不易准确把握,这给决策人带来了很大的压力。

2.3 餐饮定价的原则

给菜肴定价是餐厅经营活动的重要活动。价格是否适当,往往影响市场的需求变化,影响整个餐厅的竞争地位和能力,最终影响到餐厅的赢利。

2.3.1 价格要反映价值的原则

一般而言,菜点的价格要反映它的价值。这是菜点定价的基本原则。

菜点的价格是以其价值为主要依据制定的。其价值包括三部分：一是菜肴原材料消耗的价值、生产设备、服务设施和用具用品等耗费的价值；二是以薪金、奖金等形式支付给服务人员的报酬；三是上交国家的税金。

2.3.2 价格必须适应市场需求，反映客人的满意程度

菜点定价，要能反映产品的价值，还应反映供求关系。

档次高的餐厅，其定价可适当高些，因为该餐厅不仅满足客人对饮食的需要，还给客人一种饮食之外的舒适感。消费环境不同，允许有差价，也应该有差价。一盒香烟在普通商店标价18元，在五星级饭店则卖35元，这是因为高档舒适的购物环境增加了商品的"隐含价格"。旺季时，价格可比平、淡季略高一些；位置好的餐厅比位置差的餐厅，其价格也可以略高一些；牌子老、声誉好的餐厅的价格自然比一般餐厅要高。

但价格的制定必须适合市场的需求，价格不合理，定价过高，超过一般消费者的承受能力，或"价非所值"，必然会引起客人的不满意，以致降低消费水平，减少消费量。

2.3.3 菜单定价既要相对灵活，又要相对稳定

菜肴定价应根据供求关系的变化而采用适当的灵活价，如优惠价、季节价、浮动价等。根据市场需求的变化有升有降，调节市场需求以增加销售，提高经营效益。

但是价格过于频繁地变动，会给潜在的消费者带来心理上的压力和不稳定感觉，甚至挫伤消费者的消费积极性。因此菜肴定价要有相对的稳定性。但这并不是说对菜肴价格进行长期的冻结，而是指菜点价格不宜变化太频繁，更不能随意调价；每次调价幅度不能过大，最好不超过10%；降低质量的低价出售以维持销量的方法亦是不可取的。只要保持菜点的高质量并适销对路，调高的价格自然能得到客人的认可和接受。

2.3.4 定价要参照国家的物价政策

餐馆需要在规定的范围内确定本餐厅的毛利率。要贯彻按质论价、分等论价、时菜论价的原则，以合理成本、费用和税金加合理利润的原则来制定价格。

在具体操作中，市场的复杂性、社会需求和社会消费的复杂性预示着菜点定价的复杂性和多因素性。

2.4 影响餐饮定价的因素

餐饮产品的定价受到多种内部和外部因素的影响。

2.4.1 影响餐饮产品定价的内部因素

（1）成本

成本是餐饮产品定价的一个重要内部因素。在定价时，餐厅需要考虑原材料采购、人

力成本、设备维护等各种成本，以确定产品的最低价格。

(2) 盈利目标

餐厅通常会根据其盈利目标来确定产品的定价。如果餐厅希望获得更高的利润率，那么定价就需要相应提高。

(3) 餐厅形象

餐厅的形象也是定价的内部因素之一。高端餐厅通常会以更高的价格定价其产品，以强调其高品质的形象，而普通餐厅则会更多地考虑到价格的亲民性。

(4) 产品属性

产品的属性是餐饮产品定价的另一个重要内部因素。如果一道菜品需要使用昂贵的原材料或特殊的配料，那么它的定价通常会比其他普通菜品更高。

(5) 市场定位

餐厅的市场定位也是定价的内部因素之一。如果餐厅希望定位于高端市场，那么它的产品定价通常也会相应较高；而如果餐厅定位于中档或者低档市场，那么其产品的价格也会相应较低。

2.4.2 影响餐饮产品定价的外部因素

(1) 市场需求

市场需求是决定餐饮产品定价的重要因素。如果某种菜品受到市场欢迎并且需求量大，那么定价就可能相应上涨。反之，如果市场需求不高，那么餐厅需要考虑降低价格来刺激消费。

(2) 竞争状况

竞争状况也是定价的外部因素之一。如果餐厅所处的市场竞争激烈，那么它可能需要采用更具竞争力的价格策略来吸引客户。相反，如果餐厅所处的市场竞争不激烈，那么它可能可以采用较高的价格策略。

(3) 政策法规

政策法规也可能影响餐饮产品的定价。例如，政府可能会对餐饮行业实行价格管制或者对某些原材料的价格进行限制，这可能会影响到餐厅的产品定价。

(4) 季节性需求

季节性需求也会影响餐饮产品的定价。例如，在传统节日或者假期期间，人们的消费需求可能会大幅增加，餐厅可能需要相应提高产品的定价以保持盈利水平。

(5) 人口结构

人口结构也可能影响餐饮产品的定价。例如，在年轻人较多的区域，快餐和便捷食品的市场需求可能会更高，餐厅可能需要相应提高定价以保证盈利。

此外，地区生活水平、消费者的心理价位以及气候条件等也是一些可能会影响餐饮产品定价的外部因素。

综上所述，餐饮产品的定价不仅受到内部因素的影响，也受到外部环境的影响。在制定产品定价时，餐厅需要全面考虑这些因素，以确定适合市场的合理价格，并根据市场反应及时调整产品定价。

2.5 餐饮定价的目标

餐饮定价目标是指餐饮企业在制定餐饮产品价格时所要达到的目标。餐饮企业的定价目标在市场营销活动中的地位体现为：一方面必须符合餐饮企业的市场营销目标，与市场营销目的达到协调一致；另一方面，定价目标是选择餐饮定价策略的依据。

2.5.1 保本导向定价目标

在市场不景气或竞争异常激烈的情况下，许多餐饮企业为了生存，在定价时只求保本，待市场需求回升或企业有了一定知名度后再提高价格。另外，也有一些企业集团或公司为方便接待来往的客户而开办一家餐饮企业，此类餐饮企业也通常以保本为定价目标。

当餐饮企业的营业收入与固定成本、变动成本和营业税之和相等时，企业即可保本。餐饮企业保本点的营业收入等于固定成本除以贡献率（贡献率为1－变动成本率－营业税率），用公式表示为：

$$保本点营业收入 = 固定成本 \div (1 - 变动成本率 - 营业税率)$$

餐饮企业的固定成本包括房租、水电费用、人力资源成本、餐酒茶具消耗、管理费用、财务费用等。

餐饮企业的变动成本一般是指餐饮原料的成本，有些企业的变动成本也包括燃料费用。餐饮企业的平均变动成本率一般在40%～60%之间，主要根据餐饮企业的等级或饭店的星级来确定。

餐饮企业的营业税率属于固定税率，一般为5%。

2.5.2 利润导向定价目标

(1) 目标收益率

根据目标收益率来确定企业的定价目标，是最常见的利润导向定价目标。这种目标可以是获取占营业额一定百分比的利润率，也可以是获得一定的投资收益率，还可以是获得一定数额的利润。

餐饮企业要实现一定的目标利润，其营业收入可用公式表示为：

$$营业收入 = (固定成本 + 目标利润) \div (1 - 变动成本率 - 营业税率)$$

(2) 追求最高利润

大多数餐饮企业均采用追求最高利润的定价目标。值得注意的是，追求最高利润，并不等于餐饮产品的最高价格,而是追求企业的长期最高总利润。为了实现这一目标,餐饮企业可能在短期内为了争取更多的消费者,而采用低价薄利的定价策略,或牺牲局部利润,如酒水饮料的进价销售或推出某些特价菜肴等,以争取整个企业的最高利润。

(3) 获得满意的利润

有些餐饮企业以获得企业主(投资者)满意的利润为定价目标。此类企业规定在将来的某一时期内(一般为一年)实现的利润数额或利润增长率,以确保企业的长期生存与发展。另外,许多餐饮企业认为对企业能否实现最高利润的目标很难精确地估量,因此也以获得满意的利润数额作为定价目标。

2.5.3 营业额导向定价目标

(1) 增加营业收入

大多数餐饮企业都相信营业额的增长即意味着利润的增加,但若通货膨胀严重、能源紧张或餐饮原材料缺乏,会导致生产和销售成本、费用的增加,即使营业额增加,也未必会增加利润额。因此,虽然仍有企业以增加营业额为定价目标,但这些企业也同时将企业的利润作为定价目标。

(2) 维持原有的市场

在餐饮业的竞争日趋激烈的今天,许多餐饮企业都采取各种方法,以保持企业原有的客源市场,并据此作为定价目标。这些餐饮企业有固定的客户,为他们提供适合的餐饮产品,以使自己保持与本企业规模和声誉相适应的营业额水平。

(3) 开辟新的客源市场

作为有远见卓识的餐饮企业,往往采取各种方法来开辟新的客源市场。在原有市场已经饱和的情况下,针对本企业的具体情况,选择新的目标市场,并以他们的消费水平为基础来确定定价策略,很容易获得成功。

2.5.4 竞争导向定价目标

在市场经济条件下,竞争是不可避免的。当餐饮企业面对竞争时,通常会采用竞争导向的定价目标。竞争导向定价目标是指餐饮企业为应付或避免竞争而采用的一种定价目标,主要有以下两种情况。

(1) 应付或避免竞争

有相当多的餐饮企业制定产品价格的主要依据是对市场有决定影响的竞争者的价格。在一般情况下,消费者对价格较为敏感,因此,这些企业的餐饮产品价格不一定与竞争对手的价格完全相同,但会根据自己的具体情况而制定比竞争对手略低或稍高一些的价格。这些企业在成本、费用或消费者的需求发生变化时,如果竞争对手的餐饮产品价格保持不变,他们也会维持原有的价格,但若竞争对手作出价格变动的决定时,他们也会对价格进行相应的调整,以应付竞争。

（2）非价格竞争

有些知名度较高的餐饮企业通常会以非价格竞争作为定价目标。这些企业非常强调企业的兴旺取决于菜点和服务的质量以及企业的品牌，而不与竞争对手进行价格竞争。采用这种定价目标的企业实际上是餐饮行业的佼佼者，其产品已经得到消费者的认可，也已经培育了一批忠诚的消费者。

2.6 餐饮定价的策略

2.6.1 心理定价策略

（1）尾数定价策略

在确定餐饮产品价格时，以零头数结尾，使用户在心理上有一种便宜的感觉，或是按照风俗习惯的要求，价格尾数取 6 或 8 等吉利数字，以扩大销售。

（2）整数定价策略

一般的消费者在购买某种餐饮产品时，对产品的制作过程或烹调技艺等都是不了解的，当然也无须去了解。而许多消费者都具有"一分价钱一分货"的价值观念。因此，餐饮企业在制定餐饮产品价格时应将产品的价格调整到代表产品价值效用数附近的整数，以使消费者比较容易接受并选购。

（3）声望定价策略

消费者经常把价格看作是产品质量的标志。知名度较高的餐饮企业或普通餐饮企业的高档餐饮产品在定价时应适当提高，这样既可提升本企业餐饮产品的身价，又衬托出消费者的身份、地位和消费能力，给消费者以心理上的极大满足。

2.6.2 折扣定价策略

（1）数量折扣

① 非累计折扣　又叫一次性折扣，根据顾客一次购买某种产品达到一定数量或一定金额时，企业给予相应的折扣优惠。

② 累计折扣　指顾客在规定的时期内，购买商品达到一定数量或一定金额时，企业按照总量大小分别给予不同的折扣，可分为消费金额累计折扣和消费次数累计折扣。

（2）时段折扣

餐饮经营的特点之一是餐饮消费受就餐时间的限制。因此，餐饮企业为扩大餐饮销售，通常会在营业的非高峰期给予消费者以消费折扣优惠，这在星级饭店的咖啡厅、酒吧等处特别常见。

（3）实物折扣

餐饮企业为鼓励客人大量消费本企业的餐饮产品，可给予消费者以实物的刺激，也会收到较好的效果,如为就餐客人赠送茶点、酒水、水果或纪念品等。实物折扣对于老顾客和有消费潜力的新顾客具有较大的吸引力。如餐饮企业为来就餐的外国客人赠送筷子、中式点心、当地的小纪念品;又如餐饮企业为国内的餐饮消费者赠送菜肴、茶点、水果及纪念品等;再如高星级饭店的西餐厅为就餐的客人赠送自制的巧克力等。

(4) 推销津贴

为鼓励客户为餐饮企业招徕客源,有些餐饮企业会给予这些对企业有贡献的客户以推销津贴。推销津贴可以是现金,也可以是本企业的餐饮消费券。

有些餐饮企业为鼓励本企业的员工多向食客推销餐饮产品,也会制定一些奖励措施,如给予那些在日常工作中销售出色的员工以一定的推销津贴。

2.6.3 招徕定价策略

这是餐饮企业为促进销售而制定的价格策略,其中包括亏损招徕、特价招徕等策略。

(1) 亏损招徕策略

亏损招徕指餐饮企业廉价出售某些餐饮产品,企业将某种或某几种餐饮产品的价格制定得特别低,甚至低于成本,从而以低廉的价格招徕消费者,并给他们留下一个廉价的印象。采用这种定价策略的企业在吸引消费者购买廉价餐饮产品的同时,刺激消费者购买或消费其他正常定价的餐饮产品。餐饮企业销售这些廉价餐饮产品,从表面上看无利可图,但从整体考虑,消费者也必然会消费其他餐饮产品。餐饮企业不仅能收回这些亏损产品所失去的利润,而且还可提高总的营业收入和利润额。

(2) 特价招徕策略

餐饮企业在某些节日或营业淡季时,特别降低某种餐饮产品的价格,以更多地招徕消费者。这是许多餐饮企业在现阶段采取的一种定价策略。如某餐饮企业在营业淡季时,推出鲈鱼一元一条或基围虾一元半斤等,以吸引客人前来消费。餐饮企业在采用这种策略时,应与相应的广告宣传活动相配合,通过提高总的餐饮产品的销售量来降低食品成本,从而增加利润额。

2.6.4 新产品定价策略

餐饮行业是一个没有专利的行业,任何一种餐饮产品在推出不久以后即会很快丧失优势。因此,餐饮企业在进行新产品定价时必须考虑到产品的生命周期。如果新产品的生命周期较短,可采用高价策略,以使企业增加赢利,但容易引起竞争者加入;如果新产品的生命周期较长,可采用低价策略,即实行向市场渗透的策略,坚持薄利多销的原则,从而避免竞争者加入。新产品定价策略具体有以下三种形式。

(1) 撇油定价策略

撇油的原意是将牛奶上面的那层奶油撇出来。撇油定价策略是指餐饮企业在新产品刚推出时采用制定高价的策略,以使企业迅速赢利,因为消费者对新产品总有一种求新的消费心理,他们愿意支付较高的价格以先尝为快。当竞争对手推出同样的产品时,企业马上降低价格,以吸引更多对价格较为敏感的消费者,也为了应付竞争对手的挑战。

(2) 渗透定价策略

与撇油定价策略相反,渗透定价策略是指餐饮企业将创新的餐饮产品以较低的价格投放市场的策略。餐饮企业把产品的价格定得较低,以便迅速占领市场,增加该产品的销售量,并刺激其他产品的销售,从而使企业尽快获得较好的经济效益。

(3) 满意价格策略

这是一种介于撇油定价策略与渗透定价策略之间的折中定价策略,它汲取上述两种定价策略的优点,采取两种价格之间的适中水平来确定创新产品的价格,既能保证餐饮企业获得较为合理的利润,又能为消费者所接受,从而使双方都满意。同时,餐饮企业还可根据市场需求的状况、市场竞争激烈程度、产品的新奇程度和企业本身的实力(如知名度和美誉度的高低等)来确定产品偏高或偏低的价格。

2.7 餐饮定价方法

2.7.1 成本定价法

$$成本 \div 成本率 = 价格$$

$$成本 \div (1-毛利率) = 价格$$

受市场价格的主导和约束,菜品的毛利率也会大有不同,定价就要相应发生变化。理想状态下,餐厅的食材成本为 35%,毛利率为 65%,假设 A 菜品成本价是 15 元:

$$A 菜品售价 = 15 \div (1-65\%) = 43 元$$

但市场趋势也会让菜品毛利发生变化,假设 B 菜品成本价是 36 元,但市场约束价(大众普遍能接受价格的上线)是 48 元:

$$B 菜品毛利率 = 1 - \left(\frac{36}{48}\right) = 25\%$$

假设 C 菜品成本价是 3 元,但市场主导价(同款产品普遍采用的价格)是 18 元:

$$C 菜品毛利率 = 1 - \left(\frac{3}{18}\right) = 83\%$$

可以看出,"毛利 65%"的理想状态并不能与每道菜吻合,所以不能用食材成本定价法来以偏概全。

B 菜品成本高,但由于要扮演"拉动顾客消费"的角色,所以售价一定不能太高,毛利率也必然低。这种情况下就要求该菜品要足够有特色,能够切实起到"诱客"效果,且不要超过菜品总量的30%。

C菜品成本低,但由于该菜品的市场主导价固定,符合顾客的心理预期,因此毛利必然高。这种情况下餐饮企业可以自身品牌定位为基础,进行市场标准价格不超5元的上下浮动。

2.7.2 市场定价法

根据新营销理论,从客人角度定价,考虑顾客能承受的最大价位,而非传统的"成本/利润"定价。

(1) 类比定价

找到同品类中至少三家以上的竞争对手(经营状态良好为基础),同一城市范围中,通过不同区域、不同辐射半径,将自己与同类型餐厅进行菜品、装修、服务、档次、客单价等多方面的比较,结合自己的品牌定位综合分析后,最终制定出菜品价格。

与竞争对手比较,是一种"人民币投票"后的比价行为,更符合市场规律,这种定价方法在餐饮业有着极高的有效度和使用频率。

(2) 对比定价

假设附近一公里或三公里商圈内没有同类店,可以寻找目标人群一致或品类属性相同的品牌,并与他们的单品价格和整体客单价进行比较。

2.7.3 价值定价法

用产品、服务、环境的综合价值定价,对企业持续增长有利。比如,你找到了一种食材,因为用的人比较少,所以它的成本可能并不高,但是它的口感、味道,也就是它的价值是相当于高档食材的,定价的时候就要用价值定价法。因为顾客是有心理预期的,如果你的东西很好,定价却定便宜了,顾客就会对你的产品产生怀疑,甚至根本不会点,因为他要吃的就是高价值的东西。

菜单的定价既要科学又要灵活,科学在于一定要充分保证企业利益和顾客诉求,灵活在于要针对顾客不同的心理感受,进行多维度综合判断,不同时间、地点,不同消费水平、方式实行区别定价。

延伸阅读

是什么影响了活动餐饮中的自助餐剩菜?一个德国案例研究[①]

近年来,越来越多的调查研究了食品服务部门的食物浪费问题,其中单个活动的餐饮服务很少受到关注。我们旨在通过介绍一项基于239次

[①] 来源:Dominik Leverenz, Salua Moussawel, Gerold Hafner, Martin Kranert (2020). What influences buffet leftovers at event caterings? A German case study. Waste Management, Volume 116, Pages 100-111.

活动餐饮数据的案例研究,来填补这一知识空白。该案例研究提出了四个变量对自助餐剩菜的影响,即活动类型、季节、活动规模和菜单价格。我们使用了一个废物追踪系统,使厨房工作人员能够量化4年的自助餐剩菜:从2014年初到2017年底。在所研究的变量中,活动规模对自助餐剩菜的生成影响最大。随着活动规模的增加,自助餐剩饭剩菜的数量相对于客人数量呈减少趋势。例如,参加人数少于100人的小型活动中,每位客人的自助餐剩菜量最高,约为280克;而参加人数超过500人的大型活动中,每位客人的剩菜量最低,约为74克。此外,我们发现三类食品——肉类和禽类、零食、配菜——造成了约54%的自助餐剩菜总量和大约65%的相应货币等价物。我们的研究结果强调,有必要对减少食物浪费的策略进行进一步研究。

【思考与练习】

1. 请列出您所知道的餐饮成本,例如原材料成本、人工成本、房租、水电气等各项费用,然后对这些成本进行分类和计算。

2. 以一道菜品为例,尝试使用成本定价法和市场定价法计算出合理的售价,并比较两种方法得出的结果。

3. 以您所在城市为例,调查不同餐厅的菜品价格,分析其定价策略。

4. 假设您经营一家餐厅,计算出该餐厅每份菜品的成本和毛利率等指标,然后思考如何通过调整成本和定价策略来提高盈利能力。

5. 选择一些餐饮行业的热点问题,例如外卖平台的佣金、员工人力成本等,分析它们对餐厅经营的影响,思考如何应对和解决这些问题。

第八章 制作准备

学习目标

1. 了解餐饮企业的物料采购流程和采购管理方法。
2. 掌握餐饮企业的物料验收标准和验收流程。
3. 熟悉餐饮企业的物料存储管理方法。
4. 掌握餐饮企业的物料发放流程和发放管理方法。
5. 掌握餐饮企业的成本控制方法和库存管理方法,包括物料的定量采购、物料的盘点管理等方面的方法,以及如何合理利用库存,控制成本,提高企业的效益。

> 导入案例

购进不合格的"濑尿虾"但不知情,餐饮店是否应予处罚?[①]

2020年12月1日,广东省食品检验所受中山市市场监督管理局委托对坦洲镇一家餐饮店的"濑尿虾"进行购样检验,经抽样检验,该餐饮店用于经营的'濑尿虾'中镉(以 Cd 计)实测值 1.2 mg/kg,不符合 GB2762-2017《食品安全国家标准食品中污染物限量》要求,检验结论为不合格。该餐饮店的经营者表示,在进货的时候,确实不知道上述"濑尿虾"不合格,且在进货时索要了进货单据。肉眼看不出有何异常,此类情况能否免于处罚?

根据《食品安全法》第一百三十六条"食品经营者履行了本法规定的进货查验等义务,有充分证据证明其不知道所采购的食品不符合食品安全标准,并能如实说明其进货来源的,可以免予处罚,但应当依法没收其不符合食品安全标准的食品;造成人身、财产或者其他损害的,依法承担赔偿责任。"的规定,对于符合的情况,是可能免予处罚的。(备注:若检出"有毒、有害的非食品原料"的,不在适用范围。)

餐饮店经营者交代:其从珠海市某市场的一家海鲜档购入"濑尿虾",在采购的时候索取了进货单据,但未索取该海鲜档的营业执照、相关许可证及"濑尿虾"的检验合格证明文件。进货单据上虽然有海鲜档招牌名称,但未能体现经营者具体信息,后续调查中,也无法确认海鲜档主体信息,无法证明票据是否真实。由于餐饮店未能如实说明其进货来源,因此不适用《食品安全法》第一百三十六条的免罚条款。坦洲镇根据《食品安全法》第一百二十五条第一款第(四)项依法对餐饮店作出没收违法所得408元人民币,罚款5 000元人民币的处罚。

问题:餐饮店最终被处罚的原因是什么?进货时应该查验什么?

[①] 来源:中山市坦洲镇综合行政执法局. http://www.zs.gov.cn/zstzz/gkmlpt/content/1/1958/post_1958723. html#2515.

1 餐饮物料的采购

采购是指餐饮企业依据其既定的营运方针，对其所要购进的食品与饮料进行市场调查、选择、购买等一系列的活动。采购人员不是单纯地负责购买食品与饮料，还要负责上述其他方面的处理或运作。

1.1 采购人员的选择

采购人员的选择对于餐厅成本控制有着举足轻重的影响。有的餐厅有良好的设备、一流的服务人员和手艺精湛的厨师，但其经济效益不理想，究其主要原因，很可能就是由于原材料采购的质次价高，甚至采购员收取回扣而导致原材料成本上升所造成的。经过对餐饮企业的调查和分析，一个好的采购员可为企业节约5%的餐饮成本。

1.1.1 采购员应具备以下素质

(1) 要了解餐饮经营与生产

一个良好的采购员，要熟悉餐厅的菜单，熟悉厨房加工、切配、烹调的各个环节，要懂得各种原料的损耗情况、加工的难易程度及烹调的特点，以保证买到适需的食品原料。

(2) 熟悉原料的采购渠道

所谓渠道，即特定的交易关系线，通常是指两个企业之间固定的交易关系。采购人员应该知道什么原料在什么地方买，哪儿的货质量好，哪儿的货便宜，这样才能买到质优价低的原料。

(3) 了解进价与销价的核算关系

采购人员应了解菜单上每一菜品的名称、售价和分量，知道餐厅近期的毛利率和理想的毛利率。这样，在采购时就能决定某种食品原料在价格上是否可以接受。

(4) 熟悉财务制度

要了解有关现金、支票、发票等使用的要求和规定，以及对应付款的处理要求等。

(5) 良好的职业道德

诚实可靠，不收取回扣。要具有国家、集体利益高于一切的觉悟，不得损公肥私。

1.1.2 采购人员与其他部门的关系

(1) 采购员与餐厅的关系

采购人员必须根据餐厅所需的物料规格、用途、品质、数量及缴获的时间来向供应商洽谈采购的事宜，并随时听取餐厅各方的意见，随时改正，做到让餐厅满意为止。

(2) 采购员与厨房的关系

采购人员必须尽量配合主厨每日开出的请购单,并常与厨师联系,以确保所购物品能满足厨师的生产。根据主厨的需要和库存量的多少,决定采购的原料数量,不致采购过多造成浪费或采购不足影响生产。采购部有权选择供应商,但也应听取主厨的建议,彼此相互尊重,共同完成采购工作。

(3) 采购员与财务部的关系

采购员应经常与财务部保持联系,以确保采购预算的编列。对于供应商货款的支付与进货账目的登记以及物料的稽核管理等事项,必须与财务部研究。

(4) 采购员与吧台的关系

采购员应常与吧台联系以了解酒吧的营业状况,了解各种酒水饮料的销售情况,以便作出相应的采购计划来配合酒吧的工作。

(5) 采购员与仓库的管理

采购员应与仓库管理员保持联系,了解仓库的库存量,同时也要将货品的采购详情和进货的时间、数量告诉仓库管理员,彼此配合完成仓储。

采购员与餐厅其他部门的关系是非常密切的。采购员要想做好餐饮采购工作,除了自身要有很强的工作能力,多方面的知识,灵活的头脑外,还应有团结合作的精神,沟通协调的能力,这样才能发挥采购部的作用,促使各部门的工作圆满。

1.2 采购的主要职责

总体负责对货物的购进、验收和储存等业务;负责采购所有有关餐饮货品的指导工作;确保并掌握货源的不断供应;开发并探寻品质相同而价钱便宜的货源;调查研究产品、市场、价格趋势等事项;配合市场需要评估新产品;协调生产部门使其所需货品标准化以求仓库存货不致发生积压的情况;与生产、管理、会计、行销业务部门保持密切联系;向上级经理人员提出报告或汇报。

这里需要强调的是,上级经理人员必须将其所属的采购部门养成一个创造利润的导向单位,而不是一个普通的服务部门。

1.3 采购手续

采购工作有其一定的手续或程序,可分为五个阶段或步骤。

(1) 请购表——这是由有关单位的主管,诸如主厨、餐厅经理或者仓储主任提出来,通知采购经理存货需要补充的数量及名称;

(2) 供货厂商的选择;

(3) 和供货厂商签约——商定货品价格及交货的时间、地点；

(4) 订货的验收——交货时如在品质或数量上有所不符时应做的处理；

(5) 进货移交给请购单位或直接送进仓库。

1.4 如何选择供应厂商

选择供应厂商要特别谨慎，可根据如下几点进行考虑：该厂商的营业情况及其所售货物的范围；最近的价目表；售货条件的细节；和该厂商往来的其他顾客的情形；全部产品的样品。

最理想的方法是直接参观，实地了解厂商的营业规模、加工与仓储设施的大小、运输工具的数量及种类。如满意，即可与其建立采购与供货关系。先试订，并做定期评估。这可从三方面考虑，那就是价格是否尽可能的低、品质是否尽可能高及交货是否尽可能快。

1.5 采购管理

1.5.1 采购质量管理

(1) 采购质量标准

餐厅要生产质量稳定的菜品，必须使用质量稳定的原料，这就对采购提出了质量标准。采购质量标准又称"标准采购规格"，是指根据餐饮企业的特殊要求，对所要采购的各种食品原料作出详细而具体的标准规格的规定，如原料的部位、产地、等级、外观、色泽度、新鲜度等。

(2) 质量标准的形式

质量标准的形式以"采购明细单"或"标准采购规格"的表格形式出现。在标准采购规格中具体包括的内容有：食品原料的名称、食品原料的质量或性质的说明（包括产地、等级、部位、形状、规格、气味、产率、色泽与外观等）、发货时间的要求等。

(3) 制定标准采购规格的作用

标准采购规格制定后，应分送给采购员、供应商、验收员和餐饮经理办公室，其具体作用如下：

① 使用标准采购规格可以把好采购关，避免因采购的原料质量不稳定而引起产品质量的不稳定。

② 把标准分发给供货单位，可以避免采购员与供应商之间对原料质量产生分歧和矛盾。

③ 可以避免每次对供应单位提出各种原料的质量要求,减少了工作量。
④ 将质量标准分发给若干个供货单位,可以通过招标的形式选择最低的报价单位。
⑤ 有利于验收质量标准的控制。
⑥ 可以防止原料采购部门与原料使用部门之间可能产生的矛盾。

1.5.2 采购数量管理

食品原料采购的质量标准在一段时间内可以相对稳定,而采购数量则要随餐厅销售量和库存量的变化而不断进行调整。如果采购数量控制不当,就可能出现一方面采购数量过多,占用过多的资金,有了更多的利息占用,而且增加了库存费用,并有可能造成原料腐烂、变质、损坏,使成本增加;另一方面采购数量过少,会导致供应、库存中断而影响正常销售。

(1) 影响采购数量的因素

① 餐饮产品销售数量的变化与现有的库房面积。
② 采购点与餐厅之间的距离。
③ 企业目前的财务状况。餐饮企业经营较好时,可适当增大采购量;资金短缺时,则应精打细算,减少采购量,以利于资金的周转。
④ 原料本身的特点。易储存的原料可以多购一些,不易储存的原料应勤进快销。
⑤ 原料市场价格的变化。
⑥ 市场供求状况的稳定程度影响采购数量。当某种原料的供应不稳定时,可以多采购一些,预防因原料短缺而造成损失。

(2) 采购数量管理

对采购管理来说,食品原料可分为易坏性原料和非易坏性原料,对这两类原料的采购应区别对待。

① 易坏性原料的采购数量

易坏性原料一般为鲜活货,这些原料要求购进后立即使用,用完后再购进新的原料。因此,这类原料的采购频率较高,一般使用的采购方法如下。

日常采购法

每次采购的数量可用下列公式表示:

应采购数量=需使用数量-现有数量

需使用数量是指在进货间隔期内对某种原料的需要量。现有数量是指某种原料的库存数量,它包括已经发往厨房而未被使用的原料数量,这个数量可以通过实地盘存加以确定。应采购量是指需使用量与现有量之差,这个数量还要根据特殊宴会、节日和其他特殊情况加以调整。

餐厅可自行设计一个原料采购单,将所有易变质的鲜活类食品原料分类列在表上,这样既可以节省工作量,还有助于控制采购数量和采购价格。

长期订货法

餐厅中有一些原料,其本身价值不太高,但其消耗量大,所需数量也较稳定,这类原料如果用上述方法采购就显得费时费力,因此可采用长期订货法。

利用长期订货法,餐饮企业采购部门可与一家供货单位订下合同,规定以固定价格每天向其供应规定数量的原料。例如:餐厅与食品公司商定每天送 3 箱鸡蛋,只规定需求量或结存量,有特殊变化时再增加或减少采购量。面包、奶制品、常用蔬菜、水果以及价值低、耗量大、占用空间多的一些物品,如啤酒等,也属于这一类原料。

1.6 食品的采购

采购食品时首先注意货品的实际成本和厂商的价目表上的价格有何关系,就是说某一货品大量购进后会在仓库储藏一段时间,因此会产生储藏费用、安全风险等问题,所以必须以特惠价格购进;最后是生产成本,当购进的某种食品会增加菜肴调理的生产成本时则应慎重考虑。

1.6.1 采购方式

(1) 合同采购

餐饮业者与供应厂商签订食品采购或供货合同,双方遵照合约条款的规定进行购货或供货交易。这种合同普遍分为定期合同和定量合同。

(2) 逐日采购

主要用于采购容易腐败的食品,而且应当有两三家厂商随时供货以便买到最新鲜的食品。每天工作结束前,厨务部门派出一位资深厨师清点存货,列出清单交给主厨,再由主厨以此清单列出一份第二天需要补充采购的食品请购单交给采购经理。这类食品采购通常是利用电话要求供货商供货并一定是当天买当天交货。

(3) 临时采购

在正常采购以外,为应对临时出现的特殊情况,必须采取一种紧急采购方式。这里分两种情况:一是在头一天厨房请购时遗漏的原料,或是由于业务突变上座率飙升致使原料短缺,需要临时采购保证业务正常运转;二是紧急特殊情况发生。这就要求采购人员及时购进以配合厨务部门的正常工作。

以上几种只是最为普通的采购方式,根据具体情况的不同,采购职员还可以采取一些特殊的采购手段,比如集中采购、联合采购等。另外,采购工作还要根据餐厅的经营情况进行及时调整,不但要留意食材的价格和质量,更应当在采购种类和数目上符合经营的需求。

1.6.2 采购规格

所谓采购规格就是所购货品的一种简单说明，主要是品质、数量、重量以及大小尺寸。每一采购规格均由餐厅的经理团人员（采购经理、主厨、餐饮经理等）依照餐饮营业方针，菜单需求及其定价尺度，事先协商拟定。规格副本应由经理部门分发给供应厂商，供其保存参考。

（1）制定规格的理由

确立货品材料的采购标准，以便厨房调理出标准产品，从而服务顾客。

规格具有书面通知的作用，使供应商明确了解本餐厅的需要，并可提出合理而具有竞争性的报价。

为验收与仓储人员提供明确资讯，使其了解所接收与库存的标准情况。

使餐厅员工确实了解进货的详情，即大小、重量、品质数量等情形。

（2）采购规格的内容

采购规格的制订，应以标准的表格为准，其中不可缺少的资料为：

物品名称：所用的名称务必明确、通用，尤其要与供应商所用的名称一致。

货品或品牌名称：以苹果为例，本地产或进口货，什么品牌等资料。

重量：公斤、磅或市斤。

单价：以供应商报价为准，例如每公斤、每磅、每箱价格多少元。

附注：如果是肉类可能需要记明其切割方式、包装及处理情形，凡是有必要加以说明的事项均应详细载明与附注，不可等闲视之。

采购规格是采购作业中要的书面样本，也是各个部门以及经理人员必需的书面参考资料。

1.7 饮料的采购

饮料的采购与食品的采购大致相同，以物美价廉为共同的、不变的原则。由于饮料所能赚取的利润高于食品，所以餐饮业者在这方面都相当注重。

1.7.1 注意事项

货源的供应在时间上有所限制；特别昂贵的饮料有没有必要购买；应当重视酒类供应商的建议；品质的评估很困难，应由受特别训练的专业人员负责，最好有名酒品尝活动经验；酒类的登记不容易划分，仅能做概略的归类；酒类的价格波动不大。

1.7.2 采购货源

任何饮料的购买应依据是否符合顾客的需要与价格上是否具有竞争力的原则。采购货源方法如下：

(1) 运酒商

有些供应商从产地直接买酒运回来卖,当然他们的货品范围也仅限于某一特定产品。

(2) 批发商

他们供应的货品范围相当广,所售货品不仅在价格上比较便宜,而且还有一些优势。如可以货款暂欠,可以暂借存放,可以免费享用其广告和广告宣传品等。

(3) 饮料制造厂商

大批量的饮料和酒水可向制造厂商直接订货,不仅价格便宜,条件优惠,还有多种付款方式和优惠的付款条件。

(4) 付现金自己运货

主要是针对那些数量极少,使用极少,只供一时之需的货品。

1.7.3 采购规格

采购规格的目的在于以书面装订产品的标准及用途。采购经理将订好的规格交付供应商,使其明了本餐厅的需要与规定的要求,并以此为依据洽谈买卖价格。交货时,验收人员以此为根据进行收货。

饮料的购进与售出都是依照产品的品牌标签为准,每一产品的品质及数量都有始终如一的标准。规格中应详细注明这些标准和规格。

2 餐饮物料的验收

验收部门是很重要的单位,须提供有效、专业、诚实、负责的服务。

2.1 餐饮物料验收的要求

2.1.1 建立合理的验收体系

一旦进货之后,就不能把不合格的货物再卖出去,因此餐饮管理人员应首先建立一套合理、完整的验收体系,保证整个验收工作在机制、体系上完善。

(1) 称职的验收人员

验收员必须聪明、诚实,对验收工作感兴趣,食品原料知识丰富。在招聘验收员时,企业的人事部门应负责遴选应聘人员,审查应聘人员的资历,然后会同财会部门和营业部门主管人员决定人员的录用。

挑选验收员的最好方法是从贮藏室职工、食品和饮料成本控制人员、财会人员和厨工中发现人才。这些人员有一定的食品知识和经验,而且往往愿意通过从事验收工作积累管理工作经验。收货时，验收员应该对订货单进行数量盘点和质量检验。他们的工作极为重要，因此在许多国外的饭店、餐馆里，验收员的地位和工资级别与部门经理相同。

企业制订培训计划，对所有验收人员进行培训。在某些大型企业里，职工定期轮换工作，培训就显得更为重要。

验收员必须懂得：未经经管人员同意，任何人无权改变采购规格。在工作中，验收员需和采购人员、食品生产部门经理、厨师、贮藏保管人员接触，虚心向他们学习，丰富自己的知识和经验。

（2）实用的验收设备和器材

饭店一般设有验收处或验收办公室。它的位置一般在饭店的后门或边门，这样送货车开到饭店后门就可以看到验收处，以便于验收。此外要有足够的空地便于卸货。

为使验收工作更有效率，要有适当的设备和工具。磅秤是验收部最重要的工具。验收部可配备重量等级不同的磅秤，各种磅秤都应定期校准，以保持精确度。有自动记录功能的磅秤可将货物的准确重量印在发票或收据上面，不仅可以节省人力，还可以减少手工记数的错漏。验收办公室还应有直尺、温度计、起货钩、纸板箱切割工具、铁榔头、铁皮条切割工具，一两把尖刀，以及数量足够的公文柜。公文柜用以存放验收部的各种表格，如"验收单""验收日报表"等。有一种特殊设计的验收架，橙子等水果可放在上面，察看是否有腐烂或斑痕。若质量没有问题，架子上的水果可漏下来，再装入容器。

（3）科学的验收程序和良好的验收习惯

验收程序规定了验收的工作职责和工作方法，使验收工作规范化。同时，按照程序进行验收，养成良好的习惯，是验收高效率的保证。

（4）经常的监督检查

餐饮企业管理人员应不定期检查验收工作，复查货物的重量、数量和质量，并使验收员明白，经管人员非常关心和重视他们的工作。

2.1.2 确定科学的验收操作程序

根据验收的目的，验收程序主要围绕以下三个主要环节展开。（1）核对价格；（2）盘点数量；（3）检查质量。

2.2 餐饮物料验收的程序

（1）根据订购单或订购记录（或请购单）检查进货

（2）根据供货发票（或送货清单）检查货物的价格、质量和数量

凡可数的物品，必须逐件清点，记录正确的数量；以重量计数的物品，必须逐件过秤，记录正确的重量；对照采购规格书，检查原料的质量是否符合要求；抽样检查箱装、匣装、

桶装原料,检查是否足量,质量是否一致;发现原料重量不足或质量不符需要退货时,应填写原料退货单并取得送货人签字,将退货单随同发票副页退回供货单位。

（3）办理验收手续

经验收后,验收人员要在供货发票上签字,并填验收单。

（4）分流物品,妥善处理

原料验收完毕,需要入库进行保藏的原料,要及时送仓库保藏;一部分鲜活原料直接进入厨房。

（5）填写验收日报表和其他报表

验收日报表的目的是作为进货的控制依据和计算每日经营成本的依据。

2.3　食品的验收

2.3.1　肉类和鱼类加标签

肉类和鱼类是常用的成本较高的食材,在验收时可采取加标签的方式。其目的在于使验收人员在品质、数量以及记录细节方面不敢掉以轻心,有助于获取更正确的每日食品成本的数据,有助于控制这类昂贵食品的仓储。

2.3.2　昂贵食品加标签

验收进货时,依照采购规格核对,从而决定是否收受。可以收受,每一货品制作一枚标签,将发票或交货通知单上的主要资讯摘录于标签,并依现场过磅结果记在上面,每件货品单独记载。将标签打孔,用细绳系在每一件货品上,然后将标签副本连同发票或交货通知单发送管理部,另一副本发交厨房存查。货品发放至厨房时,应在其使用后将标签收回转送管理部门,但在标签上应注明发放日期。验收部门的标签副本及厨房的副本分别送交管理部门时,他们便可确切明了采购了什么,厨房使用了什么,库存的情况如何。

2.4　饮料的验收

饮料的验收方法和食品相似。交货的饮料数量要和订货的数量相符。盒装或板条箱装的饮料应打开检查,看看是否有空瓶、遗失或破瓶的情形。品质检查虽简单,但仍要仔细核对每一饮料的品牌、标签和供销商,看看是否和采购规格一致。交货通知上所列的价格依照协议的价格,并且记载于订货单上,可依此核对。如果饮料的数量或品质与订单不符,则应立即汇报,尽快解决。收货记录表应详细记录验收实况。收到空瓶的交货应做明确记录,以便退回。饮料的交货应与供销商议定时间、地点。

3 餐饮物料的储存

储存就是要保存足够的食物与饮料,并最低限度地减少食物因腐坏或被偷盗而导致的损失。如储存设备优良,可在某种食物最低价格时预先购存,以降低食物与饮料成本而增加利润。

3.1 食品原料的储藏目的及分类

3.1.1 食品原料储藏的目的

(1) 保证菜单上所有菜品和酒水得到充足的供应而不断档

餐厅在经营过程中尽量不要出现客人按菜单点菜时不能供应的现象。为避免这种情况的发生,餐厅就要按菜单上的菜品储存足够的原料以保证供应。

(2) 弥补生产季节和即时消费的时间差

餐饮企业所需的原材料与工业企业不一样。工业企业所需的原材料大多是无生命的,而餐饮企业所需的原材料大多是有生命的产品。这些产品中有的可以常年供应,价格也没有太大的变化;有的产品则存在着生产的淡旺季。因此,餐饮企业为了降低成本,要在保证其不会变质的前提下,于淡季来临前,多储存一些季节性的食品原料,以弥补生产季节和即时消费的时间差。

(3) 弥补空间上的距离差

从订购、购买到交货,这一采购过程不是即时完成的,它需要一个时间过程。因此,储藏必须能够保证在这几天中的原料供应,不能脱销、断档。

(4) 防止细菌的传播与生长

冷藏不但可以延长原料的保存时间,还可以防止细菌传播以及食品内部细菌的繁殖与生长。

3.1.2 原料的储藏分类

餐饮原料因质地、性能的不同,对储存条件的要求也不同。同时,因餐饮原料使用的频率、数量不同,对其存放的地点、位置、时间要求也不同。为此,餐饮企业应将原料分门别类地进行储存。根据原料性质的不同,可分为食品类、酒水类和非食用物资类储存;按原料对储存条件的要求,又可分为干货库储藏、冷藏库储藏、冷冻库储藏等。

3.2 食品原料的储藏管理

为了做好食品原料的储藏,必须了解温度、湿度、通风、照明与食品原料储存的关系,并在仓库设计时考虑这些因素。

3.2.1 干货原料的储藏管理

干货原料主要包括面粉、糖、盐、谷物类、干豆类、饼干类、食用油类、罐装和瓶装食品等。干货食品宜储藏在阴凉、干燥、通风处,离开地面和墙壁。储存时要注意以下几点:

(1) 合理分类、合理堆放

按各种干货原料的不同属性对原料进行分类并存放在固定位置,然后再将属于同一类的各种原料按名称的部首笔画或字母顺序进行排列。也可以根据各种原料的使用频繁程度存放,如使用频繁的物品存放在库房门口易取的地方,反之则放在距门口较远的地方。

(2) 货架的使用

干货仓库多使用货架储藏食品原料。货架最低层应距地面至少 10 cm,以便空气流通,避免箱装、袋装原料受地面湿气的影响,同时也便于清扫。

(3) 温度的要求

干货仓库的最佳温度应控制在 15 ℃—21 ℃之间。温度低一些,食品保存期可长一些,温度越高,保存期越短,所以干货库应远离发热设备。

(4) 对虫害和鼠害的防范

所有干货食品都应包装严密,已启封的食品要储藏在密封容器里,要定期清扫地面、货架,保持干净卫生,不留卫生死角。防止虫鼠滋生。

(5) 所有干货食品要注明日期,按先存先取原则盘存

食品都有保质期。注明日期、先存先取,可以避免因原料过期而造成浪费。

3.2.2 鲜货原料的冷藏管理

鲜货原料包括新鲜食品原料和已加工过的食品原料。新鲜食品原料指蔬菜、水果、鸡蛋、奶制品及新鲜的肉、鱼、禽类等。加工过的食品原料指切配好的肉、鱼、禽类原料,冷荤菜品,蔬菜与水果色拉,各种易发酵的调味汁,剩余食品。

新鲜原料一般需使用冷藏设备。冷藏的目的是以低温抑制细菌繁殖,维持原料质量,延长其保存期。对冷藏原料有以下要求:

(1) 所有易腐败变质食品的冷藏温度要保持在 4 ℃以下。

(2) 冷藏室内的食物不能装得太挤,各种食物之间要留有空隙,以利于空气流通。

(3) 尽量减少冷藏室门的开启次数。

(4) 保持冷藏室内部的清洁,要定期做好冷藏室的卫生工作。

(5) 将生、熟食品分开储藏,最好每种食品都有单独的包装。

(6) 如果只有一个冷藏室,要将熟食放在生食的上方,以防生食带菌的汁液滴到熟食上。

(7) 需冷藏的食品应先使用干净卫生的容器包装好才能放进冰箱,避免互相串味。

(8) 需要冷藏的热食品,要迅速降温变凉,然后再放入冷藏室。

(9) 需要经常检查冷藏室的温度,避免由于疏忽或机器故障而使温度升高,导致食品在冷藏室内变质。

(10) 保证食品原料在冷藏保质期内使用。

(11) 冷藏食品原料保存中的其他注意事项:

① 入库前需仔细检查食品原料,避免把已经变质、污染过的食品送入冷藏室;

② 已加工的食品和剩余食品应密封冷藏,以免受冷干缩或串味,并防止滴水或异物混入;

③ 带有强烈气味的食品应密封冷藏,以免影响其他食品;

④ 冷藏设备的底部、靠近制冷设备处及货架底层是温度最低的地方,这些位置适于存放奶制品、肉类、禽类、水产类食品原料。

3.2.3 食品盘存

盘存清单是一种标准格式,其编排应和各储藏室食品位置顺序相配,这会使盘存工作快速有效,且不易遗漏什么食品。通过食品盘存可实现以下目的:

(1) 确定库存食品的价值。盘存可显示出库存食品是否太多或太少,以及库存食品的总价值是否符合餐厅的财务政策要求。

(2) 可将某一特定时期的实际存货价值和账面存货价值互做比较,以发现差异之处,以及仓库管理员的工作效率。

(3) 查处利用率不高的食品,从而提醒采购人员及主厨等人注意。

(4) 可将某种食品的利用率和它的销售额做比较,从而评估其获利情况。

(5) 可以防止损失及失窃。

(6) 确定各种存货的利用率。

3.3 饮料的储存

3.3.1 储存位置

饮料最好储存于下述场所:

(1) 主要储藏区,存放烈酒及红酒,保持干燥,并将温度保持在13—16 ℃。

(2) 冷藏区(定温10 ℃),存放白葡萄酒及发泡酒类。

(3) 更冷的冷藏区(6—8 ℃),用于存放销售流量太慢的酒类。

(4) 13 ℃的储存区,用于存放瓶装啤酒及不含酒精的饮料。

（5）完全隔离区，用于存放空瓶等。这个地区也要严密管理，不仅由于空瓶有回收的价值，而且防止酒保人员自由接近而耍花样。

3.3.2 酒类记录

酒类存货价值较高，储存必须仔细。其记录应包括酒类食品的进出货清单、存货清单、损耗破裂记录、空瓶空桶记录和内部招待记录。

3.3.3 饮料的盘存

其目的是为了在一定时期内检查各种饮料的流动率，以便及早发现何种饮料的流动率太低而采取必要措施。也可借此考核仓库管理人员的工作效率。

4 餐饮物料的发放

科学的食品饮料发放管理可以保证厨房和酒吧能及时得到足够的原料，控制厨房和酒吧的用料数量，并能正确统计食品饮料的成本和食品饮料原料的库存额。

4.1 直接采购原料的发放统计

直接采购原料主要是指那些立即使用的易坏性原料。这些原料进货后经过验收直接发到厨房，而不经过库房这一环节，其价值按进料价格直接记入当日的食品成本。食品成本核算员在计算当日直接采购原料成本时，只需抄录验收员日报表中的直接采购原料总金额即可。当一批直接采购原料当天未用完，剩余部分可在第二天、第三天接着用，但作为原料的发放和成本的计算按当天厨房的进料额计算。

4.2 库房采购原料的发放管理

库房采购原料包括干货食品、冷冻食品等。这些食品经采购验收后送入库房，其价值计入流动资产的原材料库存项目内，而不是直接算作成本。在原料从库房发出后，发出原料价值计入餐饮成本中。每日库房向厨房和酒吧发出的原料都要登记在"库房食品饮料发料日报表"上。报表上汇总每日库房发料的品名、数量和金额，并且注明这笔金额分摊到哪个餐饮部门的餐饮成本上，并注明领料单据的号码，以便日后查对。月末，将每日"库房食品饮料发料日报表"上的发料总额汇总，便得到本月库房发料总额。

为搞好库存管理和餐饮成本的核算，库房原料的发放要符合下列要求：

4.2.1 定时发放

为使库管人员有充分的时间整理仓库，检查各种原料的库存情况，不致因忙于发料而耽误了其他工作,餐饮企业应规定每天固定的领料时间。一般酒店规定上午 8:00～10:00和下午 14:00～16:00 为仓库发料时间,其他时间除紧急情况外一般不予领料。还有的企业规定:领料部门应提前一天交领料单,使库管人员有充分时间提前准备,以避免和减少差错。这样既节省了领料人员的时间,也使厨房管理人员对次日的顾客流量能作出预测,计划好次日的生产。

4.2.2 凭领料单发放

领料单是仓库发料的原始凭证,它准确地记录了仓库向厨房发放的原料数量和金额。

领料单具体作用有:控制仓库的库存量;核算各厨房的食品成本;控制领料量。

无领料单任何人不得从仓库取走原料。即使有领料单,也只能领取领料单上规定的原料种类和数量。

凭领料单发放原料的具体程序如下:

(1) 领料人根据厨房生产的需要,在领料单上填写品名、规格、单位及申请数量。领料数量一般按消耗量估计,并参考宴会预订单情况加以修正。

(2) 领料人填完以上栏目后,签上自己的姓名,持单请行政总厨或餐饮经理审批签字。没有审批人员签字,任何食品原料都不可从库房发出。审批人员应在领料单的最后一项原料名称下划条斜线,防止领料者在审批人员签字后再填写并领取其他原料。

(3) 库管人员拿到领料单之后,按单上的数量进行组配。由于包装原因,实际发料数量和申请数量可能会有差异,所以发放数量应填写在"实发数量"栏中,并且填写金额栏,汇总全部金额。

(4) 库管员将所有原料准备好后签上自己的姓名,以证实领料单上的原料确已发出,并将原料交领料人。

(5) 领料单应一式三联,一联随原料交回领料部门,一联由库管人员交成本控制员,一联由仓库留存作为进货的依据。

厨房人员经常需要提前几日准备生产所需的原料。例如,一次大型宴会的菜品往往需要数天甚至更长的准备时间。因此,如果有的原料不在原料领取日使用,则必须在领料单上注明该原料的消耗日期,以便把该原料的价值计入其使用日的食品成本中。

4.2.3 内部原料调拨的处理

大型餐饮企业和饭店往往设有多处餐厅、酒吧,因而通常会有多个厨房。有时厨房之间、酒吧和厨房之间会发生食品和饮料原料的相互调拨。为使各部门的成本核算尽可能准确,企业可以使用"食品饮料调拨单"记录所有调拨往来。在统计各餐厅和酒吧的成本时,要减去各部门调出的金额,加上调入的原料金额,这样可使各部门的经营情况得到正确反映。食品饮料调拨单应一式三份或四份,调入与调出部门各留存一份,另一份及时送交财务部。有的企业要另送一份给仓库记账。

> **延伸阅读**
>
> **公共食品采购的可持续性路径：对小学餐饮不同模式的调查**[①]
>
> 越来越多的政策制定者为公共采购的可持续性设定了雄心勃勃的目标，并将其纳入不同的支柱领域。这种雄心在公共餐饮服务中表现得很明显，其采购模式已经转向更多的供应链本地化和购买更多的有机种植食品。然而，迄今为止，很少有研究从实证上考察不同的采购模式对这些可持续发展的多个支柱的影响。本研究旨在通过测量和比较不同学校膳食采购模式的环境、经济和营养结果来填补这一空白。对五个欧洲国家的十个小学膳食服务进行了案例研究，捕捉了不同的采购模式类型。结果显示，碳排放量从最低每餐 0.95 公斤到最高 2.41 公斤的情况下，采用低碳食物垃圾处理方法和减少菜单中反刍肉的数量是降低排放的最重要的行动。在经济影响方面，当地经济乘数比率从 1.59 到 2.46 不等，尽管当地食品采购水平对这些比率有贡献，但在某些情况下，对当地餐饮人员的投资使其影响黯然失色。同时，实施强有力的标准制度，改善食堂环境和监督是提高营养质量和摄入量的最重要行动。本文讨论了这些发现对综合、可持续的食品采购模式的影响。

【思考与练习】

1. 为什么餐饮企业需要进行物料采购、验收、存储、发放的管理？这些管理环节对餐饮企业的经营有什么影响？
2. 如果发现采购的物料质量不合格或存在安全隐患，应该如何处理？
3. 在餐饮企业的物料存储过程中，有哪些注意事项和管理要点？如何保证物料的新鲜度和卫生安全？
4. 餐饮企业如何控制物料的使用量和库存，避免浪费和过期？
5. 请编写一份物料验收标准，并根据标准检验一批采购回来的蔬菜和肉类，给出验收结论。
6. 请设计一份物料存储管理制度，并针对一种常用物料，制定相应的存储方法和注意事项。
7. 请编写一份物料领用单，包括物料名称、规格、数量、领用人等信息，并描述物料领用流程和授权要求。

---

① 来源：Angela Tregear, Zorica Aničić, Filippo Arfini et al. (2022). Routes to sustainability in public food procurement: An investigation of different models in primary school catering. *Journal of Cleaner Production*, Volume 338, 130604.

第九章
餐饮生产管理

学习目标

1. 了解厨房的分类,熟悉不同类型厨房的工作内容。
2. 掌握厨房业务流程和管理方法。
3. 了解标准食谱的作用,掌握标准食谱的编制和实施方法。
4. 掌握餐饮企业冷菜、点心生产的管理方法。

第九章　餐饮生产管理

> **导入案例**

大工和小弟一起择菜[①]

很多酒店择菜配有专职人员,××酒店却没有,都是由大工和小弟们一起来负责。每天早上9:40—10:30是择菜时间,大工们9:30上班后利用10分钟的时间将自己所在岗位的工作安排好后,手里面没活的必须参加择菜。

择菜的过程,也是小弟跟大工互相学习、互相沟通、互相帮助的好机会。我的一份择完了帮着别人择,大大加强了厨师之间的合作意识。而且大工们择菜的技术比较高,经验也丰富,极大地减少了浪费,所以原料的出净率很高。比如择菜心,下脚料部分处理好后直接交给负责切配的同事,改成粒后制作青菜钵,实现下脚料的再利用。

问题:案例描述的内容属于厨房业务的哪个阶段?这种管理方法有什么好处?

[①] 来源:后厨老大分享14个管理实例。https://www.sohu.com/a/299079400_99956028。

1 厨房简介

厨房是菜点的生产场所。它必须具备以下要素：生产工作人员（有一定专业技术的厨师、厨工及相关工作人员），生产所必需的设施和设备，必需的生产空间和场地，烹饪原材料，能源等。

1.1 厨房的种类

1.1.1 按厨房规模划分

（1）大型厨房

大型厨房是指生产规模大、能提供众多宾客同时就餐的生产厨房。综合性饭店一般客房在500间、经营餐位在1 500个以上的饭店，大多设有大型厨房。这种大型厨房，是由多个不同功能的厨房综合而成的。各厨房分工明确，协调一致，承担饭店大规模的生产出品工作。单一功能的餐馆、酒楼，其经营面积在1 200平方米、餐位在800个以上，其厨房亦多为大型厨房。这种大型厨房因餐馆经营风味多其功能也显得不尽一致。主营一种风味的大型厨房，多场地开阔，集中设计，统一管理；经营数种风味的大型厨房，多需归类设计，细分管理，统筹经营。

（2）中型厨房

中型厨房是指能同时生产、提供500个餐位左右宾客用餐的厨房。中型厨房场地面积较大，大多将加工、生产与出品等集中设计，综合布局。

（3）小型厨房

小型厨房多指生产、服务200—300个餐位宾客同时用餐的厨房。小型厨房，多将厨房各工种、岗位集中设计，综合布局设备，占用场地面积不大但多规整，生产的风味比较专一。

（4）超小型厨房

超小型厨房，是指生产功能单一、服务能力十分有限的厨房。比如在餐厅设置、当客现场烹饪的明炉、明档，饭店豪华套间或总统套间内的小厨房等。这种厨房多与其他厨房配套完成生产出品任务。这种厨房虽然小，但其设计都比较精巧，方便美观。

1.1.2 按餐饮风味类别划分

餐饮，根据其经营风味，从大的风格上可分为中餐、西餐等。从风味流派上进行细分，中餐又可分为川、淮扬、鲁、粤以及宫廷、官府、清真、素菜等；西餐又可分为法国菜、美国菜、俄国菜、意大利菜等。与之对应，依据生产经营风味，厨房可分为：

（1）中餐厨房

包括粤菜厨房、川菜厨房、淮扬菜厨房、鲁菜厨房、宫廷菜厨房、清真菜厨房、素菜厨房等。

（2）西餐厨房

包括法国菜厨房、美国菜厨房、俄国菜厨房、英国菜厨房、意大利菜厨房等。

（3）其他风味菜厨房

包括日本料理厨房、韩国烧烤厨房、泰国菜厨房等。

1.1.3 按厨房生产功能划分

厨房生产功能，即厨房主要从事的工作或承担的任务，其生产功能是与对应营业的餐厅功能和厨房总体工作分工相吻合的。

（1）加工厨房

加工厨房主要负责各类烹饪原料的初步加工（鲜活原料的宰杀、去毛、洗涤）、干货原料的涨发、原料的刀工处理和原料的保藏等工作。

加工厨房在国内外一些大饭店中又称之为加工中心，负责饭店内各烹调厨房所需烹饪原料的加工。由于加工厨房每天的工作量较大，进出货物较多，垃圾和用水量也较多，因而许多饭店将其设在低层出入便利、易于排污和较为隐蔽的地方。

（2）宴会厨房

宴会厨房，指为宴会厅服务的厨房。大多数饭店为保证宴会规格和档次，专门设置此类厨房。多功能的饭店，宴会厨房同时负责各类大、小宴会厅和多功能厅开餐的烹饪出品工作。

（3）零点厨房

零点厨房是专门用于生产烹制客人临时、零散点用菜点的厨房，即该厨房对应的餐厅为零点餐厅。零点餐厅是给客人自行选择、点食的餐厅，故列入菜单经营的菜点品种较多，厨房准备工作量大，开餐期间亦很忙碌。这个厨房需有足够的设备和场地，以方便制作和按时出品。

（4）冷菜厨房

冷菜厨房是加工制作、出品冷菜的场所。冷菜制作程序与热菜不同，一般多为先加工烹制，再切配装盘，故冷菜间的设计，在卫生和整个工作环境温度等方面有更加严格的要求。冷菜厨房还可分为冷菜烹调制作厨房（如加工制作卤水、烧烤或腌制、拌烫冷菜等）和冷菜装盘出品厨房（主要用于成品冷菜的装盘与发放）。

（5）面点厨房

面点厨房是加工制作面食、点心及饭粥类食品的场所。中餐又称其为点心间，西餐多叫包饼房。由于其生产用料的特殊性，菜系制作有明显不同，故又将面点生产称为白案、菜肴生产成为红案。各饭店分工不同，面点厨房生产任务也不尽一致。有的面点厨房还包括甜品和巧克力小饼等制作。

（6）咖啡厅厨房（西餐厨房）

咖啡厅厨房是负责生产制作咖啡厅供应菜肴的场所。咖啡厅厨房设备相对齐全，生产品种多为普通菜肴和饮品，出品快捷。因此，许多饭店将咖啡厅作为每天最长经营时间的餐厅（西餐厅或自助餐厅），其厨房兼备房内用膳制作出品的功能。

（7）烧烤厨房

烧烤厨房是专门用于加工制作烧烤菜肴的场所。烧烤菜肴如烤乳猪、叉烧、烤鸭等，由于加工制作与热菜、普通冷菜程序、时间成品特点不同，故需要配备专门的制作间。烧烤厨房，一般室内温度较高，工作条件较艰苦，其成品多转交冷菜明档或冷菜装盘间出品。

（8）快餐厨房

快餐厨房是加工制作快餐食品的场所。快餐食品是相对于餐厅正餐或宴会大餐食品而言的。快餐厨房大多配备炒炉、油炸锅等便于快速烹调出品的设备。其成品多较简单、经济，生产流程的畅达和高效节省是其显著特征。

1.2 厨房业务流程

厨房业务是为餐厅服务的，厨房应该以餐厅为中心来组织、调配本身的生产业务。所有的厨房工作人员都必须树立厨房工作服务于餐厅需要的观念。

厨房业务指餐饮产品加工过程中的各道工序的划分和各个工种之间的密切配合，它主要包括三大环节：食品原料的加工程序、菜肴的切配程序和菜肴的烹调程序（图 9-1）。

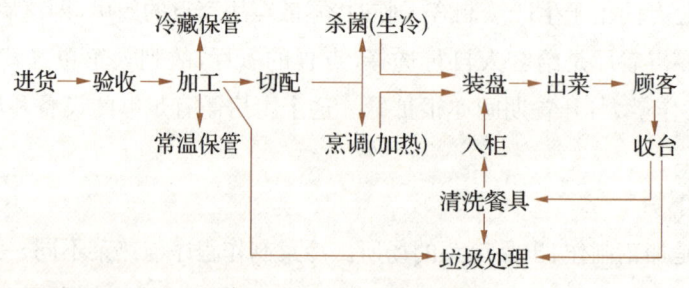

图 9-1 厨房主要业务流程

1.2.1 食品原料的加工程序

包括原料的初加工和细加工。

1.2.2 菜肴的切配程序

配菜过程直接影响厨房菜肴制作时的成本高低,这一环节的质和量的掌握至关重要。

1.2.3 菜肴的烹调程序

这是最终确定菜肴色、香、味、形的关键。这一流程对员工的操作规范、制作数量、出菜速度、出菜温度和装盘造型都有明确的要求。

2 厨房业务组织工作

餐饮产品的生产任务是以餐厅销售为基础的。厨房一般采用当天预报并结合前一天的销售情况来确定当天或第二天的生产任务量,同时下达生产任务书。

2.1 生产前的组织准备

2.1.1 初加工组

将当日所需的蔬菜、禽类、水产等原料加工、分类、分级备用。

对初加工的基本要求首先是保证原料的清洁卫生,其次是使原料符合切配要求,再次是保持原料的营养成分,最后是合理地利用原料。

2.1.2 切配组

将已经预订的菜肴(如宴会、团队用餐等)及常用的零点菜肴切配好,并将常用的一些原料加工成丝、片、块、丁、花、茸等备用。

生产要求包括两个方面,即刀工和配菜。

2.1.3 炉灶组

负责半成品和汤类的烹制,备足调料,做好烹调前的一切准备工作;按顺序烹调;做好炉灶烹制,保证菜肴质量;做好现场指挥,确保与餐厅的衔接与协调。

2.1.4 冷菜组

负责备制熟食,切制待用冷菜,拼摆各类花色冷盘,发展食品的雕刻工艺,准备所需的调配料;购料要严,选料要精,保证原料质量;把好卫生关。

2.1.5 点心组

准备、制作好一般常用点心、面食,并备足当天所需的面粉、馅心。

2.2 厨房生产流程控制

厨房是餐饮业核心,是生产的重地,它直接决定酒店的兴衰,生死存亡,树立企业形象,创造名牌企业,需要长年的积淀和巨大的投入,必须有细致的管理章程,过硬的管理队伍,管理实现统一标准、规格、程序、提高工作效率,降低成本,确保菜肴标准、质量、提高服务速度。

在开餐时间内,厨房应遵循"以餐厅需要为依据,以炉灶为中心"的指导思想,随餐厅情况的变化而调整厨房业务,根据餐厅所送菜单的先后顺序依次烹制食品。

2.2.1 建立生产标准

建立标准就是对生产质量、产品成本、制作规格进行数量化,并用于检查指导生产的全过程,随时消除一切生产性误差,确保食品质量的优质形象,使督导有标准的检查依据,达到控制管理的效能。

(1) 加工标准

制定对原料用料的数量、质量标准、涨透的程度等。制定出《原料净标准》《刀工处理标准》《干货涨发标准》等。

(2) 配制标准

制定对菜肴制作用料品种、数量标准,并按人所需营养成分进行原料配制。

(3) 烹调标准

对加工、配制好的半成品、加热成菜规定调味品的比例,制作出色、香、味、形俱全的菜肴。

(4) 标准菜肴

制定统一标准、统一制作程序、统一器材规格和装盘形式,标明质量要求、用餐人数、成本、利率和售价的菜谱。

2.2.2 制定控制过程

在标准制定后,要达到各项标准,必须要有训练有素、掌握标准的生产人员和管理人员,来保证制作过程中菜肴优质达标。

(1) 加工过程的控制

加工数量的控制。凭厨房的净料计划单组织采购,实施加工,达到控制数量的目的。控制加工出净率:由加工人员按不同品种的原料,加工出不同档次的净料交给发货员验收;提出净料与边角料的比例,登记入账后发放到各位使用者。

加工质量的控制。加工的质量直接关系菜肴的色、香、味、形。因此,采购、验收要严格按质量标准,控制原料质量。加工员控制原料的加工形成、卫生、安全程度,凡不符合要求的原料均由工序终点者控制,不得进入下一道工序,处理后另作别用。

(2) 配制过程的控制

配制过程控制,是食品成本控制的核心,杜绝失误、重复、遗漏、错配、多配,是保证质量的重要环节。凭单配制:凭额订单和账务员的签章认可,厨师方可配制,并由服务员将所点的菜肴与订单进行核对,从而加以相互制约。称量配制:按标准菜谱、用餐人数、进行称量,既避免原料的浪费又确保了菜肴的质量。

(3) 烹调过程的控制

烹调过程的控制是确保菜肴质量的关键,因此要从厨师烹调的操作规范、出菜速度、成菜温度、销售数量等方面加强监控。严格督导厨师按标准规范操作,实行日抽查考核。用定厨、定炉、定时的办法来控制、统计出菜速度、数量和质量。

2.2.3 制定控制办法

为了保证控制的有效性,除了理顺程序、制定标准及现场管理外,还须制定有效可行的控制方法。

(1) 程序控制法

按厨房生产流程,从加工、配制到烹调三个程序,每道工序的最终点为程序控制点,每道工序终点的生产者为质量控制者,配制厨师对不合格的加工、烹调厨师对不合格的配制有责任也有权提出改正,这样使每个人在生产过程都受到监控。

(2) 责任控制法

按每个岗位的职责,实行监督,层层控制。采用厨师长总把关、部门经理总监督的办法,使责任落实到岗,奖罚落实到人。

(3) 重点控制法

对某些经常容易出现生产问题的环节要重点管理、重点抓、重点检查。及时总结经验教训,找到解决的办法,以达到防患未然,杜绝生产质量问题。

(4) 消费者监督法

根据消费者的反馈,进行质量控制。

2.2.4 采取控制措施

(1) 提高厨师的质量意识

厨师的质量意识至关重要。质量意识可以提高厨师的工作责任心并改善其工作态度。因此,餐饮企业必须定期开展质量教育,使所有厨房工作人员树立标准化观念、专业化观念并具有学习创新观念。

(2) 加强检查

可分为管理人员抽查、跑菜员检查。

餐饮企业的各级管理人员在开餐时应抽查菜肴质量,发现问题及时解决。同时,餐厅的传菜服务员在取菜时,应检查菜点质量,做到"五不取",即数量不足不取,温度不适不取,颜色不正不取,调、配料不全不取,器皿不洁、破损或不符合规格不取。不能让菜肴的质量问题暴露在客人面前。

(3) 建立投诉反馈制度

包括厨房在生产过程中对各种烹饪原料使用后的质量反馈和消费者或餐厅对菜点成品在销售过程中有关质量问题的信息反馈。一旦遇到客人投诉菜肴质量问题,餐厅应该及时将问题反馈至厨房。厨房应先解决客人的问题,然后分析质量问题的原因,并提出解决问题的方法,以免今后出现类似的问题。

3 制订和使用标准食谱

标准食谱是以菜谱的形式,列出菜肴(包括点心)的用料配方,规定制作程序,明确装盘规格,标明成品的特点及质量标准,是厨房每道菜点生产全面的技术规定,是不同时期用于核算菜肴或点心成本的可靠依据。

3.1 标准食谱的作用

标准食谱将原料的选择、加工、配伍、烹调及其成品特点有机地集中在一起,可以更好地帮助统一生产标准,保证菜肴质量的稳定性。具体地讲,还有以下作用:

3.1.1 预示产量

可以根据原料数量,测算生产菜肴的份数,方便成本控制。

3.1.2 减少督导

厨师知道每个菜所需原料及制作方法,只需遵照执行即可。

3.1.3 高效率安排生产

制作具体菜肴的步骤和质量要求明确以后,安排工作时更加快速高效。

3.1.4 减少劳动成本

使用标准食谱,可以减少厨师个人的操作技巧和难度,技术性可相对降低,因此有更多的人能担任此项工作,劳动成本因而降低。

3.1.5 可以随时测算每个菜的成本

菜谱定下以后,无论原料市场行情何时变化,均可随时根据配方核算每个菜的成本。

3.1.6 程序书面化

"食谱在头脑中"的厨师,若不来工作或临时通知辞职时,该菜的生产无疑要发生混乱。食谱程序书面化,则可避免对个人因素的依赖。

3.1.7 分量标准

按照标准食谱规定的各项用料进行生产制作,可以保证成品的分量标准化。

3.1.8 减少对存货控制的依赖

通过售出菜品份数与标准用料计算出已用料情况,再扣除部分损耗,便可测知库存原料情况,这更有利于安排生产和进行成本控制。

当然,标准食谱的制定和使用以及使用前的培训,需要消耗一定的时间,增加部分工作量。此外,由于标准食谱强调规范和统一,使部分员工感到工作上没有创造性和独立性,因而可能产生一些消极态度等。这些都需要正面引导和正确督导,以使员工正确认识标准食谱的意义,发挥其应有的作用。

3.2 标准食谱制订与使用

3.2.1 确定主、配料原料及数量

这是很关键的一步,它确定了菜肴的基调,决定了该菜的主要成本。数量少的只能批量制作,平均分摊测算,例如点心、菜肴单位较小的品种。不论菜、点规格大小,都应力求精确。

3.2.2 规定调味料品种,试验确定每份用量

调味料品种、牌号要明确,因为不同厂家、不同牌号的质量差别较大,价格差距也较大。调味料只能根据批量分摊的方式测算。

3.2.3 根据主、配、调味料用量,计算成本、毛利及售价

随着市场行情的变化,单价、总成本会不断变化,因此第一次制定菜、点的标准食谱必须细致准确,为今后的测算打下良好基础。

3.2.4 规定加工制作步骤

将必需的、主要的、易产生其他做法的步骤加以统一规定,并可用术语,精练明白即可。

3.2.5 选定盛器,落实盘饰用料及式样

3.2.6 明确产品特点及质量标准

标准食谱既是培训、生产制作的依据,又是检查、考核的标准,其质量要求更应明确具

体,切实可行。

3.2.7 填写标准食谱

字迹要端正,要使员工都能看懂。

3.2.8 按标准食谱培训员工,统一生产出品标准

标准食谱一经制定,必须严格执行。在使用过程中,要维持其严肃性和权威性,减少随意投料和乱改程序而导致厨房出品质量的不一致、不稳定,使标准食谱在规范厨房出品质量方面发挥应有作用。

4 冷菜、点心生产管理

冷菜和点心是厨房生产相对独立的两个部门,其生产与出品管理与热菜有不尽相同的特点。冷菜品质优良,出品及时,可以诱发客人食欲,给客人以美好的第一印象。点心虽然多在就餐的最后或中途穿插出品,但其口味和造型同样能给客人以愉快的享受,留下美好的记忆。

4.1 分量控制

冷菜与热菜不同,多在烹调后切配装盘,其装盘用什么原料或何种成菜,每份装置数量多少,既关系到客人的利益,又直接影响成本控制。虽然冷菜又称冷碟,多以小型餐具盛装,但也并非越少就越给人以精致美好的感觉,应以适量、饱满,恰好用以佐酒为度。

点心大多小巧玲珑,其分量和数量包括两个方面:一是每份点心的个数;二是每只点心的用料及其配比。前者直接影响点心成本控制,后者随时影响点心的风味和质量。因此,加强点心生产的分量和数量控制是十分重要的。

要控制冷菜、点心分量,有效的做法是测试、规定各类冷菜及点心的生产和装盘规格标准,并督导执行。

4.2 质量与出品管理

中餐冷菜和西餐冷菜,都具有开胃、佐酒的功能,因此,对冷菜的风味和口味要求都比较高。风味要正,口味要准确,要在咀嚼品尝中感觉味美可口。保持冷菜口味的一致性,可采用预先调制统一规格比例的冷菜调味汁、冷沙司的做法,待成品改刀、装盘后浇上或配带即可。冷菜调味汁、沙司的调制应按统一规格比例进行,这样才能保证风味的纯正和

一致。冷菜由于在一组菜点中最先出品,给客人以第一印象,因此,对其装盘的造型和色彩的搭配等要求很高。不同规格的宴会,冷菜还应有不同的盛器及拼摆装盘方法,给客人以丰富多彩、不断变化的印象,同时也可以突出宴请主题,调节就餐气氛。这些都应该在平常的厨房管理中,加以督导。

点心正好和冷菜相反,它重在给就餐客人留下美好回味。点心多在就餐后期出品,客人在酒足菜饱之际,更加喜欢品尝、欣赏点心出品的造型和口味。有些栩栩如生、玲珑别致的点心,客人往往不忍下箸,或再三玩味,或打包带走,这就要求对点心的质量进行严格控制,确保出品符合规定的质量要求,起到应有的效果。

冷菜与点心的生产和出品,通常是和菜肴分隔开的,因此其出品的程序控制亦要健全。餐厅下订单时,多以单独的两联分送冷菜和点心厨房,按单配份与装盘出品同样要按配菜出菜制度执行,严格防止和堵塞漏洞。

4.3 冷菜、点心工作程序

4.3.1 冷菜工作程序

(1) 标准与要求

① 菜肴造型美观,盛器正确,分量准确。

② 菜肴色彩悦目,口味符合特点要求。

③ 零点冷菜接订单后 3 分钟内出品,宴会冷菜在开餐前 20 分钟备齐。

(2) 步骤

① 打开并及时关灭紫外线灯对冷菜间进行消毒杀菌。

② 备齐冷菜用原料、调料,准备相应盛器及各类餐具。

③ 按规格加工烹调制作冷菜及调味汁。

④ 对上一餐剩余冷菜进行重复加工处理,确保卫生安全。

⑤ 接受订单和宴会通知单,按规格切制装配冷菜,并放于规定的出菜位置。

⑥ 开餐结束,清洁整理冰箱,将剩余食品及调味汁分类放入冰箱。

⑦ 清洁整理工作场地及用具。

4.3.2 点心工作程序

(1) 标准与要求

① 点心造型美观,盛器正确,各客分量准确。

② 装盘整齐,口味符合特点要求。

③ 零点点心接订单后 10 分钟内出品,宴会点心在开餐前备齐,开餐即听候出品。

（2）步骤

① 领取并备齐各类原料，准备用具。

② 检查整理烤箱、蒸笼的卫生和安全使用情况。

③ 加工制作馅心及其他半成品，切配各类料头，预制部分宴会、团队点心。

④ 准备所需调料，备齐开餐用各类餐具。

⑤ 接受订单，按规格制作出品各类点心。

⑥ 开餐结束，清洁整理冰箱，将剩余食品及调味品分类放入冰箱。

⑦ 清洁整理工作区域、烤箱、蒸笼及其他用具。

延伸阅读

什么是暗厨房？巴西消费者对使用外卖应用程序的纯外卖餐厅的看法的研究[①]

"暗厨房"指的是没有店面、没有直接的客户互动、只提供外卖服务的商业厨房，它们将共享或私人厨房空间出租给食品企业。本研究的目的是确定消费者对暗厨房的了解，以及在这种餐厅模式中影响支付意愿和购买意愿的因素。它调查了623名巴西消费者。首先，通过具体的问题来确定消费者对"暗厨房"一词的认知。然后，向消费者介绍了暗厨房的实际含义，并询问他们使用这种餐厅模式的意向。为此，向参与者提供了25个指标来评估以下结构：支付意愿和购买意愿，对卫生当局的信任，对外卖应用程序的信任，对食品安全的感知，质量控制，消费者体验，以及与餐饮服务部门的团结。总体而言，73.4%的受访者表示听说过"暗厨房"这个词。使用降序层次分类，发现有四个释义。与餐饮服务部门的团结度因子（$\beta=0.440$；$P<0.001$）对支付意愿和购买意愿的正向影响最大，其次是食品安全感知（$\beta=0.273$；$P<0.001$）；质量控制（$\beta=0.125$；$P=0.003$）；消费者体验（$\beta=0.110$；$P=0.002$）和对卫生当局的信任（$\beta=0.059$；$P=0.047$）。即使消费者不能准确地描述什么是暗厨房，他们也有积极的意愿购买在这种厨房模式下生产的食品。制定策略来促进和改善暗厨房模式是很重要的。最后，建议卫生部门和APP运营商更加重视提高这些场所的食品安全，因为消费者对它们的风险认知较低。

[①] 来源：Mariana Piton Hakim, Victor Methner Dela Libera, Luis D'Avoglio Zanetta et al. (2022). What is a dark kitchen? A study of consumer's perceptions of deliver-only restaurants using food delivery apps in Brazil. *Food Research International*, Volume 161, 111768.

【思考与练习】

1. 请列举出厨房操作流程的基本步骤,并简述每个步骤的主要内容。
2. 在厨房业务流程中,主要影响菜肴成本的是哪个环节?应该如何控制?
3. 如何制定和实施标准食谱?标准食谱中应该包含哪些内容?
4. 冷菜、点心生产中的常见问题有哪些?如何进行冷菜、点心的质量控制?
5. 餐饮企业如何开展菜品研发和创新?请谈谈你的看法。

第十章
餐饮服务

学习目标

1. 掌握餐饮服务的概念和内容,理解餐饮服务的特点。
2. 了解中餐零点服务、宴会服务和团队用餐服务的基本特点,掌握服务流程。
3. 了解西餐文化,掌握西餐服务流程。
4. 了解酒吧的类型,掌握酒吧的基本服务流程和服务标准。

第十章 餐饮服务

> 导入案例

创新增添餐饮"新食尚"[①]

8月1日,中午用餐时间,在上海市世贸商城二楼的美食街,一家名为"小Q饭堂"的中式快餐食堂里已经是人头攒动。饭堂设置有150个客座,用餐环境宽敞舒适。在取餐台上,红烧狮子头、炸猪排、辣子鸡丁等几十种已经烹饪好的菜品色、香、味俱全。与其他快餐店不同,这里荤素同价,统一按每50克4.28元收费,客单价在30元左右。在取餐台对面,一个开放式的智慧烹饪间正在持续工作中,黄色的机械臂将净菜放入对应的智能烹饪系统中,系统自动根据菜单识别食材并进行煎烤蒸煮、收汁回温。"小Q饭堂"数字化模拟烹饪中餐八大菜系,既保障食品安全,又能提高菜品品质。

在上海市宝山区庙行镇,修缮完成的妙膳坊食堂不仅扩大了面积,还增加了许多"高科技元素"。"变化很大!我对食堂的智能结算特别感兴趣,仅需几秒钟就能快速结算我选择的菜品,又快又安全,太棒了!"前来用餐的社区老人高兴地说。

宽敞明亮、干净整洁,通过"厨房革命"App,还可将厨师清洗、切配、烹饪等每个环节都尽收眼底……浙江省湖州市的老年食堂"阳光厨房"最近火了。"不仅是后厨可视化,我们建成了互联网视频展示和AI抓拍等功能,让厨房更智能,这也让我们对养老院的食品安全底气更足,老人及家属也更放心。"浙江省湖州市环湖亦家凤凰医养中心负责人说。

问题:AI助力餐饮服务带来了哪些新的用餐体验?餐饮服务还能怎样进一步开拓创新?

[①] 来源:张思琦.北京延庆微信公众号,2022-05-02.

1 什么是餐饮服务

1.1 餐饮服务的概念

餐饮服务有狭义和广义之分。狭义的餐饮服务是指餐饮人员帮助客人用餐等一系列的活动;广义的餐饮服务是指餐厅为顾客提供的一系列有关餐饮服务的设施、餐具、菜肴、酒水和帮助顾客用餐的一系列活动。

1.2 餐饮服务构成内容

（1）餐饮实物产品,如菜肴、酒水等。
（2）辅助性设施设备,如桌椅、餐具、服务用品等。
（3）服务员的劳务服务,如斟茶送巾、上菜分菜等。
（4）就餐环境氛围,即餐厅营造的气氛、消费者的心理感受等。

1.3 餐饮服务的特点

1.3.1 服务的差异性

餐饮企业接待的对象来自不同国家和地区的不同类型的客人,他们的职业和社会经历不同,因此对餐饮产品有着不同的爱好、兴趣和需求。为了满足客人的不同需求,餐饮服务应强调细化和延伸化服务。这就要求餐饮服务人员要善于观察和了解宾客的需求,有效建立客史档案,提供针对性服务,来满足不同客人的需求。

1.3.2 服务的直接性

餐饮提供的服务与顾客消费两者是同时进行的,当服务完成,所提供的服务就无法保存了,但留下的却是顾客对这次整体服务的满意程度以及下次再度光临的意愿。这就要求服务人员在餐饮服务的所有时间维持一定的服务品质,注意顾客的要求,重视自己的每一次具体劳动。同时由于餐饮服务是与顾客面对面的服务,员工的服务质量直接影响顾客的消费感受,因此餐饮企业的管理者要加强员工素质、观念和技能的培训,同时还要考虑员工工作的疲劳程度,注意员工工作时间的合理安排,这样才能提高顾客对服务质量的满意度。

1.3.3 服务的不可储存性

有形产品可以储存,而餐饮产品却难以预先储备,因此形成忙时极忙、闲时极闲的特殊现象。餐饮企业管理者应根据自己的市场营销战略制定旺季和淡季的策略,并有效控制人力,提高员工的销售意识和销售技巧,以免造成资源浪费。

1.3.4 服务的无形性

餐饮服务是表现为服务形式的消费品,无法事先加以表现或展示。顾客在每次进入餐厅到离开餐厅之前,很难确定餐厅的服务品质,具有消费的不确定性。因此,餐饮企业要通过市场宣传,树立良好的企业形象,通过服务的有形展示向顾客提供信息和承诺,提高服务的消费价值,维持服务品质的一致性,如通过员工良好的仪容仪表、清洁的服务用具和新颖的服务方式增强顾客的信任感。

1.3.5 服务的非垄断性

由于餐饮服务产品的技术含量较低,服务产品很容易被其他企业所效仿,这就要求餐饮企业应不断创新餐饮服务的方式,满足顾客对产品的求新和求异心理,使餐饮服务真正做到"人无我有、人有我优、人优我特"。

2 中餐服务与管理

2.1 零点服务

零点服务是指餐厅为接待零散客人而进行的服务工作。客人随到随吃,自行付款。餐厅通常有早餐、午餐、晚餐和夜餐等。餐厅设置有大小不同的餐桌,以适应不同人数的客人就餐,既可以随到随吃,也可以预约订餐。每一饭时可能会连续接待几批客人,这就需要"翻台"(指一批客人用完餐,服务员立即清理餐台,并安排另一批客人就餐的过程)。零点服务是餐饮服务中最普遍、最常见的一种服务,它在整个餐厅服务工作中占很大比例。其服务方式是餐厅服务员主动向客人介绍菜品,同时接受客人点菜,食品饮料服务到桌,最后凭账单结账。

2.1.1 零点接待服务特点

(1) 客人用餐需求具有多样性

客人来自不同的地区、国家,不同的民族、宗教信仰,因此生活习惯、口味特点、就餐目的也就各不相同。

(2) 客人用餐时间具有随意性

客人用餐时间交错,不是随着餐厅的营业时间有规律地进入餐厅。因此接待服务工作量大,不均衡,这就要求服务员自始至终保持良好的精神状态接待好每一批客人。随着市场的激烈竞争,许多餐厅 24 小时营业,这更加大了客人进餐厅的随意性。无论客人何时进餐厅,服务员都应主动热情地接待好每一位客人。

(3) 客人用餐环境具有选择性

客人由于标准、档次、用餐目的等不同,对就餐环境的要求也不一样。例如:老年人或行动不便者选择出入方便离服务台较近的环境;成年人喜欢选择明快的环境;青年伴侣喜欢选择安静、秘密性强的环境;穿着华丽的客人喜欢选择餐厅中央或明显的环境;朋友聚会喜欢选择单间或餐厅僻静的环境;单独一位客人就餐喜欢选择靠窗的环境。

2.1.2 零点接待服务程序

(1) 餐前准备工作

在餐厅开门营业前,由餐厅经理开例会,分配布置当日工作。服务员了解自己的服务区域,然后检查服务工作台和服务区域,熟悉菜单和当日特选菜,了解特别注意事项等。

① 环境准备

卫生。地面要求扫地、擦地、打蜡或吸尘。餐桌、餐椅、工作台进行擦尘。要求干净、无灰尘、无油污。

检查。在擦尘的过程中要随时检查餐桌、餐椅有无松动、破损,若有应及时修补或更换。

装饰。调好室内灯光,摆好室内的屏风、装饰物等。如遇节假日或客人有特殊要求的要对餐厅进行美化工作。

② 物品准备

餐具、用具准备。将所需餐具、用具消毒后叠放在备餐间或餐桌上。所需餐具一般有:餐碟、汤碗、汤匙、筷子等。所需用具有:台布、餐巾、小毛巾、调料壶、牙签筒、烟灰缸、冰桶、洗手盅、开瓶工具、托盘等。所需酒具有水杯、葡萄酒杯、烈性酒杯等。

酒水饮料准备。备好供应的酒水饮料、茶叶、开水、冰块等。

菜单准备。熟悉掌握菜单的品种、价格、主料、辅料,尤其是当日供应的特色菜和受季节变化不供应的品种。

③ 仪容仪表准备

餐厅服务员上岗前要检查自己的服装,左胸佩戴胸卡,工作服要整洁,纽扣齐全,做到无污渍、无破损、无褶皱。

上岗前还要检查自己的精神面貌,面带微笑,举止端庄,落落大方。女服务员应淡妆上岗,一般不戴各种饰物。

(2) 开餐服务工作

① 迎宾引领,安排就座

客人进入餐厅时,迎宾员要热情迎接,礼貌问候:"您好!欢迎光临!您一共几位?"主动引领,根据客人的人数或要求,将客人引领到合适的位置并拉椅让座。

② 斟茶送巾,接受点菜

客人入座后,把菜单呈给客人,给客人 5~10 分钟选菜的时间。根据季节的变化,服务员主动为客人送上冷(热)毛巾;介绍茶的品种,根据客人的选择沏好茶,然后先宾后主、年长者为先逐位斟上茶。斟茶不要太满,七分满为宜。

接受客人点菜是零点服务的中心环节,也是体现餐厅服务员服务技能和销售技能的重要时机。首先,服务员准备好纸、笔,站在点菜客人的左后侧。其次,在客人点菜过程中,服务员要适时介绍菜肴的特点,根据客人的人数介绍菜肴数量,并认真回答客人的询问。最后,在客人点菜结束后,服务员要主动重复客人所点菜肴的名称和数量。点酒水饮料同点菜过程。

③ 传递订单,端送酒水

客人点菜后,服务员将订单分送至厨房、吧台和账台。送到厨房的一联要根据客人订菜情况分别准确地送到冷菜间、热菜间和面点间,以便厨师照单准备。使用电子点菜单的餐厅,厨房和收银台可以即时获得客人点菜信息。

根据客人所点酒水的品种,先送上合适的杯具。然后到吧台取来所订酒水,当着客人的面示酒、开瓶。开瓶时动作要迅速规范,注意安全,不要发出不必要的响声。为客人斟倒第一杯酒。斟完后将酒瓶放在餐桌的适当位置。随手撤下斟完的酒瓶。

(3) 就餐服务工作

① 上菜服务

中餐上菜的顺序是先冷后热,先主食后汤,最后上点心、水果等。每上一道菜要报菜名,在为客人上第一道菜时说:"对不起,让您久等了!"上完最后一道菜时也应提醒客人:"您的菜上齐了,请慢用!"等服务用语,让客人心中有数。

② 就餐服务

客人在用餐时,餐厅服务员应在所负责的餐台附近巡视,主动为客人服务。客人盘中堆满了骨、刺等,马上上前更换餐碟;客人烟灰缸中有三个以上烟头,应立即更换干净的烟灰缸;客人杯中的酒没了,马上为客人添加。在规定时间内,当发现客人所选菜品没有上齐,应马上与传菜员联系,尽快上菜。主动为客人分让主食和分汤。客人食用海鲜菜肴时,应及时送上洗手盅和小毛巾或餐巾纸,随时注意餐台台面的清洁工作。

(4) 餐后服务工作

① 结账收款

客人用餐后期,餐厅服务员应适时主动地向客人介绍餐后甜食和水果,并提供快捷服务。在客人享用水果时,准备好客人的账单,并核对无差错。当客人提出结账时,即可马上送上,并礼貌地告诉客人应付金额,然后根据客人的付款方式正确地为客人结账。

宾客用餐完毕离座时,服务员要主动上前协助拉椅,并提醒客人带好随身物品,热情礼貌地向客人告别,并欢迎客人再次光临。

② 清理台面

客人走时,服务员应先查看是否有客人遗落的东西。如有,应马上交还客人。如客人已离去,应告知值班经理,以免被损坏或被他人冒领。

清理台面应该先收毛巾、餐巾,然后收饮具,后收餐具、烟灰缸、牙签筒、调味壶等。对所有属于重复使用的餐具和物件,要及时清洗消毒,擦拭干净,分类保管,以备再用。最后将餐桌摆好,铺上台布,准备迎接下一批客人。

2.2 宴会服务

2.2.1 餐前准备

(1) 做到"九知""四了解"

参加班前会,了解宴会的具体任务,使服务工作做到"九知""四了解"。"九知":知出席宴会人数、桌数、主办单位、邀请对象、知宾主身份、知宴会的标准及开宴时间、菜式品种、出菜顺序、收费办法;"四了解":了解客人的宗教信仰、风俗习惯,了解客人的生活忌讳,了解宾客的特殊需要,了解会议、客房的安排等。

(2) 做好准备工作

熟悉菜单,计算餐具的用量,备足酒水饮料,准备特色佐料;选配器皿、用具,餐具要备用 2/10;酒水按要求擦干净在工作台摆放整齐;根据宴会的类别、档次进行合理布置,确保灯光、室温、音响、家具、设施完好;搞好宴会厅的卫生,按摆台标准摆好餐台,做好摆台后检查。

(3) 进行自查

检查个人仪表仪容,复查餐台、台布、台面餐具、各种调味品、烟缸、牙签等放置是否齐全整洁、符合要求,椅子与所铺设的席位是否对应等;菜单、托盘、备用餐具、小毛巾、工作台内储存物品等是否齐全、清洁;接受领班检查。

(4) 迎宾

宴会开始前 10—15 分钟,按要求摆上冷盘。若有宴会酒水,应提前 10 分钟,斟上红酒和白酒(按斟酒要求)。在宾客到达前 5—10 分钟,站立在餐厅门口,迎候宾客。

2.2.2 餐中服务

(1) 引领入座

客人进入餐厅,迎宾员领至宴会厅,值台员应面带微笑,热情迎接,躬身行礼,问好:"您好,欢迎光临";主动接挂衣物,"请将衣物给我,我为你保管",挂衣时,应握衣领,避免衣袋里物品滑出或碰坏;热情地为客人拉椅让座,让客人坐在离桌子合适的距离(10—15厘米为宜),并用手势示意:"您请坐。"

(2) 致开场白

宾客坐好后,站在副主人处,面带微笑至所有宾客:"各位先生、小姐(领导):中午(晚上)好,欢迎光临本店!我是×号服务员,今天由我为诸位服务,祝大家就餐愉快,谢谢!"

(3) 斟茶送巾

撤花瓶(席位签);从主宾右侧开始顺时针转,为客人铺餐巾、去筷子套;撤去冷菜的保鲜膜(用服务夹操作)。送香巾,席间送香巾三次,客人入座后一次,上完热菜后一次,客人用餐完毕再送一次(上特殊的手剥菜时,应再跟一次),并及时收回。送香巾时,要从客人右侧提供服务,并说:"请用香巾。"斟茶,斟七八成即可;为宾客斟茶时,不得用手触摸杯口。

(4) 斟酒服务

第一次斟倒时,用托盘斟酒;席间服务时可徒手斟酒。开餐前若已斟上红酒和白酒,则从主宾开始斟倒饮料,征求客人意见:"请问您喜欢用哪种饮料?"宴会若未提前定好酒水,客人入座后,应先问酒:"请问今天用什么酒,我们这有……"客人选定后,按规范进行操作。宴会过程中,应注意随时添酒,不使杯空。

(5) 上菜服务

依菜单顺序上菜,按上菜、分菜的规范进行上菜、分菜;上菜时,每道菜都要报菜名,并做适当介绍,特色菜要重点介绍"各位来宾,这是本店特色菜……,请品尝!"如客人表现出对此菜的较大兴趣,可适当介绍此菜的特点;放菜时要轻,有造型的菜注意看面朝向主宾;要掌握好上菜的时机,快慢要适当;菜上齐后,视情况轻声告诉主人:"您的菜已上齐了。"

(6) 分菜服务

宴会服务中,要将1/3的菜进行分派。分菜时,可用转台式分菜、叉勺式分菜和工作台分菜几种方式结合起来服务。

(7) 席间服务

要做到服务快捷,勤换烟缸(不超过三个烟头),勤换餐碟(不超过1/3杂物时),保持转台、餐台的整洁。当宾客吸烟时,立即上前站在宾客右侧为其点烟,并说:"您请";撤换烟缸时,把干净的烟缸倒扣在用过的烟缸上,一起撤下放进托盘,然后再把干净的烟缸摆回餐桌;换碟时,服务员用右手从主宾的右边依次撤去,同时换上干净的碟,并用礼貌用语(伸手示意):"打扰一下,给您换一下骨碟可以吗?"当客人帮着拿骨碟(及提供了帮助)时应说声"谢谢"。

宾客席间离座,应主动帮助拉椅、整理餐巾;待宾客回座时应重新拉椅、落餐巾;宾客祝酒时,服务员应立即上前将椅子向外稍拉,坐下时向里稍推,以方便宾客站立和入座。

根据客人要求上饭、面点、汤,要先分汤,再将面点规整地摆上转台;上水果前,撤去所有餐具,换上干净盘子,视情况摆上刀叉等,端上水果,并说:"水果拼盘,请慢用。"整个宴会服务过程,值台员必须坚守岗位,按规定姿势站立于离客人桌面 1.5 米处,用眼光注视全部客人的情况,出现问题及时处理。

2.2.3 餐后服务

(1) 拉椅送客

待客人用餐完毕,送上香巾,并征求客人意见;对宾客提出的意见要虚心接受,记录清楚,并感谢:"非常感谢您的宝贵意见";为客人拉开座椅让路,递送衣帽、提包,并协助客人穿衣,然后向客人礼貌道别;迎宾员送客至门口或电梯口,再次向客人致谢,微笑道别。

(2) 收台工作

客人离开后,检查座位和台面是否有遗留物品,若有,要及时送还给客人;服务员按顺序撤台,清点物品,做好卫生,使宴会厅恢复原样。

2.3 团队用餐服务

团队用餐服务是指餐厅按固定的用餐标准为团队客人提供的餐饮服务。提供团队用餐服务的餐厅称团队包餐餐厅,主要适用于接待各种会议团队和旅游团队。团队用餐服务具有人数固定、用餐标准固定、用餐时间固定和服务方式固定的特点。

与散客用餐准备不同的是:

首先,团队用餐的餐前准备主要是详细了解团队的情况,如名称、团队编号、人数、开餐时间和特殊要求,做好充分的服务准备,提供针对性的服务。

其次,安排餐桌、摆台并备齐酒水饮料和服务用具。特别是安排餐桌,应根据团队人数、身份、用餐标准来设置专用餐厅或合理桌位,尽可能使团队客人的桌位相对固定。

最后,熟悉菜单,上冷盘,备好主食。要注意菜肴的名称、上菜的顺序、原料的构成、制作方式、口味特点和典故传说;在摆放冷盘时应注意根据荤素间隔合理、色彩分布美观、盘间距离相等的原则进行。

目前许多饭店将会议团队用餐改为自助餐形式,既方便客人就餐,又方便饭店提供服务,值得推广。

2.3.1 引领服务

(1) 问候客人

见到团队客人前来时,引领员应热情招呼,微笑问好。如客人穿戴较多,应为客人提供衣帽存放服务,其要求与散客服务相同。

(2) 辨识团队

引领员应迅速、准确地辨认出团队名称或团队编号(必要时可礼貌询问),并及时将客人引入餐厅,以避免大批团队客人拥堵餐厅门口。在团队较多或人数较多时,这一点尤为重要。

(3) 引领入座

辨识团队后,引领员应迅速引领客人至预先安排好的餐桌或专用餐厅,与值班员一起及时拉椅请客人入座,以免客人拥堵餐厅通道。

(4) 复位记录

待客人入座后,引领员应迅速返回餐厅,记录团队名称和客人人数,做好迎候下一批客人的准备。

2.3.2 餐前服务

按散客服务要求为客人铺餐巾、撤筷套、撤花瓶和桌号牌;

为客人倒茶水,如不用茶水,则及时为客人按要求斟酒水;

客人到齐后,应征询旅游团队领队和导游或会议团队工作人员的意见,是否可以上菜,待其表示同意后通知厨房出菜。

2.3.3 菜肴服务

每道菜上桌后应主动介绍菜肴名称、风味或烹制方法,如桌上有茶杯,应先撤走茶杯(客人要求的除外);

菜肴上齐后,应先告知客人,并征询客人还有什么需要帮助;

其他菜肴服务要求与零点服务大致相同。

2.3.4 餐中服务

客人进餐的过程中,要勤巡视、勤服务,如撤换餐碟、斟酒水;

应保证米饭、馒头等主食的及时、充足供应;

如客人提出要增加用餐标准外的菜肴或酒水时,应向客人说明费用需外加,待客人认可后满足客人要求,及时结账收款;

其他餐中服务要求与零点服务大致相同。

2.3.5 结账服务

团队客人用餐的结账方法因团队的不同而异。

(1) 旅游团队的结账

旅游团队用餐完毕后,值台员应从账台取出账单,交给旅游团的领队或导游签单,再由账台将账单金额转入旅行团在饭店的总账中,最后由饭店向旅行社统一结账。

(2) 会议团队的结账

会议团队在用餐结束后,餐厅账台应根据会议团队的预定和客人人数开具账单,请会务负责人在账单上签字,然后由收款员交前厅收款处计入会议团队总账,最后由饭店向会议主办单位或个人统一结账。

如团队客人使用现金结账,其要求与零点服务相同。

2.3.6 送客服务和收台服务

送客服务与收台服务要求与零点服务相同。

3 西餐服务与管理

3.1 西餐概况

西餐,一般是指欧美国家的饮食。欧美国家的各个民族,在其自身的发展过程中,形成了独特的饮食习惯和特点,这些习惯和特点,通过饮食方式、菜肴、点心、小吃、饮料、烹饪方法等多方面表现出来。

西餐大致可以分为两类:一是以英、法、德、意等国家为代表的"西欧式",又称"欧式",其特点是选料精纯、口味清淡,以款式多,制作精细而享有盛誉;二是以苏联为代表的"东欧式",也称"俄式",其特点是味道浓,油重,以咸、酸、甜、辣皆具而著称。此外,还有在英国菜基础上发展起来的"美式"。进一步细分,则可分为英国菜、法国菜、俄国菜、美国菜、意大利菜以及德国菜等。法国菜一向著称于世,口味偏淡,讲究原汁原味,追求高雅格调;英国菜油少、清淡、烹调考究;美国菜以色拉、牛排、炸鸡、点心为代表而闻名于世;意大利菜着重食物本质,菜味浓,尤其比萨和面畅销世界;俄国菜油大、味重,偏重酸、辣、甜、咸。各国菜系自成风味,各有各的风格,其中尤以法国菜最为突出。

西餐之传入中国,可追溯到13世纪。据说意大利旅行家马可·波罗到中国旅行,曾将某些欧洲菜点的制作方法传到中国。但是,西餐真正传入中国是在1840年鸦片战争以后。由于清政府的腐败,同西方列强签订了一系列的不平等条约,致使大量西方人进入中国。这些西方人的进入,使得西方的生活方式及饮食习惯也同时引入中国。到了清朝的后期,西方人在中国的一些大城市如上海、北京等地已建造了不少饭店和餐馆,经营各式西餐,许多饭店和餐馆的厨师长都由外国人担任。到了20世纪三四十年代,西餐在中国已有较大的发展,以冒险家的乐园上海为例,大饭店和西餐馆到处可见,其繁华程度远远超出当时的东京、中国香港。

西餐和以中国为代表的东方饮食相比,存在着很大的差异。例如,在饮食方式上西餐采用分食制,而中餐采用共食制;西餐的主食为面包,中餐的主食为米饭、馒头;西餐菜肴的主要原料以牛肉为主,而中餐菜肴的主要原料以猪肉为主等。

3.2 西餐的菜点

西餐在菜单的安排上与中餐有很大不同。以举办宴会为例,中餐宴会除近 10 种冷菜外,还要有热菜 6—8 种,再加上点心甜食和水果,显得十分丰富。而西餐虽然看着有六七道,似乎很烦琐,但每道一般只有一种。对许多人来说,点西餐菜还是比较陌生的。以下是西餐上菜的顺序。

3.2.1 头盘

西餐的第一道菜是头盘,也称为开胃品。开胃品的内容一般有冷头盘或热头盘之分,常见的品种有鱼子酱、鹅肝酱、熏鲑鱼、鸡尾杯、奶油鸡酥盒、焗蜗牛等。因为要开胃,所以开胃菜一般具有特色风味,味道以咸和酸为主,而且数量较少,质量较高。

3.2.2 汤

与中餐有极大不同的是,西餐的第二道菜就是汤。西餐的汤大致可分为清汤、奶油汤、蔬菜汤和冷汤 4 类。品种有牛尾清汤、各式奶油汤、海鲜汤、美式蛤蜊汤、意式蔬菜汤、俄式罗宋汤、法式焗葱头汤等。冷汤的品种较少,有德式冷汤、俄式冷汤等。

3.2.3 副菜

鱼类菜肴一般作为西餐的第三道菜,也称为副菜。品种包括各种淡、海水鱼类,贝类及软体动物类。通常水产类菜肴与蛋类、面包类、酥盒菜肴品均称为副菜。因为鱼类等菜肴的肉质鲜嫩,比较容易消化,所以放在肉类菜肴的前面,叫法上也和肉类菜肴主菜有区别。西餐吃鱼菜肴讲究使用专用的调味汁,品种有鞑靼汁、荷兰汁、酒店汁、白奶油汁、大主教汁、美国汁和水手鱼汁等。

3.2.4 主菜

肉、禽类菜肴是西餐的第四道菜,也称为主菜。肉类菜肴的原料取自牛、羊、猪等各个部位的肉,其中最有代表性的是牛肉或牛排。牛排按其部位又可分为沙朗牛排(也称西冷牛排)、菲利牛排、"T"骨型牛排、薄牛排等。其烹调方法常用烤、煎、铁扒等。肉类菜肴配用的调味汁主要有西班牙汁、蘑菇汁、班尼斯汁等。

禽类菜肴的原料取自鸡、鸭、鹅,通常将兔肉和鹿肉等野味也归入禽类菜肴。禽类菜肴品种最多的是鸡,有山鸡、火鸡、竹鸡,可煮、可炸、可烤、可焖,主要的调味汁有黄肉汁、咖喱汁、奶油汁等。

3.2.5 蔬菜类菜肴

蔬菜类菜肴可以安排在肉类菜肴之后,也可以与肉类菜肴同时上桌,所以可以算作一道菜,或称之为一种配菜。蔬菜类菜肴在西餐中称为沙拉。与主菜同时服务的沙拉,称为生蔬菜沙拉,一般用生菜、西红柿、黄瓜、芦笋等制作。沙拉的主要调味汁有醋油汁、法国汁、千岛汁、奶酪沙拉汁等。

沙拉除了蔬菜之外,还有一类是用鱼、肉、蛋类制作的,这类沙拉一般不加味汁,在进餐顺序上可以作为头盘食用。

还有一些蔬菜是熟食的,如花椰菜、煮菠菜、炸土豆条。熟食的蔬菜通常是与主菜的肉食类菜肴一同摆放在餐盘中上桌,称之为配菜。

3.2.6 甜品

西餐的甜品是主菜后食用的,可以算作是第六道菜。从真正意义上讲,它包括所有主菜后的食物,如布丁、煎饼、冰激凌、奶酪、水果等等。

3.2.7 咖啡、茶

西餐的最后一道是上饮料、咖啡或茶。饮咖啡一般要加糖和淡奶油。茶一般要加香桃片和糖。

正式的全套餐点没有必要全部都点,点太多却吃不完反而失礼。稍有水准的餐厅都不欢迎只点前菜的客人。前菜、主菜(鱼或肉择其一)加甜点是最恰当的组合。点菜并不是由前菜开始点,而是先选一样最想吃的主菜,再配上适合主菜的汤。

3.3 用餐场合及注意事项

当被邀请参加早餐、午餐、晚宴、自助餐、鸡尾酒会或茶会,通常只有两种:一种是正式的,一种是随意的。如果去的是高档餐厅,男士要穿着整洁的上衣和皮鞋,女士要穿套装和有跟的鞋子。如果指定要求穿正式服装,男士必须打领带。

下面介绍几种最具代表性的场合及注意事项。

3.3.1 自助餐

自助餐(也是招待会上常见的一种)可以是早餐、中餐、晚餐,甚至是茶点。有冷菜也有热菜,连同餐具放在菜桌上,供客人选用。一般在室内或院子、花园里举行,来宴请不同人数的宾客。如果场地太小或是没有服务人员,招待比较多的客人,自助餐就是最好的选择。

自助餐开始的时候,应该排队等候取用食品。取食物前,自己先拿一个放食物用的盘子。要坚持"少吃多跑"的原则,不要一次拿得太多吃不完,可以多拿几次。用完餐后,再将餐具放到指定的地方。如果在饭店里吃自助餐,一般是按就餐的人数计价,有些还规定就餐的时间长度,而且要求必须吃完,如果没有吃完的话,需要自己掏腰包"买"你没吃完的东西。

自助餐有两种类型,坐式并且享受部分服务的是最美妙的。它将优雅的环境和轻松的气氛融为一体。这样的聚会需要一定的服务,除非它小得女主人可以应付得过来,同时也需要足够的空间容纳餐桌。另一种是不需要餐桌的,也没有服务或者服务很少,客人们自娱自乐,可以自带碟子、银具和餐巾到一个自己觉得最舒适的地方就座,而且随时可以讨论问题。

自助餐,除了解决由于额外服务产生的问题,也解决了女主人安排桌位的问题。当客人们自由选择地点时,先后次序和是否适合满意等并不是主人的责任。自助餐往往提供很多种菜肴,客人有足够的选择余地,主人也不必担心菜单是否符合他们的胃口。

3.3.2 鸡尾酒会

鸡尾酒会的形式活泼、简便,便于人们交谈。招待品以酒水为重,略备一些小食品,如点心、面包、香肠等,放在桌子、茶几上或者由服务生拿着托盘,把饮料和点心端给客人,客人可以随意走动。这种场合下,最好手里拿一张餐巾,以便随时擦手。用左手拿着杯子,好随时准备伸出右手和别人握手。举办的时间一般是下午5点到晚上7点。近年来,国际上各种大型活动前后往往都要举办鸡尾酒会。

3.3.3 晚宴

晚宴分为隆重的晚宴和便宴两种。

西方的习惯,隆重的晚宴也就是正式宴会,基本上安排在晚上8点以后举行,中国一般在晚上6点至7点开始。举行这种宴会,说明主人对宴会的主题很重视,或为了某项庆祝活动等。正式晚宴一般要排好座次,并在请柬上注明对着装的要求。其间有祝词或祝酒,有时安排席间音乐,由小型乐队现场演奏。

便宴是一种简便的宴请形式。这种宴会气氛亲切友好,适用于亲朋好友之间,有的在家里举行。服装、席位、餐具、布置等不必太讲究,但仍然有别于一般家庭晚餐。

西方的习惯,晚宴一般邀请夫妇同时出席。如果受到邀请,要仔细阅读邀请函,上面会说明是一个人还是先生或夫人陪同,或者携带伴侣。在回复邀请时,最好能告诉主人他们的名字。

3.4 西餐的服务方式

3.4.1 法式服务

法式服务源于法国宫廷,由恺撒·里兹改良用于豪华饭店的服务,又称为里兹服务、餐车服务。法式服务是一种十分讲究礼节的服务方式,让宾客享受到精致的菜肴,尽善尽美的服务和优雅浪漫的情调是法式服务的宗旨。

传统的法式服务相当烦琐。如宾客用完一道菜后必须离开餐台,让服务员清扫完毕后再继续入席就餐,这样耗时很多。餐厅还必须准备许多用具,每餐的食品很多,浪费也很大。

当今流行的法式服务是将食品在厨房全部或部分烹制好,用银盘端到餐厅,服务人员在宾客面前作即兴加工表演,如戴安娜牛排、黑椒牛柳、甜品苏珊煎饼就是服务员在烹制车上进行最后的烹调加工后,切片装盘端给宾客的。又如恺撒色拉(Caesar salad)是服务员当着宾客面前制作,装入色拉木碗,然后端给宾客。

法式服务有两名服务人员,即一名服务员和一名服务员助手为一桌宾客服务。服务员的任务是:接受宾客点菜点酒,上酒水;在宾客面前即兴烹制表演,以烘托餐厅气氛;递送账单,为宾客结账。服务员助手的任务是:送点菜单入厨房;将厨房准备好的菜盘放在推车上送入餐厅;将服务员已装好盘的菜肴端送给宾客;负责收拾餐具,听从服务员的安排。

在法式服务中,除面包、黄油、色拉和其他必须放在客位左边的食品从宾客的左手边上桌外,其他食品饮料一律用右手在客位的右边送上餐桌。

法式服务是一种非常豪华的服务,细致周到,节奏较慢,最能吸引宾客的注意力,给宾客的个人照顾较多。但是,法式服务要使用许多贵重餐具,需用餐车、旁桌,故餐厅的空间利用率很低,同时还需要较多的经过培训的专业服务人员,用餐费用昂贵。

3.4.2 俄式服务

俄式服务是目前世界上所有高级餐厅中最流行的服务方式,因此,俄式服务也被称为国际式服务,同时也因使用银质餐具的缘故,被称为大银盘服务。俄式服务起源于俄国的沙皇时代。同法式服务相似,俄式服务也是一种讲究礼节的豪华服务,但服务员的表演较少。它注重实效,讲究优美文雅的风度。

俄式服务由一名服务员完成整套服务程序。服务员从厨房里取出装在银制菜盘且装饰优美的菜肴和热的空盘,将其置于餐厅服务边桌之上。用右手将热的空盘按顺时针方向,从客位的右侧依次派给宾客,然后将盛菜银盘端上桌子让宾客观赏,再用左手垫餐巾托着银盘,右手持服务叉勺,从客位的左侧按逆时针方向绕台给宾客派菜。

派菜时,根据宾客的需求量派给,避免浪费和不足分派,每派一道菜都要换用一副清洁的服务叉勺。汤类菜肴可盛放在大银碗中用勺舀入宾客的汤盆里,也可以盛在银杯中,再从杯中倒入汤盆。

俄式服务较法式服务节省人力,服务速度也较快,餐厅的空间利用率高,又能显示其讲究、优雅的特点,使宾客感受到特别的关照,派菜后多余的食物可以回收。但是,如果宾客同点一道菜,那么派到最后一位宾客时,所能看到的是一只并不美观的盘子。如果每一位宾客点的菜不同,那么服务员必须端出很多银盘。可想而知,多种银器的投资很大,而使用率却又相当低。因此高额的固定成本也会影响餐厅的经济效益。

3.4.3 英式服务

英式服务也称家庭式服务,主要适用于私人宴席。

服务员从厨房里取出烹制好的菜肴,盛放在大盘里,和热的空盘一起送到主人面前,由主人亲自动手切割主料并分盘,服务员充当主人的助手,将主人分好的菜盘逐一端给宾客。

各种调料、配菜都摆放在餐桌上,由宾客根据需要互相传递自取。宾客则像参加家宴一样,取到菜后自行进餐。服务员有时帮助主人切割食物,因此,要具有熟练的切割技术和令人满意的装盘造型技巧。

英式服务的气氛很活跃,也省人力,但节奏较慢。主要适用于宴会,很少在大众化的餐厅里使用。

3.4.4 美式服务

美式服务又称为"盘子服务"。食物都由厨房人员烹制好,并分别装入菜盘里,由服务员送至餐厅,直接从客位的右侧送给每位宾客,脏盘也从右侧撤下。

美式服务简单明了,速度快,人工成本很低,有利于用有限的服务人员为数量众多的宾客提供服务。美式服务常用于各类宴会,也是西餐厅、咖啡厅中十分流行的一种服务方式。

3.4.5 大陆式服务

大陆式服务又称综合式服务,是一种融合了法式、俄式、英式、美式的服务方式。餐厅根据菜肴的特点选择相应的服务方式。如第一道菜用美式服务,第二道菜用俄式服务,第三道菜用法式服务等等。但不管采用何种方式,都必须遵循方便宾客用餐,方便员工操作这两个原则。

又如,西餐零点餐厅多以美式服务为主。但也可根据点菜情况在宾客面前烹制青椒扒,配制魔鬼咖啡或爱尔兰咖啡,用法式服务来点缀菜肴,烘托整个餐厅的气氛。

3.4.6 自助餐服务

自助餐是宾客支付一定量的钱后,进入餐厅,在预先布置好的食品台上自己动手,任意选菜,自己取回在座位上享用的一种近于自我服务的用餐形式。

当今,自助餐和各种冷餐会的用餐方式日趋流行。原因之一是食品台上的菜肴丰富,装饰精美,价格便宜。人们只花少量的钱即可品尝到品种繁多,又具特色的佳肴。原因之二是就餐速度快,餐位周转率高,宾客进入餐厅后,无须等候。自助餐适合现代社会快节奏的工作方式和生活方式。服务员只需提供简单的服务,如斟倒酒水、撤脏盘、结账等,餐厅可节省人员、节省开支。因此许多饭店的咖啡厅早餐、午餐多采用自助餐的开餐形式。

3.5 西餐零点服务流程

3.5.1 餐前准备

(1) 铺设餐台

西餐厅服务员应按本餐厅正餐的要求摆台,并将各种刀、叉、勺、餐盘、咖啡杯、酒杯以及酒篮、冰桶等餐用具配备充足。

(2) 餐前短会

开餐前半小时,餐厅经理或主管要召开餐前短会,宣布任务分工和当日客情,介绍当日特色菜肴及其服务,检查员工仪容仪表,强调 VIP(重要客人)接待注意事项,分析本餐厅典型事例并做处理。

3.5.2 开餐服务

(1) 迎宾引座

客人进入餐厅,要面带微笑向客人问好,并问清有否预订,视客人人数将其引领到合适的餐台,要按女士优先的原则给客人拉椅让座。

(2) 餐前酒服务

餐前酒一般是开胃酒或鸡尾酒。当客人落座后,应介绍本餐厅的餐前酒,记下每位客人所点的酒水,并复述一遍,尽快送上餐前酒。未点餐前酒的客人应为其倒上冰水。

(3) 接受点菜

按先女后男、先宾后主的顺序为每位客人递送一份干净的菜单,打开菜单的第一页在客人的左边递上,同时介绍当天的特色菜肴,并耐心回答客人的问题。接受点菜时一般站在客人右边,从主人右侧的客人开始按逆时针方向进行。

(4) 接受点酒

根据客人的点菜,介绍推销与其相配的佐餐酒,并留出选择的时间。

征求客人意见并开出餐酒订单。如果客人点红葡萄酒,要问清是现在喝还是配主菜喝。如果配主菜,问明现在是否开瓶。根据订单重新摆放酒杯,并将多余的酒杯撤下。

3.5.3 就餐服务

(1) 上黄油、面包

将新鲜的黄油、面包从客人的左边按先女后男分别放入黄油碟和面包盘内。

(2) 佐餐酒服务

先向主人示瓶,待其确认后再往杯中斟少许让其品尝,然后在客人右侧按先女后男的顺序斟酒,最后到主人。

(3) 头菜服务

上菜时用右手从宾客右边端上,直接放入装饰盘内。

(4) 撤走头盘

当客人用完头菜后,用右手从宾客右边撤下头盘,要徒手撤盘。

(5) 上汤

汤盘直接放入装饰盘,若客人用完后,把汤盘连同装饰盘一起撤下。

(6) 主菜服务

从客人右侧上主菜,并报菜名,牛排、羊排要告知几成熟。撤盘时要徒手撤走主菜盘及刀叉,并将桌上面包屑清整干净,而后征求客人对主菜的意见。

(7) 上甜品和水果

向客人展示各种奶酪及甜点并服务,推销水果。

(8) 服务咖啡或茶

询问客人要喝咖啡还是茶,随后送上糖盅、奶壶、柠檬片、咖啡具或茶具,从客人右边斟上咖啡或茶。

(9) 推销餐后酒

餐后酒一般是一些利口酒或白兰地。展示餐后酒车,征求客人意见并为之服务。

3.5.4 送宾服务

(1) 结账

只有客人要求结账时,服务员才能去收银台通知收银员汇总账单。服务员要仔细检查账单,核实无误后,将其放入收银盘或收款夹,递给客人。不需读出金额总数。客人付款后,应站在客人身边将收到的现金点清,而后道谢,随即将现金与账单一并送至收银台,找回的零钱按呈递账单的方式交给宾客。

(2) 送客

客人起身离座,要帮助拉椅,并提醒客人带上随身物品,礼貌向客人告别。

3.6 西餐礼仪

3.6.1 西餐点菜及上菜顺序

西餐菜单上有几个大类,分别是开胃菜、汤、沙拉、海鲜、肉类、点心等。

应先决定主菜。主菜如果是鱼,开胃菜就选择肉类,在口味上比较富有变化。除了食量特别大的外,其实不必从菜单上的单品菜内配出全餐,只要前菜和主菜各一道,再加一份甜点就够了。可以不要汤,或者省去开胃菜,也是很理想的组合。

3.6.2 位次问题

男主人坐主位,右手是第一重要客人的夫人,左手是第二重要客人的夫人;女主人坐在男主人的对面,她的两边是最重要的第一、第二位男客人。现在,如果不是非常正规的午餐或晚餐,这样一男一女的间隔坐法就显得不重要了。

3.6.3 刀叉的使用

刀叉汤匙使用的通则,其次序是由外而内,也就是说,第一道菜用最外侧的餐具,然后顺序向内推移，直到每件都用过为止。要左手持叉，右手持刀；切东西时左手拿叉按住食物，右手执刀将其锯切成小块，然后用叉子送入口中。使用刀时，刀刃不可向外。进餐中放下刀叉时，应摆成"八"字形，分别放在餐盘边上，刀刃朝向自身，表示还要继续吃。每吃完一道菜，将刀叉并拢放在盘中。如果是谈话，可以拿着刀叉，无须放下。不用刀时，也可以用右手持叉。但若需要做手势时，就应放下刀叉，千万不可手执刀叉在空中挥舞摇晃，也不要一手拿刀或叉，而另一只手拿餐巾擦嘴，也不可一手拿酒杯，另一只手拿叉取菜。任何时候，都不可将刀叉的一端放在盘上，另一端放在桌上。

刀叉的拿法是轻握尾端，食指按在柄上。汤匙则用握笔的方式拿即可。如果感觉不方便，可以换右手拿叉，但更换频繁则显得粗野。吃体积较大的蔬菜时，可用刀叉来折叠、分切。较软的食物可放在叉子平面上，用刀子整理一下。

4 酒吧服务与管理

4.1 酒吧的定义

酒吧是专门为客人提供酒水和饮料服务的场所，是创造高利润的服务部门。酒吧必须具备以下三个条件：

第一，种类齐全、数量充足的酒水。
第二，不同用途的载杯。
第三，供应酒品必需的设备和调酒工具。

4.2 酒吧的种类

国外酒吧一般分为三类：club，bar 和 pub，club 主要指夜店；bar 则是以喝酒为主，是三者中最安静的；pub 可以理解为"小酒馆"，比 bar 更加轻松自在。国内常见的酒吧一般分为以下几类。

4.2.1 根据服务方式分类

（1）立式酒吧

立式酒吧即为传统意义上典型的酒吧，纯酒吧。在这种酒吧里，相当多客人坐在吧台前高脚椅上喝酒，而调酒师则站在吧台里面，面对客人进行操作。由于调酒师自始至终处在与客人的直接接触之中，在客人面前进行各种操作，因而必须始终保持整洁的仪容，谦和有礼的态度，自然还必须掌握熟练的调酒技术来吸引招徕客人。立式酒吧的调酒师，在一般情况下多单独工作。因此,他不仅要负责酒类及饮料的调制,还要负责收银工作,同时必须掌握整个酒吧的营业情况。纯酒吧大多视听设备比较完善,备有足够的靠柜吧凳、酒水、载杯及调酒器具等,摆放得体,特点突出。另外纯酒吧的另一特色是具有独特风格的乐队表演。

(2) 服务酒吧

服务酒吧,也叫餐吧,是一种设置于餐厅里的酒吧,服务对象也以用餐客人为主。餐吧又分为西餐吧和中餐吧,两种餐吧对于调酒师的要求也各不相同。不过一般情况下,调酒师并不与客人发生直接接触,客人通过服务人员点单并获得饮料服务。

(3) 宴会酒吧

宴会酒吧是根据宴会标准、形式、人数、厅堂布局及客人要求而摆设的酒吧,临时性、机动性较强,一般不提供座位,客人多采用站立式。其服务方式既可以是统一付款,客人随意饮用饮料,也可以是客人为自己所喝的每种饮料付款。

宴会酒吧业务特点是营业时间较短,客人集中,营业量大,服务速度相对要求快,它通常要求酒吧服务人员每小时能够服务 100 个左右的客人。因而宴会酒吧的服务人员必须头脑清晰,工作有条理,具有应付大批客人的能力。由于宴会酒吧要求快速服务,因此供应的饮料种类往往受到限制,通常只有啤酒和各式清凉饮料以及少数几种大众化的混合饮料,且这些混合饮料一般是事先配制的成品。宴会酒吧的所有同类饮料宜使用相同价格,如所有鸡尾酒皆为 20 元,啤酒 10 元,各种清凉饮料为 5 元,葡萄酒为 10 元等,目的是提高服务速度,避免收款差错。

4.2.2 根据经营形式分类

(1) 附属经营酒吧

娱乐中心酒吧:附属于大型娱乐中心,供人在娱乐之余增加兴致。此类酒吧往往供应含酒精量低的及不含酒精的饮品,使客人在运动、兴奋之余,获得另一种状态的休息和放松。

购物中心酒吧:大型购物中心或商场常设有酒吧。此类酒吧往往为人们购物之后休息及欣赏其所购置物品而设,主要经营不含酒精的饮料。

酒店酒吧:酒店中的酒吧随酒店的发展而发展。酒店酒吧的设施、商品、服务项目也较齐全。客房中可有小酒吧,客人可以在自己的房间内随意饮用各类酒水或饮料,这种酒吧是客房的标准。大厅可有鸡尾酒廊,同时还可根据客人需求设歌舞厅,并据酒店本身的特点及不同客人的喜好开展各种服务。

飞机、火车、轮船酒吧:飞机、火车、轮船上也常设有酒吧,但仅提供无酒精饮料及含低酒精的饮品,以便旅客旅途中消磨时光,增加兴致。

(2) 独立经营酒吧

市中心酒吧:此类酒吧大部分建立在市中心,常年营业,客人逗留时间较长,消费也较多。由于设在市中心的酒吧很多,所以这类酒吧总是面临着竞争。

交通终点酒吧:此类酒吧设在机场、火车站、港口等旅客转运地。旅客因一些原因需滞留及等候,为消磨等候时间、休息放松,而去酒吧消费。在此类酒吧消费的客人一般逗留时间较短,消费量也较少,但有时座位周转率会很高。交通终点酒吧一般经营品种较少,服务设施也比较简单。

旅游地酒吧:此类酒吧一般设在海滨、森林、温泉、湖畔等风景旅游地,供游客在游览之余放松及娱乐。一般设有舞池、卡拉OK等娱乐设施,但所经营的饮料品种较少。

4.2.3 根据服务内容分类

（1）纯饮品酒吧

相对于提供食品的酒吧而言,此类酒吧主要提供各类饮品,但也有一些佐酒小菜,如果脯、杏仁、腰果、果仁、蚕豆等坚果食品类。

（2）供应食品酒吧

餐厅酒吧:附属于餐厅的酒吧大部分只是餐厅经营的辅助品,以作为吸引客人消费的一种手段。所以,其酒水销售的利润相对于单纯的酒吧要低,品种也较少,但目前在高级餐厅中,其种类及服务有增强趋势。

小吃型酒吧:一般来说,含有食品供应的酒吧其吸引力总是比较大,客人消费也会比较多,因为食品与酒水的消费往往是相辅相成的。小吃的种类往往是具有独特风味及易于制作的食品,如三明治、汉堡、猪排、鱼排、牛排或地方风味小吃等。

宴会酒吧:宴会酒吧是根据宴会形式和人数而设置的酒吧,通常是按鸡尾酒会、贵宾厅房、婚宴等不同形式而做相应的设计,但只是临时性的。

4.2.4 根据主题分类

主题酒吧,顾名思义,不同的酒吧装修风格或是产品类别上有自己的主题,常见的有:

绅士酒吧:它是男士专用的酒吧和社交场所,有的还设有掷毂场。

啤酒吧:此类酒吧更多出现在欧洲国家,其形式与日本的居酒屋差不多。啤酒吧一般只供应啤酒,不出售烈性酒,并提供部分烧烤食品。

音乐酒吧:以音乐为主题的酒吧,又分为以下几类:轻(清)吧,主要以轻音乐为主的酒吧;爵士吧,主要以爵士音乐为主的酒吧;慢摇吧,主要以中国式的"慢摇"音乐为主的酒吧。

俱乐部、沙龙型酒吧:由具有相同兴趣、爱好、职业背景、社会背景等人群组成的松散型社会团体,在某一特定的酒吧定期聚会,谈论共同感兴趣的话题、交换意见及看法,同时有饮品供应。这类酒吧可在其名称上体现出来,如"企业家俱乐部""艺术家俱乐部""单身俱乐部"等。

其他还有老电影吧、球类运动吧、红酒吧等专注一个主题特色的酒吧。

4.2.5 根据环境分类

(1) 池畔酒吧

池畔酒吧设在酒店内的游泳池旁,有的还特意设立在游泳池的中间,为客人提供游泳运动前后的饮品,一般以软性饮料为主,或提供低酒精度的饮品,如啤酒和鸡尾酒等。

(2) 露天酒吧

露天酒吧设在酒店户外场地上或住宅的庭院内以及一些高楼的楼顶,前两种周围一般会有绿地、树木、花草等自然景观,营造出一种自然和谐的饮食氛围以及生态的消费理念;后一种位于城市之中,一般可以俯瞰到城市最美丽的夜景。此类酒吧一般提供啤酒、鸡尾酒软饮料、咖啡等休闲饮品,也会有烈酒供给客人选择。

(3) 酒廊

酒廊在饭店大堂和歌舞厅里极为常见。酒廊类型的酒吧没有什么突出的装饰特点,它们主要以经营饮品为主,同时也向顾客提供一些甜点和小吃。

4.3 酒吧服务

酒吧向顾客销售的酒水是物,而这些物必须通过服务人员的一系列服务行为,才能实现顾客享受酒水的目的。

4.3.1 服务流程

(1) 迎宾服务

① 问候

客人到达酒吧时,服务员应主动热情地问候"您好""晚上好"等礼貌性问候语。

② 领坐服务

引领客人到其喜爱的座位入座。单个客人喜欢到吧台前的吧椅就座,对两位以上的客人,服务员可领其到小圆桌就座并协助拉椅,注意遵照女士优先的原则。

(2) 为客人点酒

客人入座后服务员应马上递上酒水单,稍等片刻后,即可询问客人喜欢喝什么酒水。服务员应向客人介绍酒水的品种,并耐心回答客人的有关提问。开单后,服务员要向客人重复一遍所点酒水的名称、数目,得到确认,以免出错。

(3) 为客人调酒

调酒师接到点酒单后要及时调酒,并应注意以下事项:

调酒时要注意姿势正确,动作潇洒,自然大方;调酒师调酒时,应始终面对客人,去陈列柜取酒时应侧身而不要转身,否则被视为不礼貌;严格按配方要求调制;调酒时要按规范操作;调制好的酒应尽快倒入杯中,对吧台前的客人应倒满一杯,其他客人斟倒八成满即可；随时保持吧台及操作台的卫生，用过的酒瓶应及时放回原处，调酒工具应及时清洗；当吧台前的客人杯中的酒水不足 1/3 时，调酒师可建议客人再来一杯，起到推销的作用；掌握好调制各类饮品的时间，不要让客人久等。

(4) 为客人送酒

服务员为客人送酒时，应注意以下礼仪：服务员应将调制好的饮品用托盘从客人的右侧送上；送酒时应先放好杯垫和免费提供的佐酒小吃，递上餐巾后再上酒，报出饮品的名称并说："这是您(或你们)的，请慢用。"服务员要巡视自己负责的服务区域，及时撤走桌上的空杯、空瓶，并按规定要求撤换烟灰缸；适时向客人推销酒水，以提高酒吧的营业收入；在送酒服务过程中，注意轻拿轻放，手指不要触及杯口，处处显示礼貌卫生习惯；如果客人点了整瓶酒，服务员要按示酒、开酒、试酒、斟酒的服务程序为客人服务。

(5) 为客人验酒

酒的服务中首先是要给客人验酒，这是相当重要而不可忽略的过程。验酒的目的，其一是得到客人认可；其二是使客人品尝酒的味道和温度；其三是显示服务的规范。

假如拿错了酒，验酒时经客人发现，可立即更换，否则未经同意而擅自开酒，也许会遭到退回的损失。不管客人对酒是否有认识，均应确实做到验酒，这种做法也体现了对客人的尊敬。

供应白葡萄酒时应置于小冰桶，上面用干净叠好的餐巾盖着，放置在点酒客人右侧的小圆几上面。把酒瓶取出，用双手握着白葡萄酒瓶，标签要面向客人，使其过目验酒，左手以餐巾托酒瓶以防水滴，右手用拇指与食指捏牢瓶颈，经客人认可后，再度放入冰桶，供其饮用。

供应红葡萄酒的温度应与室温相同，淡红酒可稍加冷却，可利用美观别致的酒篮盛放。若酒因陈年有沉淀，要小心端上餐桌，不要上下摇动。先行给客人验酒认可，然后将酒篮平放于客人的右侧，供其饮用。

酒从酒库取出，在拿给客人验酒之前，均需将每只酒瓶上的灰尘擦拭干净；仔细检查缺点并进行弥补后，再拿至餐桌上给客人验酒。

(6) 开瓶与斟酒服务

在开瓶与斟酒过程中，服务员要从容地按餐厅礼仪，姿态优雅地做得恰到好处。应经常随身携带启瓶器以及开罐器，以备开瓶(罐)使用。开瓶的方法有一般酒瓶与起泡酒瓶之别，斟酒有一倒法与两倒法之分，分别叙述如下：

① 开瓶方法

◆ 一般酒的开瓶

供酒时应选备一只良好的开瓶塞的拔塞钻，最好是带有横把及刀子的"T"字形的自动开瓶器，其螺旋钻能藏于柄内，使用时可减少麻烦。葡萄酒酒瓶的开瓶步骤为：割破锡箔(在瓶口，用刀往下割)，把瓶口擦拭干净，拔软木塞，再度把瓶口擦拭清洁。

其进行方法是先除去瓶盖外套,至瓶口下 1/4 时,用布擦净后将拔瓶钻自瓶塞顶部中心穿入,旋转至全部没入,再徐徐抽出瓶塞。如骤然抽动,因为软木塞很脆,可能折损破裂。若是钟形瓶塞,拔瓶钻则可在餐桌上开取,最好在开始抽出时,将拔瓶钻稍微旋转,瓶塞抽出后,将瓶口拭净,以备斟酒。

◆ 起泡酒的开瓶

起泡酒因为瓶内有气压,故软木塞的外面有铁丝帽,以防软木塞被弹出。其开瓶的步骤是:把瓶口的铁丝与锡箔剥掉,以 45°的角度拿着酒瓶,拇指压紧木塞并将酒瓶扭转一下,使软木等瓶内的气压弹出软木塞后,继续压紧软木塞并以 45°的角度拿着酒瓶。

其进行方法是:首先将酒瓶外包锡箔自顶至颈下 4 厘米处割除,后将丝环解开,用拇指紧压瓶塞,以防骤然冲出;另一只手握瓶底部,将瓶徐徐向一方转动,并保持斜度 45°,转动酒瓶,瓶塞不动。假如瓶内气压足以将瓶塞顶出,可将瓶塞慢慢自边推动,瓶塞离瓶时,将塞握住。开启含有碳酸的饮料如啤酒等时,应将瓶子远离客人,并且将瓶身倾斜,以免液体溢至客人身上。

② 斟酒方法

◆ 一倒法

开启酒瓶后,先清理一下瓶塞(因有时瓶塞会腐烂)。斟酒前将酒瓶口擦拭干净,手持酒瓶时要小心,勿振荡起酒中的沉淀。以标签对着客人,先斟少许在主人或点酒的客人杯中请其尝试,经同意后再进行斟酒。收瓶的要领是,当酒瓶将离开酒杯昂起时,慢慢将瓶口向右上转动,如此才不会使留在瓶口边缘的酒液滴下弄污桌布;陈年的红葡萄酒需装在特别的酒篮里,避免搅乱沉淀,要保持平稳。为了尽量少动酒瓶,可把杯子从桌上拿起,瓶口靠近杯沿慢慢地斟倒;斟酒时从杯沿开始倒,再逐渐抬高酒瓶到离杯 10 厘米处结束。

◆ 两倒法

对于起泡的葡萄酒或香槟酒以及啤酒类,斟酒时采用两倒法。两倒法包含两次动作。初倒时,酒液冲到杯底会起很多的泡沫,等泡沫约达酒杯边缘时停止倾倒,稍待片刻,至泡沫下降后再倒第二次,继续斟满至 2/3 或 3/4 杯。第二次注入杯子的正中,至在表面冲起一层泡沫,但勿使其溢出酒杯,这一层泡沫有保持酒液中二氧化碳的作用。要领是:起初慢慢地斟,中途略猛地斟,最后是轻轻地斟。

③ 斟酒的礼节

以惯例先倾入约 1/4 的酒在主人杯中,以表明此酒正常,等主人品尝同意后,再开始给全桌斟酒。斟酒时由右方开始(反时针方向),先斟满女客酒杯,后斟满男客酒杯。无论如何,当客人酒杯全部斟满后,才能斟满主人酒杯。只有在斟啤酒及起泡葡萄酒或陈年红葡萄酒时,才可以把酒杯拿到手上而不失礼。

如客人同时饮用两种酒时,不能在同一酒杯中斟入两种不同种类的酒;已开的酒瓶,应置于主人右侧。空瓶不必尽快移除，酒瓶亦是一种装饰品，能增加气氛。

(7) 为客人结账服务

客人示意结账时，服务员应立即到收银台处取账单。

取回账单后，服务员要认真核对台号、酒水的品种、数量及金额是否准确。确认无误后，服务员要将账单放在账单夹中用托盘送至客人的面前，并有礼貌地说："这是您的账单。"收款后要向客人道谢，并欢迎客人下次光临。

4.3.2 酒吧服务标准

配料、调酒、倒酒应在宾客看到的情况下进行，目的是使宾客欣赏服务技巧，同时也可使宾客放心。服务员使用的饮料原料用量正确无误，操作符合卫生要求。

把调好的饮料端送给宾客以后，应立即退离吧台或离开，千万不要让宾客发觉服务员在听他们对话，除非宾客直接与你交谈，更不可随便插话。

认真对待、礼貌处理宾客对饮料服务的意见或投诉。酒吧跟其他任何服务设施一样，宾客永远是正确的，如果宾客对某种饮料不满意，应立即设法补救或重调。

任何时候都不准对宾客有不耐烦的语言、表情或动作；不要催促宾客点酒、饮酒；不能让宾客感到服务员在取笑他喝得太多或太少。如果宾客已经喝醉，应用文明礼貌的方式拒绝供应含酒精饮料。有时候，宾客或因身边带钱不多而喝得较少，但倘若服务员仍热情接待，他下一次光顾时，便会有较高的消费。

如果在上班时必须接电话，谈话应当轻声、简短。当有电话寻找宾客，即使宾客在场也不可告诉对方宾客在此（特殊情况例外），而应该回答"请等一下"，然后让宾客自己决定是否接听电话。

为控制饮料成本，应用量杯量取所需基酒。也可以取一小杯，在杯身上刻一份或四份饮料所需基酒量的记号，这比使用量杯更加方便。

酒杯应在三格洗涤槽内洗刷消毒，然后倒置在架空的橡胶架上让其自然干燥，避免手和毛巾接触酒杯内壁。

除了掌握饮料的标准配方和调制方法外，还应时时注意宾客的习惯和爱好，如有特殊要求，应照宾客的意见调制。

酒吧一般免费供应一些咸味佐酒小点，如炸面条、咸饼干、花生米等等，目的无非是刺激酒瘾，增加饮料销售量。因此，服务员应随时注意佐酒小点的消耗情况，以便及时补充。

酒吧服务员对宾客的态度应该友好、热情，而不是随便、亲热。上班时间不准抽烟，也不准喝酒，即使有宾客邀请，也应婉言谢绝。服务员不可对某些宾客给予额外照顾，不能因为熟人、朋友或者见到某顾客连续喝了数杯，便免费奉送一杯。当然也不能擅自为本店同事或同行免费提供饮料。

延伸阅读

评估负责任的饮料服务和执法计划[①]
——对酒吧顾客醉酒和潜在的年轻人酒后驾驶的影响

对酒精相关伤害（暴力、损伤、疾病）的研究表明，最重要的风险因素是饮酒量和是否为明显醉酒的顾客继续服务。本研究的目的是调查负责任饮料服务（Responsible Beverage Service, RBS）以及加强酒精执法干预对酒吧、酒吧顾客和酒后驾驶的影响。

两个社区——纽约州门罗县和俄亥俄州克利夫兰——参与了这个示范项目和评估。干预措施采用了 RBS 培训、有针对性的执法和执法部门的纠正行动，在每个社区随机抽查了 10 个有问题的酒吧，并与 10 个没有干预的问题酒吧进行比较。从干预和控制酒吧以及治疗和比较社区收集了关于酒吧服务实践、酒吧顾客醉酒、饮酒和驾驶以及其他与酒精相关的伤害的 3 波数据。

在纽约门罗县，对 14 项结果指标进行了分析，其中 7 项指标在干预前后显示出统计学上的显著差异。6 项措施显示向理想或积极方向变化，2 项措施显示向不理想或消极方向变化。值得注意的是，干预后醉酒的酒吧顾客比例从 44% 下降到 27%，顾客的平均血液酒精浓度从干预前的 0.097 g/dL 下降到 0.059 g/dL。在俄亥俄州的克利夫兰，14 项测量中有 6 项在干预前后显示出统计学上的显著变化，6 项在积极方向上变化，4 项在消极方向上变化。值得注意的是，在干预酒吧里，被拒绝服务的伪醉酒顾客的比例从 6% 上升到 29%。

总之，在每个社区分析的 14 项结果中，大多数表明与干预相关的积极变化，但其他显示出负相关。约有一半的测量结果没有显著性，或者样本量太小，或者数据不可用。因此，这些示范项目的结果充其量是喜忧参半。然而，干预措施也有一些积极的迹象。看来，当酒吧经理和老板了解该计划及其执行情况，当服务员接受适当的 RBS 培训时，可能会有更少的顾客喝醉，并且会更努力拒绝为明显喝醉的顾客提供服务。鉴于约有一半被捕的酒后驾驶人最后一次饮酒是在有执照的场所，广泛实施这一策略有可能帮助减少酒后驾驶。

[①] 来源：James C. Fell, Deborah A. Fisher, Jie Yao et al. (2017). Evaluation of a responsible beverage service and enforcement program: Effects on bar patron intoxication and potential impaired driving by young adults. Traffic Injury Prevention, Volume 18, Issue 6, Pages 557–565.

【思考与练习】

1. 请列举餐饮服务中服务流程的基本步骤,并简述每个步骤的主要内容。
2. 中餐和西餐的服务流程有何不同?你认为两者的服务流程有何优缺点?
3. 酒吧服务中需要注意哪些细节?如何根据不同客人的需求进行服务?
4. 客户投诉是餐饮企业中常见的问题,你认为餐饮企业应该如何处理客户投诉?
5. 餐饮企业的人员管理和培训对于企业的发展非常重要,你认为餐饮企业应该如何进行服务人员的管理和培训?

第十一章
卫生与安全

学习目标

1. 掌握食品卫生与安全的基本概念和相关法规。
2. 熟悉厨房卫生与安全管理的方法,掌握常见事故预防措施。
3. 掌握餐饮业卫生管理的规范要求。
4. 了解餐饮卫生和安全的相关技术和知识。

导入案例

菲律宾前第一夫人办 90 岁寿宴，261 人食物中毒[①]

当地时间 7 月 3 日，菲律宾前第一夫人伊梅尔达迎来 90 岁生日。超两千名支持者在菲律宾帕西市受邀参加寿宴，但有 261 人在宴席上食物中毒。伊梅尔达本人未受影响。

据《菲律宾商报》4 日报道，菲律宾卫生部长迪克表示，前第一夫人伊梅尔达·马科斯当地时间周三在帕西市举行庆祝 90 岁生日寿宴，导致高达 261 人因食物中毒住院。

迪克表示，这是涉及 261 人的大规模食物中毒案件，我们还不确定人数会不会上升。他还说，菲律宾政府医院有能力为这些患者提供治疗。

迪克称，这次食物中毒事件可能是由金黄色葡萄球菌引起的。中毒者在 Ynares 体育馆内吃鸡蛋卤肉套餐后，开始腹痛和呕吐。现场数十辆救护车，接连运送患者就医。

伊梅尔达的女儿，菲律宾参议员艾米·马科斯表示，食物可能坏掉了，因为它们一大早就被送到场地。

问题：
1. 根据新闻，本次事件中的食物中毒属于哪种食品污染？
2. 如何预防和控制此类事件的发生？

[①] 观察者网.http://www.guancha.cn/internation/2019_07_04_508190.shtml.

1 食品卫生与安全

1.1 定义

食品卫生是指为防止食品在生产、收获、加工、运输、贮藏、销售等各个环节被有害物质污染,使食品有益于人体健康所采取的各项措施。

食品安全是指食品无毒、无害,符合应当有的营养要求,对人体健康不造成任何急性、亚急性或者慢性危害。

食品安全和食品卫生的区别如下:

一是范围不同,食品安全包括食品(食物)的种植、养殖、加工、包装、贮藏、运输、销售、消费等环节的安全,而食品卫生通常并不包含种植、养殖环节的安全。

二是侧重点不同,食品安全是结果安全和过程安全的完整统一。食品卫生虽然也包含上述两项内容,但更侧重于过程安全。

鉴于食品安全的含义更广泛,下文概念均使用食品安全。

1.2 食品安全的特点

食品安全不仅与公众的健康有关,还与社会经济、食品生产等方面有关,具有以下特点。

1.2.1 重要性

食品安全与国民经济、国际贸易关系密切。食品进出口带来的安全问题不容忽视,它不仅关系消费者的健康,还关系到国家的经济、信誉和技术成就。一些发达国家用食品安全及其标准,实施技术壁垒,使我国食品出口频频受阻,影响了我国的国际贸易和经济发展。

食品安全事件易造成群体性发病,引起较大的社会和心理影响,极易被犯罪分子所利用。我国政府十分重视有毒害化学物质和鼠药的管理,出台了一系列相关政策和措施,目的是把犯罪分子利用食品进行破坏的风险降到最低点。

1.2.2 复杂性

危害食品安全的因素是复杂多样的,如水源污染导致的食源性疾病,农牧业、种植养殖业的源头污染,农药、兽药的滥用,食品添加剂及重金属的超标使用,一些不法经营者在食品中人为掺假等。

1.2.3 特殊性

食品安全的特殊性在于它不像一般的传染病会随着经济的发展、生活水平的提高而得到有效的控制,相反,随着食品生产的机械化和集中化,化学物品和新技术的广泛使用,检测手段和技术越来越先进以及人群的保健意识越来越高,新的食品安全问题会不断涌现。

1.2.4 相对性

食品安全的相对性是指一种食物或成分在合理食用方式和正常食用量前提下不会导致对健康损害。人类天然食物中的化学组分种类繁多,人为的因素使食品中存在的化学物质更为复杂,要求食品的绝对安全是不可能的,只能尽量减少食品中存在的有害物质或消除可能消除的有害因素,在现有的检测方法和条件下,力求把可能存在的任何风险降到最低限度,科学地保护消费者的利益。

1.3 食品安全的基本要求

1.3.1 食品无毒、无害

食用该食品后不会造成人的急性或慢性疾病,不构成对人体明显或潜在的危害。

1.3.2 各种食品应当符合各自的营养要求

不同的食品,其营养要求是不同的,但都包含如下两个意思:一是各种食品都应当具备一定的人体需要的营养成分,一般包括蛋白质、碳水化合物、脂肪、维生素、矿物质和其他可供代谢的有机物;二是食品所含的营养成分的消化吸收率和维护人体正常生理功能的作用必须达到一定标准。

1.4 食品安全的危害因素

食品安全的危害因素种类繁多,主要有以下几种。

1.4.1 食品固有

食品本身成分中含有的天然有毒有害物质,如河豚含河豚毒素、毒蕈含的有毒成分等。天然的食品毒素,实际上广泛存在于动植物体内,所谓"纯天然"食品不一定是安全的。

1.4.2 食品污染

人们摄入的各种食品从生产到销售的各个环节受到有毒有害物质的污染。一般有物理性、化学性、生物性和放射性污染四大类。

(1) 物理性污染

物理性污染是由物理因素所引起的食品污染,也就是异物进入食物所引起的污染。常见的物理性污染源(异物)包括指甲、头发、塑胶制品碎屑、玻璃与金属碎片等。若异物是细菌或害虫,则有可能引发物理性污染兼生物性污染。

(2) 化学性污染

化学性污染是指食物被天然或人造化学物质污染,和人为且刻意的下毒不同的是化学性污染是无意间被添加进食品中的。常见的天然化学性污染源:天然毒素,如毒蘑菇、生物碱、氰酐等;常见的人造化学性污染源:杀虫剂、除草剂、未经批准的食品添加物与环境污染(水、空气与土壤受到污染)。

(3) 生物性污染

生物性污染是指被生物体产生的物质所污染的食物,污染源有人类、啮齿动物、害虫或微生物,包含细菌污染、病毒污染、寄生虫污染,其中细菌污染是全世界食物中毒最常见的原因,皆因细菌易存于环境中。常见生物性污染源:大肠杆菌(细菌性污染)、阿米巴原虫(寄生虫污染)等。生物性污染引起的食源性疾病是影响我国食品安全的最主要因素。

(4) 放射性污染

主要是食品吸收或吸附了外来的放射性核素。

1.4.3 食品变质

主要指食品在正常、自然状态下,有关成分发生了一定变化,对人体健康产生危害。如油脂酸败引起的食物中毒。

1.4.4 人工添加

为改善食品的感官性状及加工工艺所需而加入的食品添加剂,如不遵守《食品添加剂使用卫生标准》规定的品种、用量和使用范围,属滥用食品添加剂,可导致食品安全问题。此外,在食品中掺假、制假、售假,会酿成重大的食品安全事件。如工业酒精勾兑的假酒,其甲醇含量往往超过国家标准数倍,饮用后对人体有巨大危害,甚至造成死亡。

1.4.5 食品新原料与新工艺的使用

转基因食品、益生菌和酶制剂等技术在食品中应用,带来了新的食品安全问题。如转基因食品携带的抗生素基因有可能使动物与人的肠道病原微生物产生耐药性等。随着检测技术水平的不断提高,对食品中有害因素会有新的认识,新的食品安全问题还会不断涌现。

2　厨房卫生与安全

2.1　厨房卫生管理

2.1.1　厨房各作业区的卫生控制

(1) 炉灶作业

① 每日开餐前彻底清洗炒锅、手勺、笊篱、抹布等用品,检查调味罐内的调味品是否变质。油钵要每日过滤一次,新油、老油(使用时间较长油色深黄或发黑的油)要分开存放;酱油、醋、料酒等调味罐不可一次投放过多,常用常添,以防变质及挥发。精盐、食糖、味精要注意防潮、防污染,开餐结束后调味容器都应加盖。

② 食品原料在符合菜肴烹调要求的前提下,充分烧透煮透,防止外熟里生,达不到杀灭细菌的目的。

③ 切配和烹调要实行双盘制。配菜应使用专用配菜盘、碗,当原料下锅后应当及时撤掉,换用消毒后的盘、碗盛装烹调成熟后的菜肴。

在烹调操作时,试尝口味应使用小碗和汤匙,尝后余汁切忌倒入锅内。用手勺尝味时,手勺须清洁后再用。

④ 营业结束后,清洁用具,归位摆放,清洗汤锅,清理调料。

每日用洗涤剂擦拭清洗吸烟罩和灶面的油腻和污垢,做到卫生、光洁、无油腻。清理烤箱、蒸笼内的剩余食品,去除烤盘内的油污,放尽蒸笼锅内的水。

(2) 配菜间

① 每日开餐前,彻底清理所属冰箱,检查原料是否变质。

② 刀、砧板、抹布、配菜盘等用具要清洁,做到无污迹,无异味。

③ 配料、小料要分别盛装,摆放整齐,配料的水盆要定时换水。需冷藏保鲜的食品原料应放置在相应的冰箱内。

④ 在开启罐头食品时,首先要把罐头表面清洁一下,再用专用开启刀打开,切忌用其他工具,避免金属或玻璃碎片掉入。破碎的玻璃罐头食品不能食用。

⑤ 配菜过程中,随时注意食品原料的新鲜度及卫生状况,认真配菜,严格把关。

⑥ 营业结束后,各种用具要及时清洁,归位放置,剩余的食品原料按不同的贮藏要求分别储存。

(3) 冷菜间

① 冷菜间要做到专人,专用具,专用冰箱,并要有紫外线消毒设备。防蝇、防尘设备

要健全、良好。

② 每日清理所属冰箱,注意食品的卫生状况,生、熟食品要分别放置。

③ 刀、砧板、抹布、餐具等用具要彻底清洗,消毒后再使用,抹布要经常搓洗,不能一布多用,以免交叉污染。

④ 要严格操作规程,做到生熟食品的刀、砧板、盛器、抹布等严格分开,不能混用。尤其在制作凉拌菜、冷荤菜时一定要用经过消毒处理的专用工具制作,防止交叉污染。

⑤ 在冷盘切配操作时员工应戴口罩。

⑥ 营业结束后,各种调味汁和食品原料要放置在相应的冰箱内贮藏,用具彻底清洗,归位摆放,工作台保持清洁、光亮、无油污。一些机械设备如切片机要拆卸清洗,彻底清除食物残渣,以防机械损坏和设备污染。

(4) 点心间

① 保证各种原料和馅料的新鲜卫生,定时检查所属冰箱。

② 刀、砧板、面案要保持清洁,抹布白净,各种花色模具、面杖,随用随清洁,以防面粉油脂等残留物腐败,而影响使用寿命和污染食品。

③ 营业结束后,清洗各类用具,归位摆放。蒸笼锅放尽水,取出剩余食物,用洁布擦尽油污和水分,清除滴入笼底的油脂。烤箱切断电源,取出剩余食物。清洗烤盘,擦干水分。清理灶面调料和用具,清洁灶面、吸烟罩。各类馅料、原料按不同贮藏要求分别放入冰箱贮藏。

(5) 粗加工间

① 刀、砧板、工作台面、抹布保持清洁,及时清除解冻水池、洗涤水池的物料和垃圾,以防堵塞。

② 购进的各类食品原料,按不同要求分类分别加工,对于容易腐败变质的原料,应尽量缩短加工时间和暴露在高温下的时间。对于原料解冻,一是要采用正确的方法,二是要迅速解冻,三是各类食品的原料应分别解冻,切不可混在一起解冻。加工后的原料应分别盛装,再用保鲜膜封存,放入相应冷库待用。

③ 食品原料入冷库后,应分类摆放在不同的食品架上,以便于取用。冷库要及时清除地面的污面、积水,定时整理食品架,食物不得超期存放。一般来说,当天需取用的原料应存放于冷藏库(2 ℃~5 ℃),存放时间不得超过 24 小时,需贮存较长时间的原料则应标明日期存放于冻藏库内(−18 ℃~−23 ℃),原料取用时应遵循"先存先用"的原则,不得随意取用。

④ 各类食品机械如锯骨机、刨片机、绞肉机、去皮机等使用完毕后,应去除食物残渣,及时清洁,使之处于最佳使用状态。

2.1.2 其他环节的卫生控制

(1) 采购人员必须对所采购的物品负责。保证食品原料处于良好的卫生状态,没有腐败、污染和其他感染。食品的来源必须符合有关卫生标准和要求，凡不是正式食品加工机构加工的罐头、袋装或密封的食品，禁止购买，禁止使用。对无商标、无生产厂家、无生产日期的食品也应禁止采购。

（2）建立严格的验收制度，指定专人负责验收，当发现有不符合卫生要求的原料时应拒绝接受，并追究采购人员的责任。

（3）合理贮藏，保证原料质量。贮藏室的卫生要做到"四勤"（即勤打扫、勤检查、勤整理、勤翻晒）；"五无"（即无虫蝇、无鼠害、无蟑螂、无蜘蛛网和灰尘、无污水）；二分开（生熟分开、干湿分开），防止污染。

（4）厨房人员要做到不领用、不加工腐败变质的食品原料，烹调时严格遵守卫生要求，保证菜点质量。

（5）原料加工场地要与生产和销售场地隔离，杜绝交叉污染。

（6）用具、餐具、炊具都必须进行严格的消毒。要求做到"一刮、二洗、三冲、四消毒、五保洁"。一刮就是要刮去残羹剩料；二洗是要用洗涤剂洗去油污；三冲是用清水冲洗；四消毒是要用沸水、蒸汽、电子消毒箱或药物进行消毒；五保洁是指防尘、防污染。

（7）禁止闲杂人员进入厨房。

2.1.3 卫生管理的职责

（1）认真落实卫生责任制，层层把好卫生关。管理者经常进行检查和监督，及时处理违反卫生条例的行为。

（2）明确处理卫生工作与生产经营获利之间的关系。

（3）加强卫生监测手段，充分发挥食品化验室的作用。

（4）定期开展卫生培训，学习国家卫生法规，开展职业道德教育，增强卫生意识，对新员工要进行上岗前的卫生培训，经考核成绩合格者才能正式上岗工作。

2.2 厨房安全管理

2.2.1 安全管理的目的

厨房安全管理的目的，就是要消除不安全因素，消除事故的隐患，保障员工的人身安全和企业及厨房财产不受损失。厨房不安全因素主要来自主观、客观两个方面：主观上是员工思想上的麻痹，违反安全操作规程及管理混乱，客观上是厨房本身工作环境较差，设备、器具繁杂集中，从而导致厨房事故的发生。针对上述情况，在加强安全管理时应主要从以下几个方面着手：

（1）加强对员工的安全知识培训，克服主观麻痹思想，强化安全意识。未经培训员工不得上岗操作。

(2) 建立健全各项安全制度,使各项安全措施制度化、程序化。特别是要建立防火安全制度,做到有章可循,责任到人。

(3) 保持工作区域的环境卫生,保证设备处于最佳运行状态。对各种厨房设备采用定位管理等科学管理方法,保证工作程序的规范化、科学化。

2.2.2 厨房安全管理的主要任务

厨房安全管理的任务就是实施安全监督和检查机制。通过细致的监督和检查,使员工养成安全操作的习惯,确保厨房设备和设施的正确运行,以避免事故的发生。安全检查的工作重点可放在厨房安全操作程序和厨房设备这两个方面。

2.2.3 常见事故的预防

厨房常见事故有割伤、跌伤、撞伤、扭伤、烧烫伤、触电、盗窃、火灾等。

(1) 割伤

主要由于使用刀具和电动设备不当或不正确而造成的。其预防措施是:

① 在使用各种刀具时,注意力要集中,方法要正确。

② 刀具等所有切割工具应当保持锋利,实际工作中,钝刀更易伤手。

③ 操作时,不得用刀指东画西,不得将刀随意乱放,更不能拿着刀边走路边甩动膀子,以免刀口伤着别人;禁止拿着刀具打闹。

④ 不要将刀放在工作台或砧板的边缘,以免震动时滑落砸到脚上;一旦发现刀具掉落,切不可用手去接拿。

⑤ 清洗刀具时,要一件件进行,切不可将刀具浸没在放满水的洗涤池中。

⑥ 在没有学会如何使用某一机械设备之前,不要随意地开动它。

⑦ 在使用具有危险性的设备(绞肉机或搅拌机)之前,必须先弄明确设备装置是否到位。

⑧ 在清洗设备时,要先切断电源再清洗,清洁锐利的刀片时要格外谨慎,洗擦时要将抹布折叠到一定的厚度,由里向外擦。

⑨ 厨房内如有破碎的玻璃器具和陶瓷器皿,要及时用扫帚处理掉,不要用手去拣。

⑩ 发现工作区域有暴露的铁皮角、金属丝头、铁钉之类的东西,要及时敲掉或取下,以免划伤人。

(2) 跌伤和砸伤

由于厨房内地面潮湿、油腻、行走通道狭窄、搬运货物较重等因素,非常容易造成跌伤和砸伤。其预防措施为:

① 工作区域及周围地面要保持清洁、干燥。油、汤、水洒在地上后,要立即擦掉,尤其是在炉灶操作区。

② 厨师的工作鞋要有防滑性能,不得穿薄底鞋、已磨损的鞋、高跟鞋、拖鞋、凉鞋。平

时所穿的鞋脚趾脚后跟不得外露,鞋带要系紧。

③ 所有通道和工作区域内应没有障碍物,橱柜的抽屉和柜门不应当开着。

④ 不要把较重的箱子、盒子或砖块等留在可能掉下来会砸伤人的地方。

⑤ 厨房内员工来回行走路线要明确,尽量避免交叉相撞等。

⑥ 存取高处物品时,应当使用专门的梯子,用纸箱或椅子来代替是不安全的。过重的物品不能放在高处。

(3) 扭伤

扭伤也是厨房较常见的一种事故。多数是因为搬运超重的货物或搬运方法不恰当而造成的。具体预防措施是:

① 搬运重物前首先估计自己是否能搬动,搬不动应请人帮忙或使用搬运工具,绝对不要勉强或逞能。

② 抬举重物时,背部要挺直,膝盖弯曲,要用腿力来支撑,而不能用背力。

③ 举重物时要缓缓举起,使所举物件紧靠身体,不要骤然一下猛举。

④ 抬举重物时如有必要,可以小步挪动脚步,最好不要扭转身体,以防伤腰。

⑤ 搬运时当心手被挤伤或压伤。

⑥ 尽可能借助于超重设备或搬运工具。

(4) 烧烫伤

烧烫伤主要是由于员工接触高温食物或设备、用具时不注意防护引起的。其主要预防措施如下:

① 在烤、烧、蒸、煮等设备的周围应留出足够的空间,以免因空间拥挤、不及避让而烫伤。

② 在拿取温度较高的烤盘、铁锅或其他工具时,手上应垫上一层厚抹布。同时,双手要清洁且无油腻,以防打滑。撤下热烫的烤盘、铁锅等工具应及时作降温处理,不得随意放置。

③ 在使用油锅或油炸炉时,特别是当油温较高时,不能有水滴入油锅,否则热油飞溅,极易烫伤人,热油冷却时应单独放置并设有一定的标志。

④ 在蒸笼内拿取食物时,首先应关闭气阀,打开笼盖,让蒸汽散发后再使用抹布拿取,以防热蒸汽灼伤。

⑤ 使用烤箱、蒸笼等加热设备时,应避免人体过分靠近炉体或灶体。

⑥ 在炉灶上操作时,应注意用具的摆放,炒锅、手勺、漏勺、铁筷等用具如果摆放不当极易被炉灶上的火焰烤烫,容易造成烫伤。

⑦ 烹制菜肴时,要正确掌握油温和操作程序,防止油温过高,原料投入过多,油溢出锅沿流入炉膛火焰加大,造成烧烫伤事故。

⑧ 在端离热油锅或热大锅菜时,要大声提醒其他员工注意或避开,切勿碰撞。

⑨ 在清洗加热设备时,要先冷却后再进行。
⑩ 禁止在炉灶及热源区域打闹。

(5) 电击伤

主要是由于员工违反安全操作规程或设备出现故障而引起。其主要预防措施如下:

① 使用机电设备前,首先要了解其安全操作规程,并按规程操作,如不懂得设备操作规程,不得违章野蛮操作。

② 设备使用过程中当发现有冒烟、焦味、电火花等异常现象时,应立即停止使用,申报维修,不得强行继续使用。

③ 厨房员工不得随意拆卸、更换设备内的零部件和线路。

④ 清洁设备前首先要切断电源。当手上沾有油或水时,尽量不要去触摸电源插头、开关等部件,以防电击伤。

2.2.4 厨房防盗

厨房盗窃的主要目标:一是食品仓库,二是高档用餐具。要防止盗窃,就要加强安全保卫措施。

(1) 食品仓库的防卫措施

① 挂警示牌
② 仓库环境的防护
③ 仓库钥匙的管理

(2) 厨房内的防卫措施

① 厨房各作业区的工作人员,下班前要将本作业区里的炊事用具清点、整理,有些较贵重的用具一定要放入橱柜中,上锁保管。

② 剩余的食品原料,尤其是贵重食品原料在供应结束后,必须妥善放置。需冷藏的进冰箱,无须冷藏的放入小仓库内,仓库、冰箱钥匙归专人保管。

③ 厨房各部分的钥匙,下班后集中交给饭店安全部,由保安人员统一放入保险箱内保管,厨房员工次日来上班时,到安全部签字领取钥匙。

④ 加强门卫监督。加强厨房内部的相互监督,发现问题,及时汇报,及时查处,切不可隐瞒事故,以防后患。

2.2.5 消防安全

造成厨房火灾的主要原因有:电器失火、烹调起火、抽烟失火、管道起火、加热设备起火以及其他人为因素造成的火灾等。为了避免火灾的发生,需采取以下预防措施。

(1) 厨房各种电气设备的使用和操作必须制定安全操作规程,并严格执行。

(2) 厨房的各种电动设备的安装和使用必须符合防火安全要求,严禁野蛮操作。各种电器绝缘要好,接头要牢,要有严格的保险装置。

（3）厨房内的煤气管道及各种灶具附近不准堆放可燃、易燃、易爆物品。煤气罐与燃烧器及其他火源的距离不得少于1.5米。

（4）各种灶具及煤气罐的维修与保养应指定专人负责。液化石油气罐即使气体用完后，罐内的水也不能乱倒，否则极易引起火灾和环境污染。因此，在使用液化石油气时，要由专职人员负责开关阀门，负责换气。

（5）炉灶要保持清洁，排油烟罩要定期擦洗、保养，保证设备正常运转工作。

（6）厨房在油炸、烘烤各种食物时，油锅及烤箱温度应控制得当，油锅内的油量不得超过最大限度的容量。

（7）正在使用火源的工作人员，不得随意离开自己的岗位，不得粗心大意，以防发生意外。

（8）厨房工作在下班前，各岗位要有专人负责关闭能源阀门及开关，负责检查火种是否已全部熄灭。

（9）楼层厨房一般不得使用瓶装液化石油气。煤气管道也应从室外单独引入，不得穿过客房或其他房间。

（10）消防器材要在固定位置存放。

3　餐饮业卫生管理

根据卫计委《餐饮业卫生规范》，餐饮业选址及环境、加工经营场所、餐饮具与工具设备、卫生管理等方面应达到下列基本卫生要求。

3.1　选址及环境

应选择地势干燥、有给排水条件和电力供应的地区，不得设在易受到污染的区域。

应距离粪坑、污水池、暴露垃圾场（站）、旱厕等污染源25 m以上，并设置在粉尘、有害气体、放射性物质和其他扩散性污染源的影响范围之外。

3.2　加工经营场所

3.2.1　布局与功能间

食品处理区应设置在室内，按照原料进入、原料加工、半成品加工、成品供应的流程合理布局，并能防止生熟食品在存放、操作中发生交叉污染。食品加工处理流程应为生进熟出的单一流向。原料通道及入口、成品通道及出口、使用后的餐饮具回收通道及入口,应分开设置;无法分设时,应在不同的时段分别运送原料、成品、使用后的餐饮具,或者将运送的成品加以无污染覆盖。

食品处理区应设置专用的粗加工(全部使用半成品的可不设置)、烹饪(单纯经营火锅、烧烤的可不设置)、餐饮具清洗消毒的场所,并应设置原料和(或)半成品存放、切配及备餐(饮品店可不设置)的场所。制作现榨饮料、水果拼盘或加工生食海产品的,应分别设置相应的专用操作场所。进行凉菜配制、裱花操作的,应分别设置相应专间。集中备餐的食堂和快餐店应设有备餐间。

食品处理区的面积应与就餐场所面积、供应的最大就餐人数相适应。

粗加工场所内应分别设置肉类、水产品和植物性食品的清洗水池和操作台,水池数量或容量、操作台数量应与加工食品的数量相适应。各类水池和不同场所(功能间)、区域有明显的区分标识。

烹饪场所加工食品如使用固体燃料,炉灶应为隔墙烧火的外扒灰式,避免粉尘污染食品;使用煤油炉灶的,煤油储存容器应放在烹饪场所外,避免煤油或燃烧不完全物质污染食品。

应设专用于拖把等清洁工具的清洗水池,其位置应不会污染食品及其加工制作过程。拖把等清洁工具的存放场所应与食品处理区分开,加工经营场所面积 500 m² 以上的餐馆、食堂宜设置独立存放隔间。

加工经营场所内不得圈养、宰杀活的禽畜类动物。在加工经营场所外设立圈养、宰杀场所的,应距离加工经营场所 25 m 以上。

3.2.2 内部建筑结构

建筑结构应坚固耐用、易于维修、易于保持清洁,能避免有害动物的侵入和栖息。

(1) 屋顶与天花板

食品处理区天花板的设计应易于清扫,能防止害虫隐匿、灰尘积聚,避免长霉或建筑材料的脱落等情形发生。

食品处理区天花板应选用无毒、无异味、不吸水、不易积垢、表面光洁、耐腐蚀、耐温、浅色材料涂覆或装修,天花板与横梁或墙壁结合处宜有一定弧度(曲率半径在 3 cm 以上);水蒸气较多场所的天花板应有适当坡度,在结构上减少凝结水滴落。清洁操作区、准清洁操作区及其他半成品、成品暴露场所屋顶若为不平整的结构或有管道通过,应加设平整易于清洁的吊顶。

烹饪场所天花板离地面宜在 2.5 m 以上,小于 2.5 m 的应采用机械排风系统,有效排出蒸汽、油烟、烟雾等。

(2) 地面与排水

食品处理区地面应用无毒、无异味、不透水、不易积垢、耐腐蚀和防滑的材料铺设,且平整、无裂缝。

粗加工、切配、烹饪和餐饮具清洗消毒等需经常冲洗、易潮湿的场所的地面应易于清洗、防滑,并应有一定的排水坡度(不小于1.5％)及良好的排水系统。排水沟应有坡度、保持通畅、便于清洗,沟内不应设置其他管路,侧面和底面接合处宜有一定弧度(曲率半径不小于3 cm),并设有可拆卸的盖板。排水的流向应由高清洁操作区流向低清洁操作区,并有防止污水逆流的设计。

清洁操作区内不得设置明沟,地漏应能防止废弃物流入及浊气逸出。

废水应排至废水处理系统或经其他适当方式处理。

(3) 墙壁与门窗

食品处理区墙壁应用无毒、无异味、不透水、不易积垢、平滑的浅色材料构筑。其墙角及柱角(墙壁与墙壁间、墙壁及柱与地面间、墙壁及柱与天花板间)宜有一定的弧度(曲率半径在3 cm以上),以防止积垢和便于清洗。

粗加工、切配、烹饪和餐饮具清洗消毒等需经常冲洗、易潮湿的场所,应有1.5 m以上的光滑、不吸水、浅色、易清洗和耐用的材料制成的墙裙,各类专间的墙裙应铺设到墙顶。

粗加工、切配、烹饪、餐饮具清洗消毒等场所和各类专间的门应采用易清洗、不吸水的坚固材料制作。

食品处理区的门、窗应装配严密,与外界直接相通的门和可开启的窗应设有易于拆洗且不生锈的防蝇纱网或设置空气幕,与外界直接相通的门和各类专间的门应能自动关闭。室内窗台下斜45度以上或采用无窗台结构。

以自助餐形式供餐的餐饮服务提供者或无备餐专间的快餐店和食堂,就餐场所窗户应为封闭式或装有防蝇防尘设施,门应设有防蝇防尘设施。

3.2.3 卫生设施

(1) 供水设施

供水应能保证加工需要,水质应符合《生活饮用水卫生标准》(GB5749-2022)规定。不与食品接触的非饮用水(如冷却水、污水或废水等)的管道系统和食品加工用水的管道系统的可见部分应以不同颜色明显区分,并以完全分离的管路输送,不得有逆流或相互交接现象。

(2) 洗手消毒设施

食品处理区内应设置足够数量的洗手设施、附近应有洗手消毒方法标识,其位置应设在方便从业人员的区域;就餐场所应设有数量足够的供就餐者使用的专用洗手设施。洗手消毒水池附近应设有相应的清洗、消毒用品和干手用品或设施。洗手设施的排水应具有防止逆流、有害动物侵入及臭味产生的装置。洗手池的材质应为不透水材料,结构应易于清洗。

水龙头宜采用脚踏式、肘动式或感应式等非手动式开关或可自动关闭的开关,并宜提供温水。

(3) 通风排烟

食品处理区应保持良好通风,及时排除潮湿和污浊的空气。空气流向应由高清洁区流向低清洁区,防止食品、餐饮具、加工设备设施受到污染。

烹饪场所应采用机械排风。产生油烟的设备上方应加设附有机械排风及油烟过滤的排气装置,过滤器应便于清洗和更换。

产生大量蒸汽的设备上方应加设机械排风排气装置外,还宜分隔成小间,防止结露并做好凝结水的引泄。

排气口应装有易清洗、耐腐蚀并符合要求的可防止有害动物侵入的网罩。

(4) 采光照明

加工经营场所应有充足的自然采光或人工照明,食品处理区工作面照度不应低于 220 lux,其他场所不宜低于 110 lux。光源应不改变所观察食品的天然颜色。

安装在暴露食品正上方的照明设施应使用防护罩,以防止破裂时玻璃碎片污染食品。冷冻(藏)库房应使用防爆灯。

(5) 餐饮具清洗消毒与保洁

清洗、消毒、保洁设备设施的大小和数量应能满足需要。餐饮具宜用热力方法进行消毒,因材质、大小等原因无法采用的除外。

用于清扫、清洗和消毒的设备、用具应放置在专用场所妥善保管。

餐饮具清洗消毒水池应专用,与食品原料、清洁用具及接触非直接入口食品的工具、容器清洗水池分开。水池应使用不锈钢或陶瓷等不透水材料制成,不易积垢并易于清洗。采用化学消毒的,至少设有 3 个专用水池。各类水池应以明显标识标明其用途。

采用自动清洗消毒设备的,设备上应有温度显示和清洗消毒剂自动添加装置。

使用的洗涤剂、消毒剂应符合《食品工具、设备用洗涤剂卫生标准》等有关食品安全标准和要求。

洗涤剂、消毒剂应存放在专用的设施内。

应设专供存放消毒后餐饮具的保洁设施,标识明显,其结构应密闭并易于清洁。

提供使用集中消毒餐饮具的,应建立索证索票和查验制度,索取餐饮具集中消毒单位的营业执照和餐饮具的消毒合格证明,查验餐饮具包装、标识是否完整齐全。

不得使用未经清洗的餐饮具。

(6) 场所及设施设备

应建立餐饮服务加工经营场所及设施设备清洁、消毒制度,各岗位相关人员按照要求进行清洁。用于食品加工的设备及工具使用后应洗净,接触直接入口食品的还应进行消毒。采用化学消毒的设施及工具消毒后要彻底清洗。清洗消毒时应注意防止污染食品、食品接触面。

应建立餐饮服务加工经营场所及设施设备维修保养制度,并按规定定期维护食品加工、贮存、陈列等设施、设备,定期清洗、校验保温设施及冷藏、冷冻设施,以使其保持良好的运行状况。

食品处理区不得存放与食品加工无关的物品,各项设施设备也不得用作与食品加工无关的用途。已清洗和消毒过的设施和工具,应在保洁设施内定位存放,避免再次受到污染。

(7) 卫生间

卫生间不得设在食品处理区。

卫生间应采用冲水式,地面、墙壁、便槽等应采用不透水、易清洗、不易积垢的材料。

卫生间内的洗手设施,应符合规定并宜设置在出口附近。

卫生间应设有效排气装置,并有适当照明,与外界相通的门窗应设有易于拆洗不生锈的防蝇纱门、纱窗。外门应能自动关闭。

卫生间排污管道应与食品处理区的排水管道分设,且应有有效的防臭气水封。

(8) 更衣场所

更衣场所与加工经营场所应处于同一建筑物内。

更衣场所应有足够大小的空间、足够数量的更衣设施和适当的照明设施,在门口处宜设有符合规定的洗手设施。

(9) 库房仓储

食品和非食品(不会导致食品污染的食品容器、包装材料、工具等物品除外)库房应分开设置。

食品库房应根据贮存条件的不同分别设置,必要时设冷冻(藏)库。

同一库房内贮存不同类别食品和物品应区分存放区域,不同区域应有明显标识。

库房构造应以无毒、坚固的材料建成,且易于维持整洁,并应有防止动物侵入的装置。

库房内应设置数量足够的存放架,其结构及位置应能使贮存的食品和物品距离墙壁、地面均在 10 cm 以上,以利于空气流通及物品搬运。

除冷冻(藏)库外的库房应有良好的通风、防潮、防鼠设施。

冷冻(藏)库应设可正确指示库内温度的温度计。

(10) 防尘防鼠防虫害

加工经营场所门窗应设置防尘、防鼠、防虫害设施。

加工经营场所必要时可设置灭蝇设施。使用灭蝇灯的,应悬挂于距地面 2 m 左右高度,且应与食品加工操作保持一定距离。

排水沟出口和排气口应有网眼孔径小于 6 mm 的金属隔栅或网罩,以防鼠类侵入。

应定期进行除虫灭害工作,防止害虫滋生。除虫灭害工作不能在食品加工操作时进行,实施时对各种食品应有保护措施。

加工经营场所内如发现有害动物存在,应追查和杜绝其来源,扑灭时应不污染食品、食品接触面及包装材料等。

(11) 废弃物暂存

食品处理区内可能产生废弃物或垃圾的场所均应设有废弃物容器。废弃物容器应与加工用容器有明显的区分标识。

废弃物容器应配有盖子,以坚固及不透水的材料制造,能防止污染食品、食品接触面、水源及地面,防止有害动物的侵入,防止不良气味或污水的溢出,内壁应光滑以便于清洗。专间内的废弃物容器盖子应为非手动开启式。

废弃物应及时清除,清除后的容器应及时清洗,必要时进行消毒。

在加工经营场所外适当地点宜设置结构密闭的废弃物临时集中存放设施。废弃物应按相关规定处置。

3.2.4 专间

专间为独立隔间,专间内应设有专用工具容器清洗消毒设施和空气消毒设施,专间内温度不高于 25 ℃,设有独立的空调设施。加工经营场所面积 150 m² 以上餐馆、快餐店、食堂等的专间入口处应设置有洗手、消毒、更衣设施的通过式预进间。不具备设置预进间条件的其他餐饮服务提供者,应在专间入口处设置洗手、消毒、更衣设施。

以紫外线灯作为空气消毒的,紫外线灯(波长 200—275 nm)应按功率不小于 1.5 W/m³ 设置,紫外线灯应安装反光罩,强度大于 70 μW/cm²。专间内紫外线灯应分布均匀,悬挂于距离地面 2 m 以内高度。

凉菜间、裱花间应设有专用冷藏设施。

专间应设一个门,如有窗户应为封闭式(传递食品用的除外)。专间内外食品传送窗口应可开闭,窗口大小宜以可通过传送食品的容器为准。

专间的面积应与就餐场所面积和供应就餐人数相适应。

3.3 餐饮器具与设备

3.3.1 一般要求

餐饮服务提供者使用的接触食品的设备、工具、容器、包装材料等应符合食品安全标准和其他法律法规要求。

3.3.2 材质

所有用于食品处理区及可能接触食品的设备与工具,应由无毒、无臭味或异味、耐腐蚀、不易发霉的且符合卫生标准的材料制造。不与食品接触的设备与工具的构造,也应易于保持清洁。

食品接触面原则上不得使用木质材料（工艺要求必须使用除外），必须使用木质材料时，应保证不会对食品产生污染。

3.3.3 设计

接触食品的设备、工具和容器应易于清洗消毒、便于检查，避免因润滑油、金属碎屑、污水或其他可能引起污染。

食品设备、工具和容器与食品的接触面应平滑、无凹陷或裂缝，内部角落部位应避免有尖角，以避免食品碎屑、污垢等的聚积。

设备的摆放位置应便于操作、清洁、维护和减少交叉污染。

用于原料、半成品、成品的工具和容器，应分开并有明显的区分标识；原料加工中切配肉、水产品和植物性食品的工具和容器，应分开并有明显的区分标识。

3.4 卫生管理

3.4.1 卫生管理制度

应制定保障餐饮服务食品安全管理的制度，落实岗位责任制。

食品安全管理制度主要包括：从业人员健康管理和培训管理制度，加工经营场所及设施设备清洁、消毒和维修保养制度，食品、食品添加剂、食品相关产品采购索证索票、进货查验和台账记录制度，关键环节操作规程，餐厨废弃物处置管理制度，食品安全事故预防、应急处置方案和事故报告制度，以及投诉受理与处理制度等。

3.4.2 环境卫生管理

加工经营场所内环境（包括地面、排水沟、墙壁、天花板、门窗等）应保持清洁和良好状况。就餐场所的桌、椅、台等应保持清洁。

食品加工过程中废弃的食用油脂应集中存放在有明显标志的容器内，按照规定予以处理。

污水和废气排放应符合国家环保要求和排放标准。

建立餐厨废弃物处置管理制度，将餐厨废弃物分类放置，废弃物应在每次供餐结束后及时清除，清除后的容器应及时清洗，必要时进行消毒。餐厨废弃物应由经相关部门许可或备案的餐厨废弃物收运、处置单位或个人处理。应与处置单位或个人签订合同，并索取其经营资质证明文件复印件。建立餐厨废弃物处置台账，详细记录餐厨废弃物的种类、数量、去向、用途等情况，定期向监管部门报告。

杀虫剂、杀鼠剂及其他有毒有害物品存放，均应有固定的场所（或橱柜）并上锁，有明显的警示标识，并有专人保管。使用杀虫剂进行除虫灭害，应由专人按照规定的使用方法进行。各种有毒有害物品的采购及使用应有详细记录,包括使用人、使用目的、使用区域、使用量、使用及购买时间、配制浓度等。使用后应进行复核,并按规定进行存放、保管。

3.4.3 留样

学校食堂(含托幼机构食堂)、超过 100 人的建筑工地食堂、重大活动餐饮服务和超过 100 人的一次性聚餐,每餐次的食品成品应留样。

留样食品应按品种分别盛放于清洗消毒后的密闭专用容器内,并放置在专用冷藏设施中,在冷藏条件下存放 48 小时以上,每个品种留样量应满足检验需要,不少于 100 g,并记录留样食品名称、留样量、留样时间、留样人员、审核人员等。

3.4.4 人员健康管理与卫生要求

(1) 人员健康管理

应建立并执行人员健康管理制度。

从业人员(包括新参加和临时参加工作的人员)取得健康证明后方可参加工作。

每年进行一次健康检查,必要时进行临时健康检查。

患有国务院卫生行政部门规定的有碍食品安全疾病的人员,不得从事接触直接入口食品的工作。

餐饮服务提供者应建立每日晨检制度。有发热、腹泻、皮肤伤口或感染、咽部炎症等有碍食品安全病症的人员,应立即离开工作岗位,待查明原因并将有碍食品安全的病症治愈后,方可重新上岗。

(2) 个人卫生要求

应保持良好个人卫生,操作时应穿戴清洁的工作衣帽,头发不得外露,不得留长指甲、涂指甲油、佩戴饰物。专间操作人员应规范佩戴口罩。

手部操作前应洗净,操作过程中应保持清洁,受到污染后应及时洗手。

接触直接入口食品的操作人员,有下列情形之一的,应洗手并消毒:处理食物前;使用卫生间后;接触生食物后;接触受到污染的工具、设备后;咳嗽、打喷嚏或擤鼻涕后;处理动物或废弃物后;触摸耳朵、鼻子、头发、面部、口腔或身体其他部位后;从事任何可能会污染双手的活动后。

专间操作人员进入专间时,应更换专用工作衣帽并佩戴口罩,操作前应严格进行双手清洗消毒,操作中应适时消毒。不得穿戴专间工作衣帽从事与专间内操作无关的工作。

不得将私人物品带入食品处理区。

不得在食品处理区内吸烟、饮食或从事其他可能污染食品的行为。

进入食品处理区的非加工操作人员,应符合现场操作人员卫生要求。

(3) 工作服

工作服(包括衣、帽、口罩)宜用白色或浅色布料制作,专间工作服宜从颜色或式样上予以区分。

工作服应定期更换,保持清洁。接触直接入口食品的从业人员的工作服应每天更换。待清洗的工作服应远离食品处理区。每名从业人员不得少于2套工作服。

延伸阅读

英国大型活动中餐饮场所的卫生实践评估:识别2012年奥运会的风险[①]

研究目的:调查大型活动中餐饮场所的卫生状况,以便协助编制此类活动的膳食指南,比较周末和一周中其他时间的卫生标准,为2012年伦敦奥运会的筹备工作吸取经验。

研究设计:在全英国范围内对大型活动的餐饮业者进行研究,包括对卫生程序的问卷调查和对食物、水和环境样本的微生物学检查。

研究方法:地方当局抽样官员在139个活动中总共收集了1 364份食物、水、表面拭子(棉签)和抹布的样本,并将其运送到实验室进行微生物分析。

研究结果:8%的食物样本质量不合格,另有2%的食物样本含有可能危害健康的芽孢杆菌。不合格的食物样本中,有很大一部分来自没有采取适当食品安全程序的供应商。52%的水样、38%的棉签和71%的抹布也不令人满意。大部分样本(57%)是在周六、周日或公共假日收集的。与一周中的其他日子相比,周末的环境拭子结果明显较差。

结论:这项研究强化了这样一个事实,即食品卫生是流动摊贩中一个要持续关注的问题,需要对餐饮业者进行持续的培训和监督,以迎接伦敦奥运会。

【思考与练习】

1. 请列举餐饮业中常见的食品安全问题,并简述每个问题的危害和防范措施。
2. 如何才能确保厨房卫生和安全?
3. 餐饮业卫生管理中哪些方面更容易被忽视,应该如何加强管理?
4. 在食品安全事故发生时,应急处理非常重要,在应急处理中餐饮企业应该做哪些事情?
5. 餐饮企业应该如何进行员工培训和教育,以提高员工的卫生意识和安全意识?

[①] 来源:C. Willis, N. Elviss, H. Aird et al. (2012). Evaluation of hygiene practices in catering premises at large-scale events in the UK: Identifying risks for the Olympics 2012. *Public Health*, Volume 126, Issue 8, Pages 646–656.

第十二章
餐饮服务质量管理

学习目标

1. 了解餐饮服务质量管理的概念、特点。
2. 熟悉餐饮服务质量的控制方法。
3. 掌握餐饮服务质量分析的工具和方法。
4. 能够进行服务质量评估和改进,制定并执行改进措施。

导入案例

广东深入实施餐饮质量安全提升行动[①]

餐饮质量提升行动以来,广东不断强化各项监管措施,制定《广东省餐饮质量安全提升行动方案》,稳步推进餐饮质量提升行动,餐饮质量安全持续向好发展,未发生区域性、系统性食品安全事故。

一、通过开展从业人员培训考核促进规范经营

广东省市场监管局自2021年起连续两年推动餐饮从业人员培训工作,为全省餐饮从业人员提供免费的线上食品安全培训考核平台,创新实施按岗培训,培训内容包括食品安全法律法规、餐饮加工操作规范、食品安全风险预警等,对全省约50万家在营餐饮服务单位实施全覆盖培训考核,目前已基本完成三轮的培训考核全覆盖,培训餐饮从业人员逾两百万人次,有效地规范餐饮加工操作行为,促进规范经营。

二、通过开展"查餐厅"督促主体责任落实

2021年起,广东持续组织全省市场监管系统开展全民"查餐厅"活动,以网络直播公开监督检查过程的方式,督促餐饮服务提供者严格落实食品安全主体责任,督促其严格把好原料采购关,落实进货查验、索证索票、从业人员健康管理、从业人员培训、设施设备维护、餐饮加工操作规范、餐饮具清洗消毒等食品安全管理制度,让消费者深入了解餐饮食品安全监管执法,积极回应消费者关心关切。据统计,2021年以来,全省累计开展"查餐厅"活动769期,出动执法人员19 026人次,检查经营主体12 200家,其中网红餐厅566家,发现问题经营主体2 213家,立案68宗,媒体宣传报道2 614次,网络点击达7 278.6万次,邀请社会人士参与1 452人次。

三、通过开展"以网管网"加强网络订餐监管

持续开展网络订餐监测,监测"美团外卖""饿了么"两大网络订餐平台的入网餐饮经营户约90万家(含重复统计),监测内容包括:证照公示情况,食品安全相关信息公示情况,是否超范围经营,是否经营野生动物、长江禁捕水产品、金箔食品等情况,发现涉嫌违法违规行为及时通报、组织属地市场监管部门开展现场核查处置,屏蔽或下线相关菜品,依法处罚。2019年,网络订餐监测证照不全率为2.29%,2022年,网络订餐监测证照不全率为0.14%,下降了2.15个百分点。通过持续监测、通报、核查,入网餐饮服务提供者证照不全的问题得到有效整治,证照不全率呈逐步下降趋

[①] 来源:粤市监.中国质量新闻网,https://www.cqn.com.cn/zj/content/2022-12/30/content_8895519.htm.

势,网络订餐向着更好更规范的方向发展。2022年上半年,通过网络订餐监测发现涉及经营河豚鱼的线索19条,经现场核查,发现问题6家,立案4宗,罚没128 400元,更精准地打击河豚非法经营违法行为。

四、通过推广"食安封签"打造放心外卖

2020年,广东向网络订餐平台推广使用外卖食品"食安封签",并印制了400万张作为推广引导,由"饿了么""美团"平台向入网餐饮服务提供者免费派送,鼓励入网餐饮服务提供者在打包网络订餐食品时,使用"食安封签",推动消费者提高网络订餐食品安全消费意识,推动订餐平台落实食品安全管理责任,以及推动入网餐饮服务提供者落实食品安全主体责任,确保餐食配送过程不被污染。"食安封签"投放市场后,社会反映良好,纷纷为此项举措点赞。

五、通过探索"智慧监管"推动社会共治

在坚持"政府引导、企业自律、社会监督"的原则下,积极推动社会餐饮"互联网＋明厨亮灶"建设工作,加强对餐饮服务的监管,着力提升餐饮服务提供者食品安全管理水平,2021年底出台《关于推进社会餐饮"互联网＋明厨亮灶"建设工作的指导意见》,进一步督促餐饮服务经营者落实食品安全主体责任,规范公开餐饮食品加工制作过程,督促餐饮服务经营者自觉接受社会监督,诚信守法经营。同时,督促引导网络订餐平台积极配合参与"互联网＋明厨亮灶"建设,将开通"互联网＋明厨亮灶"的商户监控视频实时接入平台,向消费者开放查阅,并通过"阳光餐饮专区""品牌专区""店铺打标""直播接入"等方式,推动平台内经营者主动加入建设,对开通"互联网＋明厨亮灶"的商户给予流量扶持、排名靠前、佣金优惠等优惠政策,同时引导消费者积极参与监督,提升开通"互联网＋明厨亮灶"商户在平台的识别度、知名度、品牌度,进一步提高社会餐饮商户参与"互联网＋明厨亮灶"建设的积极性、主动性。据统计,截至目前,全省548家集体用餐配送单位,已建成441家,覆盖率为80.47%;331家中央厨房,已建成136家,覆盖率43.73%;2.87万家餐饮服务单位、3 670家单位食堂(不包括学校幼儿园食堂)建成"互联网＋明厨亮灶"。

六、通过强化监督抽检打击违法行为

每年投入大量食品安全监督抽检经费,对餐饮环节开展常规抽检及专项抽检,加强对餐饮食品的监督抽检频次和批次。据统计,近三年来全省共监督抽检餐饮食品约342 433批次,不合格11 096批次;风险监测30 313批次,问题样品批次2 290批次。对发现的不合格食品依法开展核查处置,严厉打击食品经营违法行为,有效保障餐饮食品消费安全。

七、通过宣传教育促进餐饮消费安全

针对不同时间节点和春节、中秋、五一、十一等重大节假日，不定期发布食品安全消费提醒，包括野生蘑菇、断肠草、河豚、"湿米粉"等高风险食品消费提醒或风险警示，提高消费者食品安全风险意识，自觉拒食高风险食品。据不完全统计，近3年来新媒体发布了216篇河豚鱼的推文，总阅读量约为16.4万人次，短视频2个，阅读量约37.2万次。

问题：互联网时代如何更有效地提升餐饮质量？广东省的做法给了我们哪些启示？

1　什么是餐饮服务质量

餐饮服务是指餐饮部工作人员为就餐宾客提供食品、酒水饮料和一系列劳务服务行为的总和。服务质量是指服务满足宾客服务需求的特性的总和。这里所指的"服务"包含为顾客所提供的有形产品和无形产品,而"服务需求"是指被服务者——顾客的需求。因此,服务质量即为宾客提供有形产品和无形产品过程中满足宾客需求的特性的总和。

餐饮服务质量是指餐饮企业以其所拥有的设施设备为依托,为宾客所提供的服务在使用价值上适合和满足宾客物质和心理需要的程度。适合和满足客人需求的程度越高,服务质量越好,反之服务质量就越差。

2　餐饮服务质量的特点

餐饮服务所需要的人与人、面对面、随时随地提供服务的特点以及餐饮服务质量特殊的构成内容使其质量内涵与其他企业有着极大的差异。为了更好地实施对餐饮服务质量的管理,管理者必须正确认识与掌握餐饮服务质量的特点。

2.1　餐饮服务质量构成的综合性

餐饮服务是一个精细复杂的过程,而服务质量则是餐饮管理水平的综合反映。餐饮服务质量的构成内容既包括有形的设施设备质量、服务环境质量、实物产品质量,又包括无形的劳务服务质量等多种因素,且每一因素又由许多具体内容构成,贯穿于餐饮服务的全过程。其中,设施设备、实物产品是餐饮服务质量的基础,服务环境、劳务服务是表现形式,而宾客满意程度则是所有服务质量优劣的最终体现。它既涵盖了衣食住行等人们日常生活的基本内容,也包括办公、通讯、娱乐、休闲等更高层面的活动,因此,人们常用"一个独立的小社会"来说明餐饮服务质量的构成所具有的极强的综合性。

2.2　餐饮服务质量评价的主观性

尽管餐饮企业自身的服务质量水平基本上是一个客观的存在,但由于餐饮服务质量的评价是由宾客享受服务后根据其物质满足和心理满足所感知的,因而带有很强的个人主观性。宾客的满足程度越高,对服务质量的评价也就越高,反之亦然。餐饮管理者不能无视客人对餐饮服务质量的评价,否则,将失去客源,失去生存的基础。餐厅也没有理由要求客人必须对餐饮服务质量作出与客观实际相一致的评价,更不应指责客人对餐饮服务质量的评价存在偏见,尽管有时确实存在偏见。相反,这就要求餐厅在服务过程中通过细心观察,了解并掌握宾客的物质和心理需要,不断改善对客服务,为客人提供有针对性的个性化服务,并注重服务中的每一个细节,重视每次服务的效果,用符合客人需要的服务本身来提高宾客的满意程度,从而提高并保持餐饮服务质量。

2.3 餐饮服务质量显现的短暂性

餐饮服务中的大部分食品、饮料等都是现生产、现消费,即生产与消费同时进行。餐饮服务质量是由一次一次内容不同的具体服务组成的,而每一次具体服务的使用价值均只有短暂的显现时间,即使用价值的一次性,如微笑问好、介绍菜品等。这类具体服务不能储存,一结束,就失去了其使用价值,留下的也只是宾客的感受而非实物。因此,餐饮服务质量的显现是短暂的,不像实物产品那样可以返工、返修或退换,如要进行服务后调整,也只能是进行服务补救或在下一次提供服务时进行改进。因此,餐饮管理者应督导员工做好每一次服务工作,争取使每一次服务都能让宾客感到非常满意,从而提高餐饮整体服务质量。

2.4 餐饮服务质量内容的关联性

客人对餐饮服务质量的印象,是通过进入餐厅直至离开餐厅的全过程而形成的。在此过程中,客人得到的是各部门员工提供一次次具体的服务活动,但这些具体的服务活动不是孤立的,而是有着密切的关联,因为在连锁式的服务过程中,只要有一个环节的服务质量有问题,就会破坏客人对餐饮的整体印象,进而影响其对餐饮服务质量的评价。因此,在餐饮服务质量管理中流行着一个公式 100－1＜0,即 100 次服务中只要有 1 次服务不能令宾客满意,宾客不但会否定以前的 99 次优质服务,还会影响餐厅的声誉。这就要求餐饮各部门、各服务过程、各服务环节之间协作配合,并做好充分的服务准备,确保每项服务的优质、高效,确保餐饮服务全过程和全方位的"零缺陷"。

2.5 餐饮服务质量对员工素质的依赖性

餐饮产品生产、销售、消费同时性的特点决定了餐饮服务质量与餐饮服务人员表现的直接关联性。餐饮服务质量是在有形产品的基础上通过员工的劳务服务创造并表现出来的。这种创造和表现能满足宾客需要的程度取决于服务人员的素质高低和管理者的管理水平高低。所以,餐饮服务质量对员工素质有较强的依赖性。

因为餐饮服务质量的优劣在很大程度上取决于员工的即兴表现,而这种表现又很容易受到员工个人素质和情绪的影响,具有很大的不稳定性。所以要求餐饮管理者应合理配备、培训、激励员工,努力提高他们的素质,发挥他们的服务主动性、积极性和创造性,同时提高自身素质及管理能力,从而创造出满意的员工,而满意的员工又是满意的客人的基础,是不断提高餐饮服务质量的前提。

2.6 餐饮服务质量的情感性

餐饮服务质量还取决于宾客与餐饮之间的关系,关系融洽,宾客就比较容易谅解餐饮的难处和过错,而关系不和谐,则很容易致使客人小题大做或借题发挥。因此,餐饮与宾客间关系的融洽程度直接影响着客人对餐饮质量的评价,这就是餐饮服务质量的情感性特点。

事实上,餐饮服务质量问题总是会出现在餐厅的任何时间和空间。所不同的是存在的问题数量和层次,这是一个无可回避的客观现实。作为餐饮管理者所应做的是积极地采取妥当的措施,将出现的服务质量问题的后果对客人的影响降至最小,避免矛盾的扩大化,其中最为有效的办法,就是通过一些真诚为客人考虑的服务赢得客人,在日常工作中与客人建立起良好和谐的关系,使客人最终能够谅解餐饮的一些无意的失误。

3 餐饮服务质量管理原则

3.1 质量效益的原则

质量经营管理思想,是餐饮企业质量经营管理活动的根本宗旨和指导思想。突出质量的经营管理思想是指餐饮企业在经营活动的全过程和所有环节中,必须确定质量的主导地位,坚持"质量效益第一",始终不渝地把质量管理作为餐饮企业经营管理中心环节。

3.2 "顾客至上"的原则

作为一家餐饮企业,为顾客提供食品及其服务,就要全心全意为顾客着想,坚持"顾客至上"的原则,这就要求所有员工事事处处从顾客的利益出发,想顾客所想、急顾客所急、帮顾客所需,认真了解和听取顾客意见,提供让顾客满意的食品和服务。

3.3 系统管理的原则

系统是指由若干相互联系、相互影响、相互制约的因素或单元组成的有机整体。全面餐饮质量管理把餐饮企业的质量管理活动看作是一个有机整体,对影响餐饮质量的各种因素,从宏观、微观、人员、技艺、管理、设备、方法、环境等方向进行综合治理,要求全员、全过程都开展质量管理,建立健全质量保证体系,充分体现了系统管理的原则。

3.4 预防为主的原则

全面质量管理强调"预防为主",是同传统质量管理的重要区别。全面质量管理坚持以"预防为主",就是要预先分析影响质量的各种因素,找出主导性因素,采取措施加以控制,把"事后把关"为主变为"事前预防"为主,使质量问题消灭在质量形成过程中,做到防患于未然。

3.5 以人为本的原则

虽然影响餐饮产品质量的因素是多方面的,但在诸因素中,人的因素是首要因素。一句话,提高餐饮产品质量的根本途径在于不断提高餐饮企业全体员工的素质,充分调动和发挥人的积极性和创造性。

3.6 实事求是的原则

实事求是是指在全面质量管理中,以客观事实和数据为依据,来反映、分析和解决餐饮质量问题。全面质量管理主张用数据和事实对质量现象进行分析和反映,依据分析的结果解决质量问题,反对凭主观印象、感觉、凭自己的经验和情绪化的认识进行质量管理。

3.7 不断改进的原则

不断改进是指为了适应就餐顾客不断增长的对餐饮产品质量的需求,通过加强质量的全面管理,在保持原有质量水平的基础上,不断提高产品质量的思想。全面质量管理认为,质量存在产生、形成和实现的过程。质量的保持、改进、提高过程是一个逐渐上升的过程,不能永远停留在原有的质量水平上。餐饮企业尤其如此。如果几年如一日,菜式没有改进,质量没有变化,服务没有提高,就必然会失去质量优势。

4 餐饮服务质量控制

促使餐厅的每一项工作都围绕着给宾客提供满意的服务来展开,是进行餐饮服务质量控制的目的。

4.1 餐饮服务质量控制的基础

要进行有效的餐饮服务质量控制,必须具备三个基本条件。

4.1.1 必须建立服务规程

制定服务规程时,首先确定服务的环节程序,再确定每个环节统一的动作、语言、时间、用具,包括对意外事件、临时要求的化解方式、方法等。管理人员的任务是执行和控制规程,特别要抓好各套规程之间的薄弱环节,用服务规程来统一各项服务工作,从而使之达到服务质量标准化、服务岗位规范化和服务工作程序化、系列化。

4.1.2 必须收集质量信息

餐厅管理人员应该知道服务的结果如何,即宾客是否满意,从而采取改进服务、提高质量的措施;应该根据餐饮服务的目标和服务规程,通过巡视定量抽查、统计报表、听取顾客意见等方式来收集服务质量信息。

4.1.3 必须抓好员工培训

企业之间服务质量的竞争主要是人才的竞争、员工素质的竞争。很难想象,没有经过良好训练的员工能有高质量的服务。因此,新员工上岗前,必须进行严格的基本功训练和业务知识培训,不允许未经职业技术培训、没有取得一定资格的人上岗操作。在职员工也必须利用淡季和空闲时间进行培训,以提高业务技术,丰富业务知识。

4.2 餐饮服务质量控制方法

根据餐饮服务的三个阶段(准备阶段、执行阶段和结果阶段),餐饮服务质量可以相应地分为以下部分。

4.2.1 餐饮服务质量的预先控制

所谓预先控制,就是为使服务结果达到预定的目标,在开餐前所作的一切管理上的努力。预先控制的目的是防止开餐服务中所使用的各种资源在质和量上产生偏差。

预先控制主要有以下内容:

(1) 人力资源的预先控制

餐厅应根据自己的特点,灵活安排人员班次,以保证有足够的人力资源。那种"闲时无事干,忙时疲劳战"或者餐厅中顾客多而服务员少、顾客少而服务员多的现象,都是人力资源使用不当的不正常现象。

在开餐前,必须对员工的仪容仪表做一次检查。开餐前数分钟所有员工必须进入指定的岗位,姿势端正地站在最有利于服务的位置上。女服务员双手自然叠放于腹前或自然下垂于身体两侧,男服务员双手背后放或贴近裤缝线。全体服务员应面向餐厅入口等候宾客的到来,给宾客留下良好的第一印象。

(2) 物资资源的预先控制

开餐前,必须按规格摆好餐台;准备好餐车、托盘、菜单、点菜单、订单、开瓶工具及工作台小物件等。另外,还必须备足相当数量的"翻台"用品,如桌布、口布、餐纸、刀叉、调料、火柴、牙签、烟灰缸等物品。

(3) 卫生质量的预先控制

开餐前半小时对餐厅卫生从墙、天花板、灯具、通风口、地毯到餐具、转台、台布、台料、餐椅等都要做最后一遍检查。一旦发现不符合要求的,要安排迅速返工。

(4) 事故的预先控制

开餐前,餐厅主管必须与厨师长联系,核对前后台所接到的客情预报或宴会指令单是否一致,以避免因信息的传递失误而引起事故。另外,还要了解当天的菜肴供应情况,如个别菜肴缺货,应让全体服务员知道。这样,一旦宾客点到该菜,服务员就可以及时向宾客道歉,避免事后引起宾客不满。

4.2.2 餐饮服务质量的现场控制

所谓现场控制,是指现场监督正在进行的餐饮服务,使其规范化、程序化,并迅速妥善地处理意外事件。这是餐厅主管的主要职责之一。餐饮部经理也应将现场控制作为管理工作的重要内容。

(1) 服务程序的控制

开餐期间,餐厅主管应始终站在第一线,通过亲身观察、判断、监督、指挥服务员按标准服务程序服务,发现偏差,及时纠正。

(2) 上菜时机的控制

掌握上菜时间要根据宾客用餐的速度、菜肴的烹制时间等,做到恰到好处,既不要宾客等待太久,也不应将所有菜肴一下子全上上去。餐厅主管应时常注意并提醒掌握好上菜时间,尤其是大型宴会,上菜的时机应由餐厅主管,甚至餐饮部经理掌握。

(3) 意外事件的控制

餐饮服务是面对面的直接服务,容易引起宾客的投诉。一旦引起投诉,主管一定要迅速采取弥补措施,以防事态扩大,影响其他宾客的用餐情绪。如果是由服务态度引起的投诉,主管除向宾客道歉外,还应替宾客换一道菜。发现有醉酒或将要醉酒的宾客,应告诫服务员停止添加酒精性饮料。对已经醉酒的宾客,要设法让其早点离开,以保护餐厅的气氛。

(4) 人力控制

开餐期间,服务员虽然实行分区看台负责制,在固定区域服务(一般可按照每个服务员每小时接待 20 名散客的工作量来安排服务区域)。但是,主管应根据客情变化,进行第二次分工、第三次分工……如果某一个区域的宾客突然来得太多,就应从另外区域抽调员工支援,等情况正常后再将其调回原服务区域。

当用餐高潮已经过去,则应让一部分员工先去休息,留下一部分人工作,到了一定的时间再交换,以提高工作效率。这种方法对于营业时间长的餐厅(如咖啡厅等)特别有效。

4.2.3 服务质量的反馈控制

所谓反馈控制,就是通过质量信息的反馈,找出服务工作在准备阶段和执行阶段的不足,采取措施加强预先控制和现场控制,提高服务质量,使宾客更加满意。

信息反馈系统由内部系统和外部系统构成。内部系统是指信息来自服务员和经理等有关人员。因此,每餐结束后,应召开简短的总结会,以不断改进服务质量。信息反馈的外部系统,是指信息来自宾客。为了及时得到宾客的意见,餐桌上可放置宾客意见表,也可在宾客用餐后主动征求客人意见。宾客通过大堂、旅行社等反馈回来的投诉,属于强反馈,应予以高度重视,保证以后不再发生类似的质量偏差。

建立和健全两个信息反馈系统,餐厅服务质量才能不断提高,更好地满足宾客的需求。

5 餐饮服务质量分析方法

5.1 ABC 分析法

ABC 分析法又称帕雷托分析法,是由意大利经济学家维尔弗雷多·帕累托首创的。它以图表形式把许多餐饮质量问题或形成问题的因素一一排列出来,并表示出各项问题的累计百分比,使人们清楚地看出有哪些质量问题及造成质量问题的关键所在。由于它把被分析的对象分成 A、B、C 三类,所以又称为 ABC 分析法,也叫主次因素分析法。

在 ABC 分析法的分析图中,有两个纵坐标,一个横坐标,几个长方形,一条曲线。左边纵坐标表示频数,右边纵坐标表示频率,以百分数表示。横坐标表示影响质量的各项因素,按影响大小从左向右排列,曲线表示各种影响因素大小的累计百分数(图 12-1)。一般来说,是将曲线的累计频率分为三级,与之相对应的因素分为三类:

A 类因素,发生累计频率为 0%—80%,是主要影响因素。

B 类因素,发生累计频率为 80%—90%,是次要影响因素。

C 类因素,发生累计频率为 90%—100%,是一般影响因素。

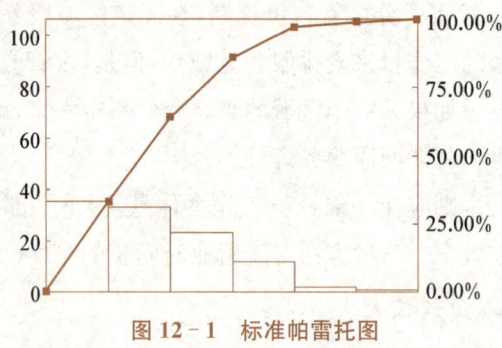

图 12-1 标准帕雷托图

ABC 分析法的具体步骤如下:

(1) 搜集数据

(2) 项目分类

(3) 制作分项统计表,并按照所占百分比由大到小排序

(4) 累计百分比,绘制排列图

(5) 进行分析,找出主要问题

5.2 因果分析法

因果分析法又称鱼骨图、树枝图,由一条主干线以及一系列带箭头的线表示造成质量问题的大、中、小原因的分支线组成(图 12-2)。鱼骨图是由日本管理大师石川馨先生发展出来的,故又名石川图。其特点是简洁实用,深入直观。

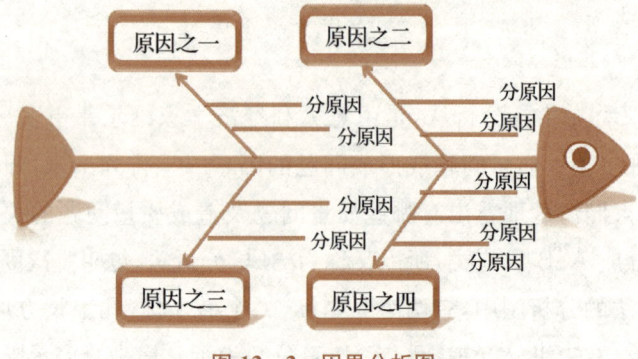

图 12-2 因果分析图

问题的特性总是受到一些因素的影响,通过头脑风暴法找出这些因素,并将它们与特性值一起,按相互关联性整理,标出重要因素,层次分明,条理清楚。它是一种透过现象看本质的分析方法,能够发现问题的"根本原因"。

5.3 圆形百分比图

圆形百分比图又称饼状图,它把一个圆用半径划分成几个扇形,通过扇面面积大小,形象直观地表现构成质量问题各因素的比例(图12-3)。

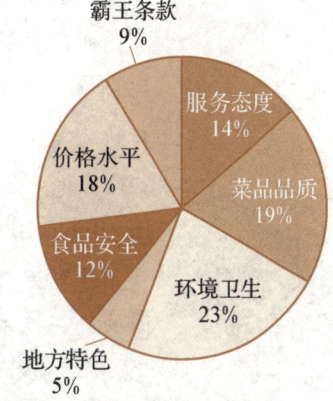

图 12-3 圆形百分比图

5.4 PDCA 循环法

PDCA 循环又叫戴明循环,是美国质量管理专家戴明博士提出的(图12-4)。PDCA 是英语单词 Plan(计划)、Do(执行)、Check(检查)和 Act(行动)的第一个字母。PDCA 循环是能使任何一项活动有效进行的一种合乎逻辑的工作程序,特别是在质量管理中得到了广泛的应用。

PDCA 循环在运用中的具体步骤如下:

(1) PLAN 阶段

分析现状,找出存在的问题;

分析产生问题的原因(人、设施、环境、商品);

找出主要影响因素;

制订解决问题的计划措施。

图 12-4 PDCA 循环图

(2) DO 阶段

具体实施,严格执行预订计划。

(3) CHECK 阶段

检查计划执行情况,明确效果,分析对错,找出原因。

(4) Action 阶段

对总结检查的结果进行处理,成功的经验加以肯定,并予以标准化,或制定作业指导书,便于以后工作时遵循;对于失败的教训进行总结,以免重现。提出遗留问题,转入下一个循环。

PDCA 循环就是按照这样的顺序进行质量管理,并且循环不止地进行下去的科学程序。

延伸阅读

医院餐饮服务中的创新烹饪技术:对医院膳食质量的影响[①]

研究目的:医院餐饮服务在满足临床和营养需求以及提供病人可接受的食物方面起着决定性作用。不幸的是,目前大多数医院的餐饮服务被用户认为是不充分的,并且有很高比例的食物浪费,这可能会对患者的营养和临床状况产生负面影响。本研究的目的是验证营养智能(Nutritional Intelligence,NI)项目在改善医院膳食营养和感官质量方面的效果。

研究方法:研究在罗马(意大利)的 Cristo Re 医院进行,比较了两种不同的烹饪技术:传统程序和 Niko Romito 食品加工技术的低侵略性美食程序,收集了对餐饮服务的客观(食物浪费)和主观(顾客满意度)评价数据。

研究结果:参与者浪费至少 50% 的菜肴的比例,第一道菜从 25.9% 下降到 20%,主菜从 32.8% 下降到 20%,副菜从 29.3% 下降到 20.4%(所有情况下 $P<0.05$)。在顾客满意度方面,对菜单种类给予肯定评价的参与者比例从 74.1% 逐渐增加到 95%($P<0.05$)。对于菜肴的呈现方式(气味、颜色、味道)的评价也是如此:正面评价从 51.7% 上升到 76%($P<0.05$)。餐饮服务总体得分(0—10 分)由 6.38 ± 2.3 分上升至 7.6 ± 2.1 分($P<0.05$)。

结论:医院的餐饮服务必须能够为病人提供充足的能量和营养,使他们恢复健康并减少住院时间。营养智能项目基于 Niko Romito 食品加工技术中提出的美食方法,在不增加与餐饮人员和食品相关的服务成本的情况下,大大减少了食物浪费,提高了客户满意度。

【思考与练习】

1. 餐饮服务质量的标准是什么?如何衡量服务质量?
2. 如何进行餐饮服务质量控制?具体方法有哪些?
3. 如何分析餐饮服务质量?请列举至少三种方法。
4. 请写出三个你最喜欢的餐厅名称,并说明你为什么喜欢这些餐厅。
5. 请描述一次你在餐厅就餐时所遇到的好的(或差的)服务体验。
6. 如果你经营一家餐厅,你会采取哪些措施来提高顾客满意度?

[①] 来源:Claudia Piciocchi M. D. a, Sabrina Lobefaro M. D. a, Federica Luisi R. D. et al. (2022). Innovative cooking techniques in a hospital food service: Effects on the quality of hospital meals. *Nutrition*, Volume 93, 111487.

2 实践篇

基于 KJ 酒店经营管理模拟训练平台的虚拟仿真实践

1 软件概况

KJ 酒店经营管理模拟训练平台,是一款单人模式多人信息共享的 3D 仿真教学软件。软件参照酒店管理职业资格标准,模拟五星级酒店的前厅、客房、餐饮、营销、康乐、商品、安保、人事八大部门,以其日常工作为主要训练内容。

在 KJ 酒店经营管理模拟训练平台,学员可以扮演不同部门的岗位角色,置身于虚拟酒店环境中,身临其境地学习各部门规范流程下的各项工作,并可在系统中反复演练。在学习理论知识的同时,对现代酒店管理的理念和各岗位的操作流程及规范有一个形象、直观的了解。

KJ 酒店经营管理模拟训练平台,以提高学员专业实际操作能力和就业能力为宗旨,采取情景模拟、案例启发、任务驱动、精讲解重实训的方式,让学员在理论够用的基础上,在专业技能实训环节有所突破。

本书仅介绍该软件餐饮模块的训练内容与流程。

2 模拟训练内容

2.1 学习目的

通过体验餐饮部订餐安排、客人接待、点餐、结账、整理餐桌、处理客户不满等服务,了解餐饮工作内容,积累餐饮服务知识,训练餐饮服务技能,培养餐饮业所必需的礼貌礼节、职业道德,树立为宾客服务的意识,学会妥善处理餐厅各种突发情况,为宾客创造愉悦的用餐环境。

2.2 训练项目

餐饮模块共有15个训练项目,包括餐饮预订、客人接待、延长早餐服务时间、活虾与死虾、带错了厅房、菜品问题、菜品介绍、服务员的素质、半只蹄髈、对话与礼仪、客人的挑剔心理、危机处理、迟到的旅游团、专业点菜师、无理取闹的顾客等,均以对话形式进行训练。

2.3 训练内容

2.3.1 餐饮预订

模拟情境:酒店餐厅中电话预订是非常普遍的。预订是为了保留就餐位置,在时间上也有要求,需要清晰地告知客人餐厅的规定并进行引导。

知识点:订餐流程、就餐提醒、沟通技巧

2.3.2 接待客人

模拟情境:酒店餐饮部即将停业休息,劝离客户需要一些技巧,当然其中可能会遇到给客户下错单的情况,需要谨慎处理。

知识点:沟通技巧、服务的规范化

2.3.3 延长早餐服务时间

模拟情境:一位导游因为接团较累错过了早餐时间,来到餐厅看看是否还有早餐供应。考虑到客人是团队客户中的一员,所以服务员去询问厨师长,看看如何做更合适。

知识点:就餐安排、服务的规范化与灵活性

2.3.4 活虾与死虾

模拟情境:客人觉得菜品里的虾是用死虾烹饪的。为了向这位言辞激烈的客户解释,带领客人去后厨重做了一份进行比较,才得到客人的信任。

知识点:点餐技巧、服务礼仪

2.3.5 带错了厅房

模拟情境:因为工作疏忽导致两位王女士预订了同一个包间,训练处理棘手问题的能力。

知识点:迎宾礼仪、沟通技巧、解决问题的能力

2.3.6 菜品问题

模拟情境:菜品出现了问题(确认是后厨原因导致),需要处理并获得客人的谅解,在结账的时候给予一定优惠。

知识点：沟通技巧、处理问题的技巧

2.3.7 菜品介绍

模拟情境：作为餐厅服务人员对菜品必须非常熟悉，哪些菜用的哪些食材什么口味都应该牢记，这样为客户介绍的时候才会游刃有余。

知识点：餐厅服务礼仪、菜品常识

2.3.8 服务员的素质

模拟情境：一位老人来到餐厅，在点菜之前服务员忘记为其准备热茶，导致客人抱怨几句，但是服务员的情绪没有受到波动，反而更好地为其介绍菜品。

知识点：餐厅服务礼仪、服务的程序化

2.3.9 半只蹄髈

模拟情境：一位客人点了餐厅比较出名的一道菜——走油蹄髈，但表示整只蹄髈自己吃不完，要求来半只，服务员需要与后厨或者餐厅经理沟通后再做决定。

知识点：餐厅服务礼仪、特殊情况处理

2.3.10 对话与礼仪

模拟情境：客人点餐过程中服务语言要标准，动作上尽量减少推动眼镜等小动作，以免上菜手摸餐具时让客人反感。

知识点：点餐服务、点餐礼仪

2.3.11 客人的挑剔心理

模拟情境：专业品尝的客人发现菜品中食材在烹饪之前没有准备到位，导致烹饪出来的菜品味道不好，面对这样"挑剔"的客人该如何解答呢？

知识点：沟通技巧

2.3.12 危机处理

模拟情境：因为端盘失误导致女客人裙上沾油污，如何尽快解决眼前的危机呢？无论哪种方式，获得客人的认可才是最好的方式。

知识点：危机处理、服务礼仪

2.3.13 迟到的旅游团

模拟情境：酒店接待的旅游团在中午用餐点来餐厅就餐，因为人多位置少且没有预订，暂时没有地方安排，如何解决这次危机呢？

知识点：突发事件处理、服务礼仪

2.3.14 专业点菜师

模拟情境：作为专业的点菜人员，必须要对每一个菜品非常熟悉，这样才可以更好地为客人提建议。

知识点：点菜技巧、销售技巧

2.3.15 无理取闹的顾客

模拟情境：有醉酒趁机占便宜的客人、有吃得兴起光膀子的客人，面对形形色色的客人该如何巧妙地化解这些问题？

知识点：服务礼仪、突发事件处理

3 模拟训练流程

3.1 登录操作

3.1.1 进入程序

在安装客户端的文件夹下找到并运行RHGame.exe即可进入"KJ酒店经营管理模拟训练平台"（以下简称"平台"）登录界面，如下图：

3.1.2 新用户注册

点击"注册新用户"按钮，弹出"账号注册"界面，填写账号名称、账号密码、确认密码、电子邮箱（非必填），点击"注册"按钮，如下图所示。

若账号已被占用,则弹出"此用户已经存在"提示框,如下图所示,点击"确定",返回"账号注册"界面继续注册新用户。

若账号注册成功,则弹出"已经成功创建账号"提示框,如下图所示,点击"确定"按钮,进入"平台登录"界面。

3.1.3 平台登录

输入账号、密码,点击"进入平台"按钮,进入人物角色选择界面。

管理员可以用管理员账号直接进入软件,还可以在管理界面创建小组。

3.1.4 人物角色选择

选择班级、人物,填写角色名称,点击"确定"按钮,进入总经理办公室场景。

3.2 选择训练部门

总经理办公室是部门选择界面。

走近并点击头顶叹号的 NPC(Non-Player Character)，弹出对话，选择要锻炼的部门。

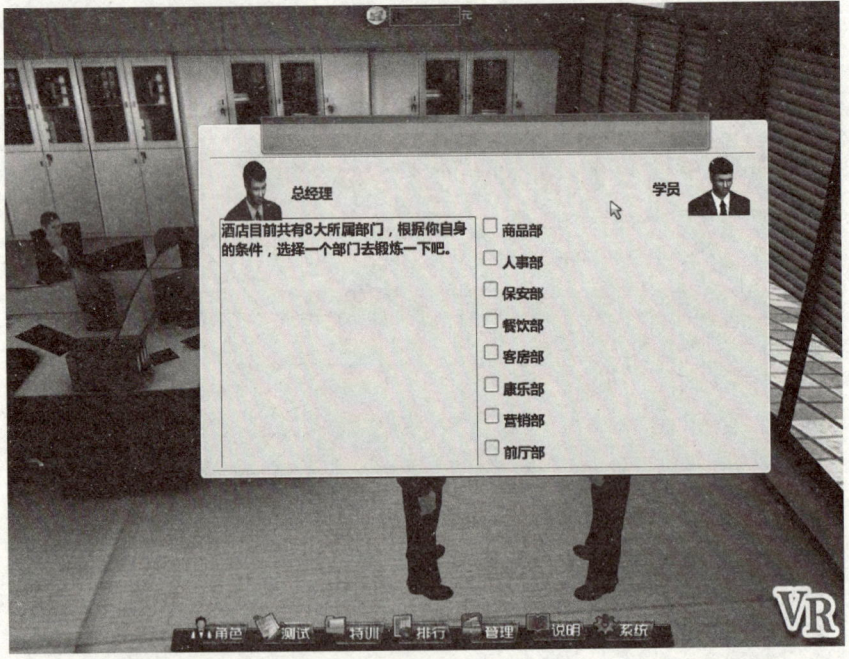

3.3 餐饮案例训练示例

进入场景后,通常会有情节推进提示框,根据提示内容完成任务。若没有出现提示界面,可在场景中漫游,寻找带有叹号的 NPC 人物或者物品(电话),点击则会出现相应情节提示。

本场景共 15 个案例,所有任务完成后可点击"特训"按钮,针对短板进行专项训练。

完成本场景所有案例,若不需要继续特训,可点击餐厅大门附近 NPC,通过对话选择离开该场景,返回总经理办公室。

3.3.1 初进场景

3.3.2 情节提示

出现情节提示框。

3.3.3 寻找任务

在场景中漫游,寻找任务。

3.3.4 开始对话

点击头顶叹号的 NPC,开始对话。

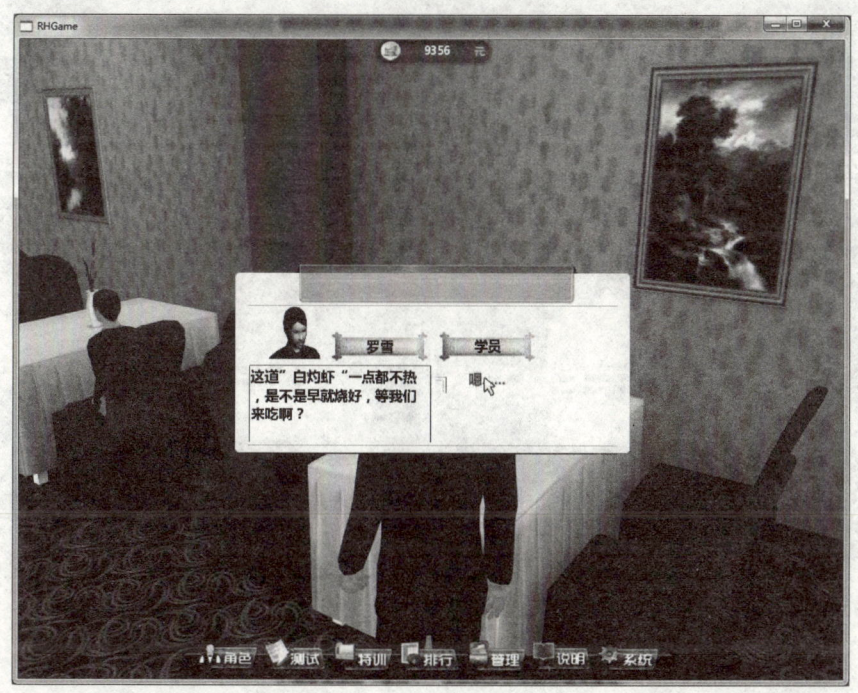

3.3.5 解决问题

与客人耐心对话,解决客户疑虑。

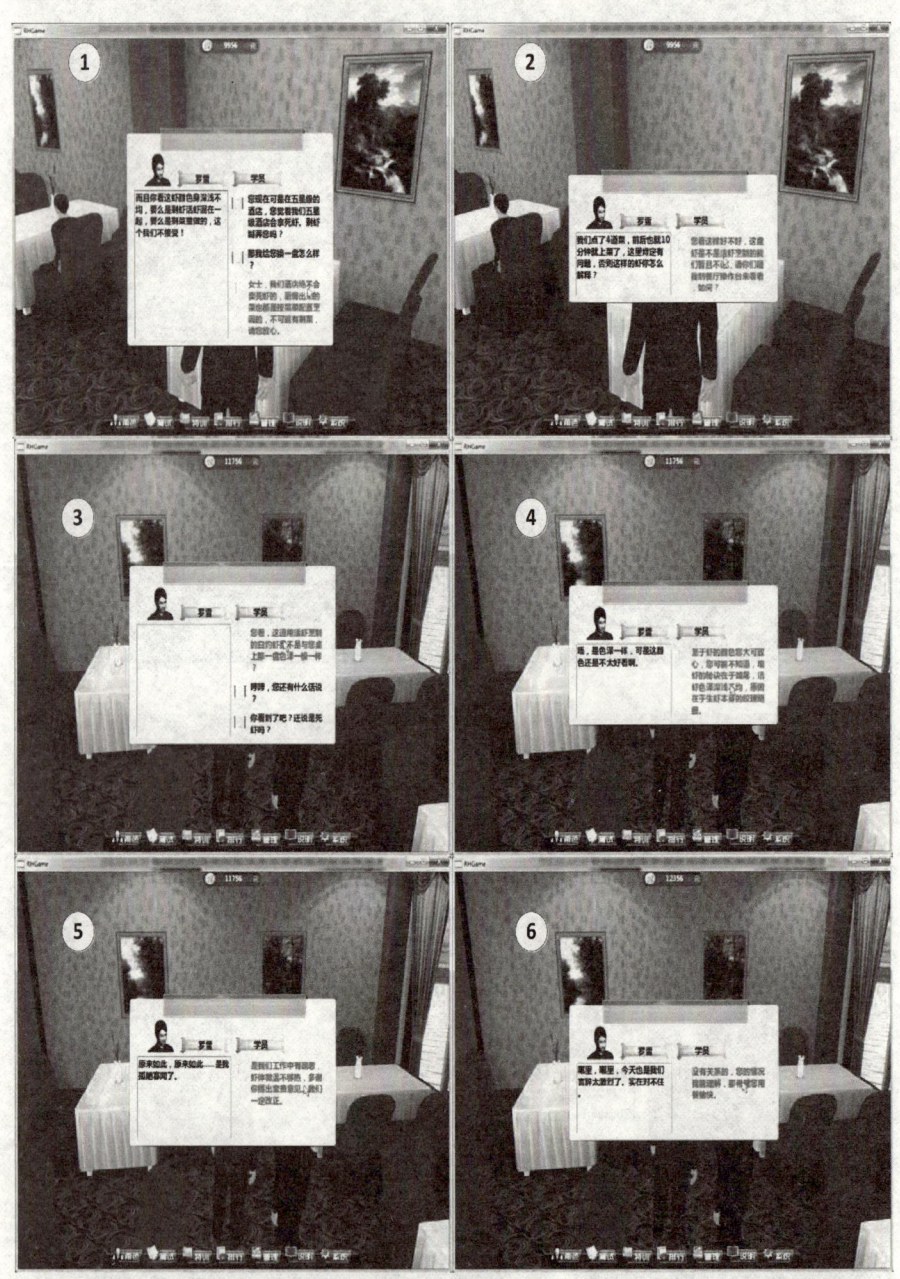

3.3.6 专家点评

每一个结束路径,都会有专家点评。

3.3.7 返回总经理办公室

完成所有案例后,寻找到小二,点击进行对话,返回总经理办公室。

4 界面信息及按钮功能

主界面菜单共 7 个按钮：角色、测试、特训、排行、管理、说明、系统。如下图：

4.1 角色

该界面中包含了角色基本信息和案例成绩统计。角色基本信息包括姓名、性别，在第一次登录系统由用户自行设置。

案例成绩统计：案例为多分支多路径结构，不同的路径分支引导不同的案例结果和案例成绩，根据路径的不同，案例设有 ABCD 四个等级的点评，并在角色界面下对当前各等级点评的个数做出统计。

4.2 测试

可以在该系统中进行测试答题，锻炼酒店管理能力。10 个题目为一组，每天最多可进行 20 组试题的练习。答对可增加财富值。

4.3 特训

完成场景中所有案例的练习后,特训功能开启。可以在这里对案例进行选择性训练,弥补自己的"短板"。

4.4 排行

可根据用户名称、能力得分、财富值等综合评分进行排名。

4.5 管理

管理员可建立分组,分配学员进行分组练习。

4.6 说明

软件基本的操作和信息说明,软件内的使用手册。

4.7 系统

可在此界面进行视频选项、保存进度、返回系统、退出系统等操作。

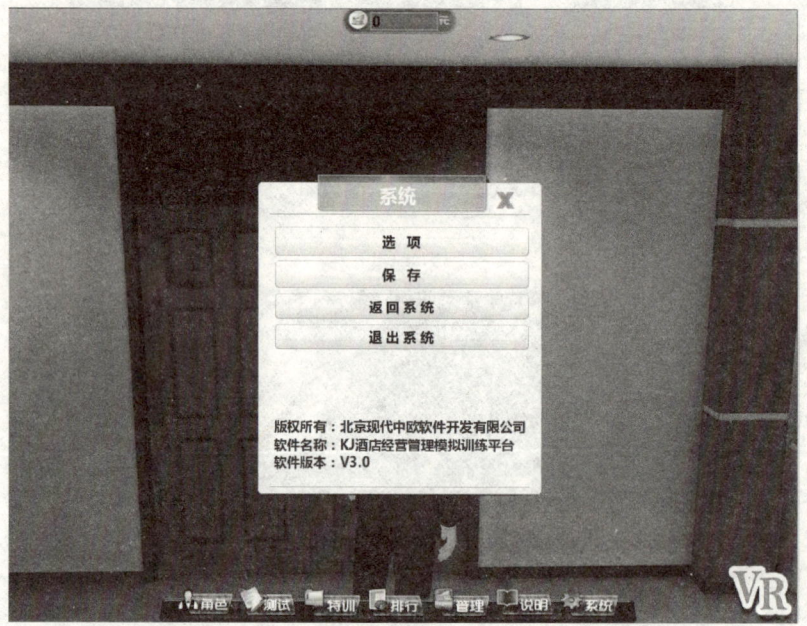

5 训练记录

KJ 酒店经营管理模拟训练平台,主要以人物对话方式进行训练,在任务进行过程中,学员需要根据礼貌礼节、职业道德、服务态度、服务技能等方面的知识,在对话过程中选择正确的选项,令表达和沟通恰到好处。每个课时结束后,学员需填写平台学习记录("训练记录单"),记录学习轨迹,指导老师做好训练点评,促使学员逐渐缩小与培训标准之间的差距。

KJ 酒店经营管理模拟训练平台餐饮部训练记录单

班级：　　　　　　　学员：　　　　　　　第_____课时

训练部门		财富值	

训练内容
撰写人：

平台点评情况

A	B	C	D

本次训练收获
撰写人：

指导老师意见
撰写人：

参考文献

[1] Jack D. Ninemeier. Planning and Control for Food and Beverage Operations (Eighth Edition)[M]. East Lansing, MI：Educational Institute of the American Hotel and Motel Association, 2013.

[2] Jack D. Ninemeier. Management of Food and Beverage Operations (Fifth Edition)[M]. East Lansing, MI：Educational Institute of the American Hotel and Motel Association, 2010.

[3] Jack D. Ninemeier 著.庞卫权,李双双,初英娜译.餐饮经营管理(中文第二版)[M].北京:中国旅游出版社,2014.

[4] Jack D. Ninemeier 著.张俐俐,纪俊超主译.餐饮经营管理(第三版)[M].北京:中国旅游出版社,2002.

[5] June Payne-Palacio, Monica Theis. Foodservice Management：Principles and Practices(13th Edition). Boston：Pearson Education, Inc.2015.

[6] June Payne-Palacio, Monica Theis. Introduction to Foodservice. Old Bridge, New Jersey：Pearson/Prentice Hall, 2009.

[7] 蔡万坤,蔡华程.餐饮管理(第六版)[M].北京:高等教育出版社,2023.

[8] 陈炳卿,孙长颢.营养与健康[M].北京:化学工业出版社,2004.

[9] 陈云川.餐饮市场营销[M].北京:高等教育出版社,2003.

[10] 伏六明.旅游法规教程[M].长沙:湖南大学出版社,2009.

[11] 贺湘辉,徐文苑.酒店餐饮管理实务(第三版)[M].广州:广东经济出版社,2011.

[12] 黄松,李燕林.餐饮服务与管理[M].北京:中国旅游出版社,2019.

[13] 黄文波.餐饮管理[M].北京:对外经济贸易大学出版社,2007.

[14] 黄震方.旅游饭店管理[M].北京:中国林业出版社,2000.

[15] 霍红,张春梅,顾福珍.食品安全物联网[M].北京:中国物资出版社,2011.

[16] 匡家庆.餐饮管理(第2版)[M].北京:旅游教育出版社,2016.

[17] 匡仲潇.餐饮运营与管理[M].北京:化学工业出版社,2018.

[18] 李占卿.餐饮企业财务管理考试指南[M].北京:对外经济贸易大学出版社,2005.

[19] 林德荣.餐饮经营管理策略(第二版)[M].北京:清华大学出版社,2012.

[20] 林小岗.餐饮业成本核算[M].北京:旅游教育出版社,2007.

[21] 罗明泉.食品营养成分分析[M].北京:中国食品出版社,1987.

[22] 马勇,周娟.旅游管理学理论与方法[M].北京:高等教育出版社,2004.

[23] 苏北春.餐饮服务与管理[M].北京:人民邮电出版社,2006.

[24] 唐乘骐,汪履绥.食品营养[M].武汉:湖北科学技术出版社,1990.

[25] 汪京强,匡家庆.餐饮服务管理(第2版)[M].南京:南京师范大学出版社,2019.

[26] 王尔茂.食品安全与营养[M].北京:高等教育出版社,2011.

[27] 王剑.预防医学[M].上海:上海科学技术出版社,2007.

[28] 王丽.现代饭店职业经理人教程[M].北京:化学工业出版社,2011.

[29] 王林,谭白英.饭店管理实务[M].武汉:武汉大学出版社,2009.

[30] 王天佑.饭店餐饮管理[M].北京:清华大学出版社,2007.

[31] 王易.巧手开一家客满赚钱的餐馆[M].北京:中国纺织出版社,2009.

[32] 王勇,杨华.现代餐饮企业管理[M].北京:中国商业出版社,2006.

[33] 吴克祥.餐饮经营管理(第二版)[M].天津:南开大学出版社,2004.

[34] 徐文燕.餐饮管理(第三版)[M].上海:格致出版社,2021.

[35] 严宗光.市场营销学理论、案例与实务[M].北京:科学出版社,2011.

[36] 张虹薇,陈艳珍.饭店管理实务[M].北京:北京师范大学出版社,2012.

[37] 赵顺顶.餐饮管理[M].北京:中国旅游出版社,2016.

[38] 周秒炼.餐饮经营与管理[M].杭州:浙江大学出版社,2008.

[39] 周俏.餐馆就要这样开[M].北京:九州出版社,2010.

后 记

本书是一部中西融合、理实一体的应用型本科教材。编写体例充分借鉴美国饭店协会(AH&LA)教材 Jack D. Ninemeier 的 *Management of Food and Beverage Operation (Fifth Edition)*，保留原体系的核心内容，删除"管理学基础""财务管理"两章，增加"餐饮服务质量管理"，使之更符合国内课程实际，减少与其他专业课内容的重复。理论部分涵盖了餐饮经营管理的基本理论知识，具有中国特色；实践部分以虚拟仿真形式，营造体验式学习氛围，训练餐饮服务技能，培养提升职业素养，是网络时代实践模式的创新。

本书秉承陶行知"教学做合一"教育思想，每章以案例探究引发思考，以英文学术论文研读作为课后延伸，"学习目标"清晰明确，"思考与练习"注重实践，全书关注科学技术及其应用，致力于学生创业创新能力的培养，以适应互联网背景下餐饮教学的新要求、餐饮消费者的新体验，以及餐饮管理的新趋势。

本书受到教育部产学合作协同育人项目（编号：S2020-02-01-06）、江苏省产教融合型一流课程项目和南京晓庄学院教育教学研究与改革项目的支持。现代中欧公司提供了酒店经营管理模拟训练平台及相关资料，学生黄灿帮助收集文献、校对文稿。在编写过程中，本书借鉴和参考了很多国内外专家学者的著作和研究成果，引用了网络上一些新闻、案例及博客文章，还有大量编写素材为作者历年教学过程中所积累，尽管努力列出参考文献，恐怕仍有许多来源未能一一注明，敬请相关人士谅解并与作者联系增补。在此，谨向所有帮助完成本书和对本书有贡献的专家学者、单位和个人，致以衷心的感谢！

本人才疏学浅，精力有限，书中谬误之处在所难免，恳请广大读者批评指正！